JN330561

日本古代の内裏運営機構

芳之内　圭　著

塙　書　房　刊

目次

目次

日本古代の内裏運営機構

序

一　研究の現状と本書の目的

「所」とは、特定の職務を行うため、令制官司とは別に設置された機関である。[1] 古代には令制の官司では補えない役割を果たすために、必要に応じて様々な機能をもつ所が設置された。奈良時代には造東大寺司に所属する所や平城京出土木簡などにみられる家産機関の下級組織としての所、勅旨所といった朝廷の中枢機関として機能した所などが確認され、その規模や機能は様々であったことがうかがえる。[2] また所は内裏にも置かれており、一時期仮の内裏となっていた長岡京東院跡からは「内候所」と記された木簡が出土している。[3] そして平安宮には『西宮記』巻八所々事にみえるように、天皇の日常生活や儀式などへの供奉を行うために様々な所が常置されていた。具体的には勅命伝達を掌った蔵人所、天皇の食事の準備を掌った進物所・御厨子所、作画を掌った画所、調度製作を掌った作物所などがある。本書は所のなかでも、平安時代に内裏やその周辺に設置された宮中所々を検討の対象とし、その機構・機能、成立・変遷過程を明らかにすることを主な目的とする。

宮中所々は既存の令制官司の内裏出先機関を起源とするものや平安時代に新たな機能をもって設置されたものからなり、他機関と連携しつつ内裏の政務儀礼や日常生活への供奉を行っていた。九世紀初めの蔵人所の設置後、九・一〇世紀の交までにはその他の所も出揃い、機構的に整備されたことが指摘されている。[4] このような令制とは異なる新たな制度として宮中所々が設置された背景には様々な要因が考えられる。大きな要因の一つには、八世紀から徐々に進んだ男性官人の内裏侍候が日常的なものへと拡大され、官僚制度や政務儀礼のあり方が大きく変化したことがあげられるだろう。[5]男性官人の内裏供奉への参加や、新たに内裏で行われるようになった政務・儀礼などに対する供奉の増大が宮中所々の設置や機能拡大へと繋がったと推測される。また、宮中所々は絵画・工芸・芸能・食事など、内裏の文化的な側面にも密接して奉仕を行う機構であったため、その設置や運営は、内裏の生活文化の変化の影響を多分に受けていたと考えられる。その他にも律令財政の崩壊などの複数の要因が関わっているだろう。内裏の生活における実質的な必要性から、令制官司とは別に設置された宮中所々の特徴を見極めることは、日本の官司制度の特質や内裏の生活様式の実態など、日本古代宮廷社会の多様な様相を明らかにすることに繋がると思われる。

平安時代の宮中所々の研究は、当初は成立期の蔵人所に関するものが主であったが、[6]初めて所々を総体的に論じ、その成立と展開過程を明らかにしたのは所京子氏である。[7]同氏は所の内裏における供奉の実態を考察し、所々は令制官司の内裏出先機関などが、九・一〇世紀の交までに蔵人所の統轄を受けるようになり、蔵人所を中心とした天皇の家政機関として整備されたものであると指摘した。蔵人所とその他の所々との関係について初めて具体的に検討した研究といえ、後の所々研究の指針となったものである。

所氏の蔵人所がその他の所々を統轄したという見解は、その後、玉井力氏に引き継がれる。[8]玉井氏は蔵人所の経済的側面を検討するなかで、蔵人所とその他の所々との関係についても取り上げている。そこでは、所々は弘仁―承和期頃には令制諸官司の殿上出先機関などとして太政官組織との関係が強く、経済的にも律令官制に強く依存していたが、寛平―延喜期以降、「預」の設置など独自に供御物調進を行う新体制が適応され、承和期頃から経済的性格を付与されるようになっていた蔵人所のもとに再編成されたと述べている。主に所々の経済的な機能に着目し、所々が次第に太政官組織から皇室の私経済の中枢となった蔵人所の支配下へと組み込まれていく過程を明らかにした点で重要な論考である。

所氏・玉井氏の説は暫くの間、通説的な位置を占めていたが、その後、佐藤全敏氏が所々別当制の検討から所の変遷について新たな見解を提示した。(9) 同氏は、先行研究の蔵人所が所々を統轄していたという見解に対し、所々を統轄していたのは各所に置かれた別当であったとし、蔵人所が所々を統轄していたとはいえないと指摘した。そして、所は旧型と新型とに分けられ、九世紀前半までに成立した旧型には殿上侍臣や近衛次将の別当が置かれ、天皇を中心とした朝廷上層部全体で所を管理していたが、九世紀後半以降に設置された新型には天皇に直属する蔵人の別当が置かれるようになり、天皇が直接所を統轄する体制が採られるようになったと述べた。これに対しては森田悌氏により、所の別当の違いは所の設置時期の差ではなく、所の機能の違いであるとの批判がなされている。(10) 森田氏は、天皇のより個人的生活営為に関わる所は蔵人の管轄下に置かれ、宮廷の公的行事や営為と関連した任務にあたる所は公卿や次将といった表向きの官人が管理したと論じている。

以上のような諸氏の研究によって、九・一〇世紀における蔵人所の拡充と関連した所の発展過程については一定の見通しが示されたといえるが、別当の位置づけや、蔵人所と他の所々との関係などについては見解が分かれる部分もあり、今後も議論を重ねる必要があるといえる。

このような平安時代の宮中所々研究の現状における主な問題を整理すると、一つには、蔵人所と所々の関係を判断するための指標（命令伝達・経済的な連携・別当制など）が研究者で異なっていることが指摘できる。所々は主として内裏において役割を果たすものであり、蔵人所や蔵人とはなんらかの関連があることは否定できない。佐藤氏が試みている蔵人所による「統轄」の定義について再考するとともに、各所における蔵人の役割を見直す必要があるように思う。二つめに掲げられるのは、所々と既存の令制官司との関係についてあまり詳細に論じられてこなかったということである。上述のように先行研究では所々の成立や展開過程を蔵人所との関係に重点を置いて論じることが多かったといえる。しかし、平安時代には太政官組織も改編され、蔵人所とともに政務儀礼を運営していたのであり[11]、所のなかにも内侍所・進物所などの既存の令制官司との関係が切り離せないものが平安時代を通して存続しているのである。また御厨子所・画所・作物所など蔵人の別当が置かれた所のなかにも、その成立や変遷に令制官司の影響を強く受けていると推測されるものが含まれている。太政官組織をはじめとする令制官司と所々の変遷が、相互に与える影響を見落とすことはできないといえるだろう。最後に、各所の実態を追究する作業には検討の余地が残されているということが掲げられる。前述した先行研究では別当制や経済的な機能などの観点から所々の特質を総体的に見極めようとする試みがなされてきたといえるが、その反面、個別の所の実態については未だ詳細が不明な点も多い。各所は、朝廷においてそれぞれ異なった役割を果たし、設置理由・変遷も個々に異なっている。各所の個別の特徴を正確に把握した上で、改めて所全体の特徴を考える必要があるのではないだろうか。所氏による各所の検討は現在においても示唆に富むものであるが、東山御文庫本『日中行事』・『新撰年中行事』などの新史料[12]や近年の平安時代史研究の動向も踏まえれば、新たな知見を得られると思われる。なお、所氏の研究後、楽所・大歌所・御書所・内御書所・進物所・御厨子所など、個別の所を扱った論考が発表され、同氏の研究を補う作業が積み重ねられている[13]。

このような課題に本書がどれだけ応えられるかわからないが、手始めとして個別の所の実相を追い、その特徴を明らかにすることで、上述した問題点を考える手掛かりを得たいと思う。まず、所々のなかでもこれまで専論がなく、あまり実態が明らかではなかった画所・作物所・内豎所を取り上げ、それぞれの職員構成や供奉内容を明らかにするとともに、蔵人所・令制官司との関係を具体的に追うことに努めた。

また新史料にみえる所々についても検討を行った。近年西本昌弘氏によって東山御文庫本『日中行事』の紹介が行われた(14)。これは一一世紀前半の成立と考えられるものであり、従来より存在が知られていた日中行事史料に比べ、新出逸文を含む詳細な記述があり、平安時代の内裏の日常について知ることができる貴重なものである。所々の供奉に関する記述もみられるため、本書の後半では、同史料の検討を中心に内豎所の内豎が行った時奏、進物所・御厨子所などが供奉した天皇の御膳について基礎的な考察を行った。

二　本書の構成と内容

本書は二〇〇三年から二〇一一年までに発表した論考七本に、新稿二本を加えたものである。既発表のものについては、本書に収録するにあたり、新たに修正を施した部分もある。大幅な修正については各章の注や補記で明記している。

第一章から第七章までは所とその関連官司について述べ、第八章と第九章では日中行事史料にみえる所々の供奉内容の検討を行った。以下、各章の概要をまとめた。

第一章「平安時代の画所」（原題「平安時代の画所について―その基礎的研究―」）は二〇〇一年一月に愛媛大学法文学部に提出した卒業論文を補訂したものであり、平安時代に朝廷の作画を担当した画所の職掌と職員について基礎的な考察を行った。画所は九世紀の後半までに、奈良時代から朝廷の調度製作を職掌としていた内匠寮の作画機能が分かれて成立したものであり、延喜年間までに蔵人所のもと、所々の一つとして整備され、以後内匠寮に代わって朝廷の主要な作画を行うようになったことを述べた。また、画所は屏風などの本格的な作画から、小物の装飾や衣装の模様のデザインに至るまで、朝廷の様々な作画を行ったが、画所に所属する画師は画所に縛られることなく、私的に貴族の依頼を受ける場合もあったことを指摘した。職員については事務的な役割を果たす蔵人の別当・預、実際に作画を行う墨画・彩色者・丹調童・張手の他、内豎や衛士も派遣されていたことを確認した。画所については、これまで美術史の立場から論じられることが多かったが、この研究で制度史の立場から改めて捉え直すことができたと思われる。

第二章と第三章は内裏に置かれた作物所について、機構と職掌とに分けて考察を行ったものである。これらは、二〇〇三年一月に関西大学大学院文学研究科に提出した修士論文に補訂を加えたものである。第二章「平安時代の作物所の機構」（原題「平安時代の作物所―機構を中心に―」）では、作物所の職員には最高責任者である別当、現場統轄及び事務責任者である預、文書処理を行う案主などの事務官人と、木工・漆工・螺鈿工・鍛冶・冶師・彫物工などの実際に調度を製作していた雑工が所属していたことを確認し、また作物所が少なくとも承和期にはその母体となった内匠寮から独立し、蔵人所を中心とした体制のもと内匠寮とは別個に宮中儀礼に供奉していくようになったことを指摘した。第三章「平安時代の作物所の職掌」（原題「平安時代の宮中作物所の職掌」）では、作物所は主に天皇や天皇と近しい人々が内裏内外の儀式や日常生活で使用する様々な調度品を製作したことを確認した。また、その職掌は母体官司であった内匠寮から継承したものだけでなく、作り物のような華美な装飾が施された調度の製作も独自のものとして有していたこと、平安初期の内裏における華美な調度品の流行が、作物所設置の背景の一つとして考えられることなどを指摘した。作物所については、これまであまり詳しい検討はなされていなかったが、第二章・第三章の考察の結果、その特徴をより明確にすることができたと思われる。

第四章と第五章は作物所と画所の母体官司である内匠寮について検討したものである。第四章「奈良時代の内匠寮」では、画所・作物所が独立する以前の内匠寮に注目し、先行研究で評価が分かれている神亀五年の設置時期から大同期に到る変遷について再検討を試みた。主に内匠頭に任じられた官人や設置前後の政治状況の検討から、内匠寮は天皇周辺の調度を充実させるという期待のもとに設置されたものの、天平二〇年前後に大規模な官営工房である造東大寺司が設置されると、その影響を受けて職掌が縮小し、その機能が見直されたのは造東大寺司が解体された後の大同の官制改革の時であったと推測した。第五章「平安時代の内匠寮」では、大同年間以降の研究がなかった内匠寮について、九・一〇世紀を中心に職掌や官人の特徴を分析した。また、作物所・画所との関係についても考察を行い、内匠寮は、両所が独立すると、内裏における調度調達の主な役割を奪われ、機能が縮小したことを明らかにした。

第六章と第七章では、平安時代の内豎所の機構と職掌について基礎的な考察を行った。第六章「平安時代の内豎所の機構」は、平安時代の内豎所に所属していた職員のそれぞれの出自や経歴、所内での役割などの特徴を明らかにしたものである。内豎所には、公卿・近衛次将・六位が兼ねる最高責任者である別当、内豎の活動の実質的な責任者である頭、内豎の管理を行う執事などの職員が所属し、その他の内豎を率いて供奉を行っていたこと、これらの職員は基本的に蔵人が兼ねることはなく、内豎所は機構的には蔵人所とは関係なく機能していたことなどを確認した。また『内裏式』・『儀式』など九世紀に編纂された儀式書にみえる「内豎大夫」に注目し、別当制の導入以前の九世紀の内豎所の機構についても検討を行った。第七章「平安時代の内豎所の職掌」（原題「平安時代の内豎所―職掌を中心に―」）では、平安時代の儀式書の検討を中心に内豎所の職掌の特徴を明らかにした。内豎の主要な役割は、内裏内外における物品の運搬や連絡を行うことであり、内裏の機能強化をめざした嵯峨天皇によって、内豎たちが内裏での奉仕を円滑に行えるよう、弘仁期に「内豎所」が再び設置されたと推測した。また、内豎が供奉したのは主として紫宸殿・南庭・宜陽殿・陣・日華門といった内裏のなかでも天皇の公的な空間とされる場であり、内豎は主に宮廷の政務・儀式を運営した太政官の官人や近衛次将の指示のもとに奉仕を行っていたが、一〇世紀以降は、機能を拡大した蔵人の召仰を臨時という形ではあるが受けるようになったということを確認した。

第八章と第九章は、東山御文庫本『日中行事』の検討を中心に内豎所・進物所・御厨子所などの所が関わった日中行事について考察を行ったものである。第八章には東山御文庫本『日中行事』の全文の翻刻を掲載した。同史料は、関西大学大学院文学研究科在学時よりご指導を賜っている西本昌弘先生が近年紹介されたものである(15)。先生のご好意により翻刻を担当させて頂く機会を賜った。心より感謝申し上げたい。

第八章「平安時代の内豎時奏—東山御文庫本『日中行事』の検討を中心に—（原題「東山御文庫本『日中行事』にみえる平安時代宮中時刻制度の考察—「内豎奏時事」・「近衛陣夜行事」の検討を中心に—（含翻刻）」）では、東山御文庫本『日中行事』にみえる一一世紀前半の日中行事のうち、「内豎奏時事」と「近衛陣夜行事」について検討し、これまで詳細が明らかではなかった内裏における時奏のあり方について紹介を行った。時奏内豎は、天皇の御物である時簡・時杭の管理と、刻限ごとに口頭や時杭の差替えといった二種類の時奏を行い、内裏における時の管理を担っていたこと、口頭による時奏は時奏内豎に付随する形で夜行近衛も行っていたことなどを述べた。第九章「平安時代における内裏の食事」では、平安時代に進物所・御厨子所によって供奉された天皇の日常の食事について「蔵人式」や日中行事書、古記録などを用いて分析を行った。議論となっている『西宮記』巻一〇所引の

「日行事如左」以下の記文の年代比定に関わる寛平期の各御膳の時刻については、『禁秘抄』所引の『寛平御遺誡』の逸文にみえる御膳の記述を再検討することで、その復原を試みた。

本書は平安時代に内裏に設置された所々の機構・機能を具体的に明らかにすることを第一の目的としている。これまで見逃されがちであった、内裏の政務儀礼や日常生活を底辺で支えていた下級官人や雑工の動向を丁寧に追うことで平安時代の内裏運営の新たな一面を発見することができるように思う。

注

（1）「所」の機構としての位置づけについては、丹生谷哲一「散所発生の歴史的意義―律令官制との関連について―」・「散所の形成過程について」（『日本中世の身分と社会』塙書房、一九九三年、初出は一九七〇年・一九七一年）、今江広道「「令外官」の一考察」（坂本太郎博士古希記念会編『続日本古代史論集』下巻、吉川弘文館、一九七二年）、吉田孝「トコロ覚書」（青木和夫先生還暦記念会編『日本古代の政治と文化』吉川弘文館、一九八七年）などを参照。

（2）これらの所については、竹内理三『奈良時代に於ける寺院経済の研究』（竹内理三著作集一、角川書店、一九九八年、初出は一九三二年）、角田文衞「勅旨省と勅旨所」（角田文衛著作集三『律令国家の展開』法蔵館、一九八五年、初出は一九六二年）、鬼頭清明「皇后宮職論」（『古代木簡と都城の研究』塙書房、二〇〇〇年、初出は一九七四年）、松原弘宣「「所」と「領」」（亀田隆之先生還暦記念会『律令制社会の成立と展開』吉川弘文館、一九八九年）、梅村喬「「所」の基礎的考察―正倉院文書の主に造営所の検討から―」（『日本古代社会経済史論考』塙書房、二〇〇六年、初出は一九九三年）、奈良国立文化財研究所編『平城京長屋王邸跡左京二条二坊・三条二坊発掘調査報告』（吉川弘文館、一九九六年）、渡辺晃宏『平城京と木簡の世紀』（日本の歴史四、講談社、二〇〇一年）、吉野秋二「「人給所」木簡・墨書土器考」（『日本古代社会編成の研究』塙書房、二〇一〇年、初出は二〇〇二年）等その他多くの研究がある。所の論文については所京子「「所・後院・俗別当」関係の研究文献目録（稿）」（『平安朝「所・後院・俗別当」の研究』勉誠出版、二〇〇四年）も参照。なお、奈良時代の所に関する論文で近年発表されたものに、十川陽一「奈良時代の「所」と「大夫」―工人集団展開の一断面―」（『日本古代の国家と造営事業』吉川弘文館、二〇一三年、初出は二〇〇七年）もある。

（3）清水みき「東院出土木簡の意義」（『日本史研究』四六一、二〇〇一年）。

（4）所京子「「所」の成立と展開」（同氏前掲書、初出は一九六八年）。

（5）吉川真司「律令国家の女官」（『律令官僚制の研究』塙書房、一九九八年、初出は一九九〇年）、同「王宮と官人社会」（列島の古代史　ひと・もの・こと3『社会集団と政治組織』岩波書店、二〇〇五年）。

（6）主なものとして、角田氏前掲論文、森田悌『日本古代官司制度史研究序説』（現代創造社、一九六七年）、亀田隆之「成立期の蔵人」（『日本古代制度史論』吉川弘文館、一九八〇年、初出は一九七〇年）、玉井力「成立期蔵人所の性格について―補任者の検討を中心として―」（『平安時代の貴族と天皇』岩波書店、二〇〇〇年、初出は一九七三年）、渡辺直彦『日本古代官位制度の基礎的研究』増訂版（吉川弘文館、一九七八年）、筧敏生「古代王権と律令国家機構」（『古代王権と律令国家』校倉書房、二〇〇二年、初出は一九九一年）などがある。黒滝哲哉「蔵人所研究史とその問題点」（『史聚』二六、一九九二年）も参照。

（7）所氏注（4）前掲論文参照。

（8）玉井力「九・十世紀の蔵人所に関する一考察―内廷経済の中枢としての側面を中心に―」（同氏前掲書、初出は一九七五年）。

（9）佐藤全敏「宮中の「所」と所々別当制」（『平安時代の天皇と官僚制』東京大学出版会、二〇〇八年、初出は一九九七年）、同「所々別当制の展開過程」（『東京大学日本史学研究室紀要』五、二〇〇一年）。

（10）森田悌「佐藤全敏著「所々別当制の特質」」（『史学雑誌』一〇六編四号）」（『法制史研究』四八、一九九八年）、同「宮廷所考」（『王朝政治と在地社会』吉川弘文館、二〇〇五年、初出は一九九九年）。

（11）今正秀「王朝国家中央機構の構造と特質―太政官と蔵人所―」（『ヒストリア』一四五、一九九四年）。

（12）西本昌弘「東山御文庫所蔵の二冊本『年中行事』について―伝存していた藤原行成の『新撰年中行事』―」（『日本古代の年中行事書と新史料』吉川弘文館、二〇一二年、初出は一九九八年、a論文とする）、同「東山御文庫本『日中行事』について」（同氏前掲書、初出は二〇〇八年、b論文とする）。また東山御文庫については田島公「禁裏文庫の変遷と東山御文庫の蔵書―古代・中世の古典籍・古記録研究のために―」（大山喬平教授退官記念会編『日本社会の史的構造』古代・中世、思文閣出版、一九九九年）、田島公編『禁裏・公家文庫研究』一・二・三（思文閣出版、二〇〇三・二〇〇六・二〇〇九年）などを参照。東山御文庫を含む禁裏公家文庫については近年田島氏が中心となりその蔵書の目録化・デジタルデータ化が進められており、一部はすでに公開され、学術利用が可能となっている。（東京大学史料編纂所研究成果報告二〇一一―三『目録学の構築と古典学の再生―天皇家・公家文庫の実態復原と伝統的知識体系の解明―』（課題番号一九ＧＳ〇一〇二）研究代表者田島公）。

(13) 所京子「平安時代の内侍所」（『皇学館論叢』二―六、一九六九年）、同「御匣殿の別当」（『芸林』二一―六、一九七〇年）、有吉恭子「楽所の成立と展開」（『史窓』二九、一九七一年）、髙橋六二「大歌と大歌所」（『跡見学園短期大学紀要』九、一九七二年）、同「長岡京の大歌所」（『コミュニケーション文化』四、二〇一〇年）、荻美津夫「歌舞所と大歌所」（『日本古代音楽史論』吉川弘文館、一九七七年）、工藤重矩「内御書所の文人」（『中古文学』二六、一九八〇年）、永田和也「摂関時代の楽所の職員について」（『史学研究集録』一二、一九八七年）、同「大内楽所と藤原道長の家楽所」（『国史学』一三六、一九八八年）、同「御書所と内御書所」（『國學院大学大学院紀要』文学研究科二〇、一九八九年）、同「大歌所について」（『國學院雑誌』九一―二、一九九〇年）、同「進物所と御厨子所」（『風俗』二九―一、一九九〇年）、渡部眞弓「内侍所神鏡奉斎考」（『國學院雑誌』九二―三、一九九三年）、佐藤全敏「古代天皇の食事と贄」（同氏前掲書、初出は二〇〇四年）などがある。所氏注(2)前掲書も参照。その他、平安時代に宮中に置かれた所について説明したものには、和田英松著・所功校訂『官職要解』（講談社、一九八三年）、阿部猛『増補改訂日本古代官職辞典』（同成社、二〇〇七年）などもある。

(14) 西本氏前掲ｂ論文参照。

(15) 西本氏前掲ｂ論文参照。

第一章　平安時代の画所

はじめに

画所は平安時代前半に成立した作画機関である。天皇の家政機関として整えられた諸々の「所」の一つとして設置され、内裏の屏風・障子などの作画を行った。設置された場所は、仁和二年（八八六）の初見の記事によると宮門左右衛門陣の内とあり、[1]また『西宮記』巻八所々事には式乾門の内の東腋の御書所の南と記載されている。[2]

これまでの平安時代の画所の研究は大きく分けて二つの立場から行われてきた。一つは天皇の家政機関である所の制度の研究から、一つは美術史の研究からである。所の研究という観点から画所について述べたのは所京子氏である。[3]所氏は個々の所の実態を検討し、そのなかで画所についても取り上げている。それによって画所の成立、職制などについての概要が示され、また所々の一つとしての特徴が明らかとなった。一方美術史の立場からは上代の作画の歴史的背景として画所が取り上げられている。家永三郎氏は画師の活動・社会的身分・作画作業のあり方など上代の作画の背景について広く研究し、画所についてもその成立・構成・職制についてまとめている。[4]また、秋山光和氏も当時の作画作業の分担を説明するなかで、画所の主任画師である「墨画」について詳しく触れている。[5]その後平田寛氏[6]・武者小路穣氏[7]・宮島新一氏[8]らによって研究が進められてきたが、史料が少ないこともあって平安時代の画所については未だ不明な部分が多いように思う。

本章ではこれらの先行研究の成果を踏まえ、平安時代の画所についてさらに検討を加えようと思う。それにあたり次の二点を中心に考察を行いたい。一点目は内匠寮と画所との関係についてである。内匠寮は大同三年（八〇八）に画工司を併合して以来、朝廷の作画を担っていた官司である。先行の研究では、『西宮記』巻八所々事に画所は「本内匠寮雑工也」[9]とあることなどから内匠寮から独立したものといわれてきた。しかし両機関の関係について詳細な検討はなされていないため、両者の職掌などを具体的に考察したい。二点目は画所の職員についてである。職員についてはこれまでにも研究がなされているが、画所所属であることが不明である者をも検討対象に加えて、その職務の特徴が論じられることが多いように思う。特に画師については、画所画師である確証がない人物まで画所画師として扱っている研究が多い。そこで画所の正確な特徴を知るために画所所属であると確認できる職員についてのみ取り上げ、画所でのそれぞれの職務について整理し直すことにしたい。

一　画所と内匠寮

はじめに述べたように画所は『西宮記』巻八所々事に「本内匠寮雑工也」とあることから、内匠寮から独立して天皇の家政機関である所の一つになったといわれてきた。ここでは画所と内匠寮との関係の変化について具体的に考察していく。

まず画所の母体となった内匠寮について簡単に述べる。内匠寮は、神亀五年（七二八）に中務省の被管として設置された令外官である。[10]内匠寮については中西康裕氏・仁藤敦史氏の論文に詳しい。[11]中西氏によると内匠寮は天皇や天皇代理のための調度を製作するために設置された官司で、雑戸に限らず一般公民からも技術者を集め恒常的に組織するなど従来の機構上の不備を補完し、天皇制をより強化するものであった。この内匠寮が作画機能をもつようになるのは、大同年間に行われた大規模な官司整備統合の一環として画工司を併合してからであると考えられる(12)。

画工司というのは令制に定められた中務省被管の官司である。画工司は奈良時代を通じて朝廷の作画を担当していたが、その主な職務は当時盛んに行われていた寺院造営に参加することであった。画工司は造寺司への画師の派遣を任務とし、仏教芸術と深く関わっていたのである。家永氏はこのように画工司の活動分野が主として仏教芸術の方向に向けられていたため、平安時代に官大寺造営事業が閑散化すると、その存在意義が軽減され、宮中の用度調進のための活動のみ要請されるようになって、公事の鋪設を主なる職掌とする内匠寮の内に吸収せられたと述べている(13)。

画工司を吸収した後の内匠寮の雑工の構成員は次の大同四年（八〇九）八月二八日太政官符から知ることができる。

太政官符　定二内匠寮雑工数一事
長上廿三人、
画師二人、細工二人、金銀工二人、玉石帯工二人、鋳工二人、造丹一人、
屏風一人、銅鉄二人、漆塗二人、木工三人、轆轤一人、埝一人、
番上一百人
画工十人、細工十人、金銀工十人、玉石帯工四人、銅鉄工十二人、鋳工四人、
造丹工二人、造屏風工四人、漆塗工十人、木工廿人、轆轤工二人、埝工二人、

革筥工四人、黒葛筥工二人、柳箱工四人、

右検㆓案内㆒、太政官去年十月廿一日下㆓式部省㆒騰　勅符、唯注㆓長上番上之員㆒、不㆑弁㆓色目㆒、今所㆑定如㆑件、永為㆓恒例㆒

大同四年八月廿八日

（『類聚三代格』巻四加減諸司官員并廃置事）

これによって内匠寮には長上画師二人、番上画工一〇人などが所属し、調度品製作のうちの作画作業を担っていたことが確認できる。(14) このように九世紀初め、作画機能は朝廷の調度を製作する諸作業の一つとして内匠寮が有していた。

一方、画所の初見は、内匠寮が画工司を吸収してから約八〇年後である仁和二年の次の史料である。

十二日丁亥、為㆑発㆓遣奉伊勢大神宮幣使㆒、天皇欲㆑御㆓大極殿㆒、乗輿未㆑出、有㆑人奏聞、画所犬死、於㆑是、太政大臣及諸公卿議曰、画所者、在㆓宮門左右衛門陣之内㆒、若当㆑行㆓神事㆒、諸司有㆑穢、立㆓札於衛門陣㆒、告㆓知事由㆒、不㆑聴㆓出入㆒、爲㆑潔㆓禁中㆒也、依㆑此論㆑之、可㆑謂㆓禁中穢㆒也、仍不㆓臨御㆒、即便遣㆓中納言従三位藤原朝臣山陰㆒、於㆓建春門前左衛門陣外㆒、召㆓散位従五位下幸世王㆒、授㆓告文㆒令㆓発行㆒、其告文取㆓太政大臣里第紙㆒、召㆓在外之内記㆒令㆑書㆑之、在㆑局紙幷内記居㆓禁中㆒染㆑穢故也

（『日本三代実録』仁和二年九月一二日丁亥条）

伊勢大神宮へ使を派遣するため天皇が大極殿へ向かおうとしたところ、内裏のなかにある画所で犬が死んでおり、穢れがあったので天皇が内裏を出ることができなかったという史料である。これにより、少なくとも仁和二年九月以前には内裏のなかに画所が設置されていたことがわかる。画所の正確な成立時期は不明だが、所々別当制の研究を行った佐藤全敏氏によると、所々には九世紀前半までに設置され、別当に親王・公卿・非参議・近衛

次将・六位・弁が補任される旧い型と九世紀後半以降設置され、別当に蔵人が補任される新しい型の二つの類型があり、別当に蔵人が任命される画所は新しい型の所であるという[15]。佐藤氏の説に従えば常設の画所は九世紀後半以降、仁和二年以前に成立したということになるだろう。

では成立した画所と内匠寮との関係はどのようなものだったのだろうか。まず『延喜式』にみえる画所と内匠寮の記載をみていこう。

画所について述べると、大膳職式に「画所年料、塩二斛」とあることや、大炊寮式に同じく宮廷の所として知られる御書所・作物所と並んで「画所日米一斗六升、（中略）右毎日料、依二前件一、熟食充レ之[16]」とあり、また主殿寮式に内匠寮・作物所と並んで「画所油五升」とあることから、画所が常設の一つの機関として整えられていたことが推測される。また内匠寮式の正月斎会条に「舞台障泥板方三丈、行幸之前二日令二画所絵一、但蕃客之時画方六丈」とあり、画所が斎会で使われる舞台障泥板の作画を行っていたことがわかる。『延喜式』にみえる画所は独自に作画が行える整えられた常設の機関だったといえるだろう。

次に内匠寮の作画に関する記載だが、内匠寮式をみると斗帳・輿（障子有り）・腰輿・腰車（障子有り）・屏風・厨子・白木斗帳・野宮装束の輿（障子有り）・腰輿（障子有り）などの長功に「画某人」と記載され、画師または画工が作画作業にあたっていたことが知られる。また的条には「凡木工寮造二大射、賭射、騎射等的一、皆差二向画師一使二塗画一」とあり、木工寮に画師を差し向けることもあったようである。『延喜式』をみる限り、内匠寮が作画に関与していたということは間違いないと思われる。

以上のように『延喜式』から、少なくともそれに記載された法令が現行法として効力を有していた時期には、画所が作画機関として整えられていたこと、また同じく内匠寮も作画に関与していたことが確認される。しかし

『延喜式』の記載からは画所と内匠寮の関係について具体的に知ることはできない。

次に少し時代が下る『西宮記』の記載を検討する。

画所在二式乾門内東腋御書所南一、有二別当五位蔵人預墨画一及分二内豎一、熟食、本内匠寮雑工也

（『西宮記』巻八所々事）

『西宮記』巻八所々事によると、画所には五位蔵人が兼任する別当や事務官である預、画師である墨画が置かれ、内豎が分けられていたこと、熟食が支給されていたことなどが記載されており、所々の一つとして整備された画所の様子を知ることができる。「本内匠寮雑工也」とあるので、この段階では画所は内匠寮から完全に独立していたのだろう。なお、この『西宮記』巻八所々事の記載は、西本昌弘氏や佐藤氏によって「蔵人所延喜例」をもとになったものであるとの指摘がなされており、一〇世紀初頭の所々の状況を示していると考えられる(17)。そうすると『西宮記』の所々事からうかがえる画所の状況も一〇世紀初めのものということになり、画所は少なくとも延喜年間までには所々として整備されていたと考えられる。また同巻一三諸宣旨の画所・作物所預事には「蔵人奉レ勅仰二本所一墨画同レ之、有二競望一者先試レ之」とあり、預と主任画師である墨画が内匠寮と関わりなく独自に任命・採用されることが記載されている。以上のことから、画所は少なくとも一〇世紀初めには内匠寮とは別の機関として機能していたといえるだろう。

表1　儀式書にみえる画所の職掌

	儀式	職掌	出典
1	踏歌	「調小舎人二人嚢面料」	西宮記
2	御仏名	「御屏風」	西宮記
3	天皇崩	「執歩障」	西宮記

では内匠寮とそこから独立した画所の作画機能には何か違いがみられるのだろうか。一〇世紀以降に両機関が行った職掌を比較してみたい。『西宮記』などの儀式書に記載された両機関の職掌をみると、画所は御仏名で御屏風を用意していたことが知られる（表1）。「画所御屏風」とあり、作画を行ったとは記載されていないが、画所と

表2　画所・画所画師の画事

	年代	西暦	製作した物	儀式	作者	出典
1	天暦8.12.19	954	天皇宸筆経表紙絵	法華八講	右衛門少志飛鳥部常則	村上天皇御記
2	応和3.8.20	963	屏風	親王元服	画所	村上天皇御記
3	応和3.閏12.20	963	雪山	—	右衛門少志飛鳥部常則	河海抄
4	応和4.4.9	964	白沢王像	—	右衛門少志飛鳥部常則	村上天皇御記
5	康保3.8.15	966	前栽合の絵	前栽合	画所	栄花物語
6	天禄3.12.10	972	人形	河臨御禊	画所常則	親信卿記
7	長保1.10.30	999	倭絵四尺屏風	彰子入内	故常則	権記
8	寛弘7.10.30	1010	御障子	—	画所	衛門府粮料下用注文
9	長和2.3.30	1013	冷泉院・神泉苑図	—	故常則	小右記
10	長和5.5.22	1016	—	大嘗会	画所	左経記
11	寛仁4.10.25	1020	屏風	賀茂下社遷宮	画所	小右記
12	治安3.8.4	1023	布障子	—	左兵衛志良親	小右記
13	治安3.8.8	1023	布障子	—	左兵衛志良親・光安	小右記
14	長元1.9.27	1028	屏風	—	能近	小右記
15	長元6春	1033	女房装束の絵	賀茂祭	画所	栄花物語
16	長元9春	1036	屏風	内親王裳着	画所	栄花物語
17	—	—	舞台障泥板	斎会	画所	延喜式内匠寮

いうからには作画を担当したのだろう。それに対して内匠寮は作画以外の調度の製作、障子・屏風などの設営は行っているものの、作画を行ったという記載はみられない（本書第五章表2）。

これらの儀式書には画所の記載は少ないが、画所が一〇世紀以降も引き続き作画を行っていたことは他の史料からも確認できる（表2）。例をあげると『村上天皇御記』応和三年（九六三）八月二〇日条には「給二親王一作物所々レ造櫛調度及什物、画所張上屏風等、宛二今日料一」とあり、広平親王の元服の儀のための屏風を画所が「張上」ている。画所が作画を行い、その画を屏風に仕立てたのだろう。また「衛門府粮料下用注文」には「四升、依二宣旨一有二絵所一御障子運衛士二人料」とあり、画所で作画されたであろう障子を衛士が運んでいる[18]。その他にも寛仁四年（一〇二〇）一〇月に画所が賀茂下社の屏風を製作している（『小右記』）。以上のように一〇世紀以降画所では盛んに作画が行われていたのである。

一方、これに対して一〇世紀以降、内匠寮の作画の記載はみられなくなる。(19) 記載がないからといって内匠寮が全く作画を行わなくなったとは断定できないが、少なくとも一〇世紀以降は主要な作画は画所が行っていたのではないだろうか。このことは画所と内匠寮が共同で作業を行う場合、内匠寮は画所に作画を任せ、作画を行っていないということからも推測される。『村上天皇御記』天暦八年（九五四）一二月一九日条には、

十二月十九日、己未、此日自書二写金字妙法華経一部・無量義経・普賢観経・阿弥陀経・般若心経各一巻一已畢、勤二仕其事一者賜レ禄有レ差、蔵人式部少丞大江澄景給二白大掛一御書所執事安部実茂・縫殿大属坂本高実・内匠少属丈部滋茂・越前目代安部忠茂・右衛門少志飛鳥部常則等各給二絹一疋一、此調レ泥装潢及奉二仕表紙絵一之者也、依二延長例一所レ賜也

とあり、村上天皇の宸筆経を準備した者が列挙され、内匠少属丈部滋茂・右衛門少志飛鳥部常則らの名前がみえる。飛鳥部常則は画所所属の画師と推定される人物である。(20) これらの人物の役割を推測すると、蔵人の大江澄景はこの作業全体の責任者と思われる。御書所は永田和也氏によると「天皇が必要とする図書を諸機関・所有者から書写によって集める」機関であるので、(21) 御書所執事の安部実茂は写経の手本となる経を準備したのだろう。残りの四人が経の表装作業に関わったと考えられる。縫殿大属坂本高実はその職名からすると表装作業のうちの縫製作業の責任者として働き、画所画師である右衛門少志飛鳥部常則は表紙の絵の作画を担当したのだろう。内匠少属丈部滋茂と越前目代安部忠茂は何を担当したのか不明だが、おそらく残った軸付け・表紙付け・巻緒付けなどの装潢作業を担当したと思われる。(22) つまりここでも内匠寮は主な作画を行わず画所に任せていたと推測されるのである。また『侍中群要』第一〇には障子が破損した時、内匠寮・作物所・画所に分担して修理させる記載がある。

但御格子可二修理一時、仰二内匠一、竹台御障子、同仰二内匠一、御障子面破損、召二内蔵絹一、仰二作物所一令レ張、仰二画所一令

レ書

障子の面が破損した時は、内蔵寮から絹を召し、作物所に張らせ、画所が画くというのである。つまり内匠寮は画ではなく障子の枠などの修理を行っていたと考えられる。

このように一〇世紀以降、内匠寮では主な作画は行っておらず、それは画所に任されていたのである。以上のような史料をみる限り、少なくとも一〇世紀には宮中の主要な作画は内匠寮ではなく、画所が担っていたとみてよいだろう。

以上をまとめると画所は九世紀後半に内匠寮の作画機能が分かれて成立し、少なくとも一〇世紀初めには所々の一つの機関として整備され、次第に内匠寮から主要な作画機能を吸収していったと考えられる。

しかし、その後、画所とその母体となった内匠寮とは全く関係がなくなってしまったのかというと、そうではないらしい。『貞信公記』延長九年（九三一）三月四日条には「画所中内匠長上春実任二主殿一之替文付二高弁一」とあり、画所が内匠寮の長上の春実の任官について申上している。画所が関わる人事の対象は当然画所に関わる人物であると考えられるので、春実は内匠寮から画所へ出向していたものと推測される。詳細は不明だが、春実の主殿寮への任官が何かしら不都合であったために画所が替文を提出することになったのだろう。春実が画所においてどのような働きをしたのか明らかではないが、画所は独立した後も母体となった内匠寮から官人を派遣してもらうなど、ある程度の交流をもち続けていたのである。

ではこのように内匠寮から分かれて天皇の家政機関の一つとして整えられた画所は、具体的にどのような作画を行っていたのだろうか。次に画所の職掌についてまとめ、その特徴を考察したい。

画所が作画したものには次のようなものがある（表１・２）。画所が御仏名・親王元服の儀に使用するための屏風、賀茂下社の屏風を作画したことは先にも触れたが、その他にも『栄花物語』巻三二歌合には章子内親王の裳着の儀の屏風を画所に画かせたことがみえる。また大嘗会のさいに設けられる臨時の画所へ常設の画所の画師が派遣されており、彼らは悠紀・主基の屏風の作画を行ったと考えられる（『左経記』長和五年（一〇一六）五月二三日条）[23]。その他にも屏風のような本格的な作画以外に、女房装束の模様のデザインや（『栄花物語』巻第三一殿上花見）、河臨御禊で使用される人形に彩色を施したり（『親信卿記』天禄三年（九七二）一二月一〇日条）、舞台障泥板の文様を描く（延喜内匠寮式）など、小物や建築物の装飾も行っていた。また『河海抄』には応和三年閏一二月に画所画師である右衛門少志飛鳥部常則が画所の雑色とともに女房小庭に雪で蓬莱山を造ったという記載があるので、庭造りも職掌にしていたらしい。このように画所は朝廷の様々な作画を職掌としていた。

画所画師が行った作画もほとんどが朝廷のためのものである。確実に画所画師と確認でき、画事が記載されている人物は上述の飛鳥部常則と左兵衛志佐太良親[24]の二人のみであるが、常則は右にあげた行事以外にも天皇宸筆経表紙絵・清涼殿の白沢王像などを作画している（表2）。

また、画所画師は朝廷以外の作画も行っている。『小右記』によると、治安三年（一〇二三）八月四日条に「今日以二左兵衛志良親一令レ画二堂東廊布障子一」とみえるように、藤原実資が第内に建てた念誦堂東廊の障子を画所画師である左兵衛志佐太良親に画かせており、同八日条には「左兵衛志良親給二紬一段一、採〔彩カ〕色者光安給二太平作〔手カ〕三段一、丹調童布一段」とあるように、その作画に対すると思われる報酬を良親はじめ作業に関わった者に与えている。同長元元年（一〇二八）九月二七日条にも「能近画二四尺屏風八帖一了、絹五疋遣レ之」という記載があり、良親が四尺屏風八帖を画いたこと、実資から報酬を与えられたことが知られる。これらの史料によると佐太良親はしばしば実資のために作画を行っていたことがうかがえるが、それらはおそらく画所画師としてではなく画師の個人的な仕事として行っていたものと推測される。画所画師が画所を離れて貴族の依頼を受けることは珍しいことではなかったのだろう。

二　画所の職員

はじめに画所にどのような職員が置かれていたのか確認したい。所の職員を知るための史料としては前掲した『西宮記』巻八所々事があげられる。それによると画所には「別当（五位蔵人）」・「預」・「墨画」・「内豎」という職員が所属していたことが知られる。その他、『大間成文抄』第四・七の所々奏の尻付をみると、「預」・「絵師」・「張手」が画所奏によって任官されており、『西宮記』巻八所々事にみられる職員の他に「張手」も所属していたことが判明する（表3）。また先に示した『小右記』治安三年八月八日条では画所画師である良親が実資から作画に対する報酬を与えられているが、良親の他にも「彩色者」・「丹調童」が報酬を与えられており、これらの者たちも作画作業にあたったとわかる。

以上のことから、画所の職員には『西宮記』巻八所々事にみえる「別当」・「預」・「墨画」・「内豎」の他にも「彩色者」と「丹調童」・「張手」が置かれていたと推測される。作物所などの他の所にも『西宮記』にみえない職員が所属しており[25]、画所にも『西宮記』にみえる以外の職員が所属していたと考えてよいだろう。またこの構成を画所の母体となった内匠寮の雑工のうち、作画に関係したと思われるもの（前掲『類聚三代格』大同四年八月二八日太政官符）と比べるとよく似ている。内匠寮の雑工には「画師」・「画工」の他に「造丹」・「屛風」という雑工がおり、これらは画所の「丹調童」・「張手」と対応するものだろう。これは画所が内匠寮の作画作業形態を引き

表3　『大間成文抄』・『魚魯愚鈔』にみえる画所職員

	氏名	位階	兼官等	時期	出典	備考（尻付等）
1	巨勢朝臣相見	従八位下	任讃岐少目	昌泰二年二月	『大』四	「画師」
2	狩伊美吉良廉	従七位上	任美濃国権少目	天暦八年	『魚』文書標目	「画所」
3	勝宿禰輔奉	正六位上	任越前少目	天元五年	『大』四	「画所労」
4	立野宿禰兼理	正六位上	任摂津権大目	永観元年	同	「画所絵師労」
5	常澄宿禰成淵	正六位上	任左兵衛府少志	同二年	『魚』文書標目	「画所申」
6	桑原宿禰成見	正六位上	任丹後権目	同年	『大』四	「画所張手」
7	秦宿禰吉樹	正六位上	任伊勢権大目	長徳二年	同	「画所奏」
8	百済王為孝	正六位上	任周防権掾	同三年	同	「画所」
9	飛鳥部宿禰忠光	正六位上	任東市佑	同四年	同七	「画所預」
10	佐太宿禰能近	正六位上	任左兵衛少志	長保元年	同	「画所奏」
11	掃守宿禰惟利	正六位上	任左兵衛少志	治安元年秋	同	「画所」
12	桑原宿禰信親	正六位上	任造酒令史	康平八年	同	「画所挙」
13	貞朝臣良則	正六位上	任大炊少志〔属〕	承保三年秋	同	「画所預」
14	惟宗朝臣則定	正六位上	任玄蕃少属	康和元年	同	「絵所奏」
15	大蔵明則	―	―	―	『魚』別録	「画所申諸司属」
16	掃部成職	―	―	―	同	―

＊この他、『小右記』万寿元年（一〇二四）一〇月一八日条に画所が掃守実親を造酒令史に任ずることを奏したことがみえる。
＊『大』…『大間成文抄』、『魚』…『魚魯愚鈔』の略。

継いだ結果と考えられる。

その他、正式な職員とはいえないが、寛弘七年（一〇一〇）一〇月の「衛門府粮料下用注文」には「絵所役仕衛士一人今月卅箇日食料」として六斗与えられたことが記載されており、衛門府から衛士が画所に派遣されることがあったようである[26]。

次に右に示した画所職員のそれぞれについて考察していく。

1　別当

画所別当として確認される人物は六人である（表4）。別当は、すべて『西宮記』巻八所々事の記載通り五位蔵人であり、嘉応元年（一一六九）八月二七日に行われた殿上所充では治部少輔藤原兼光と兵部権大輔藤原光雅の二人が画所に補されているので、複数の別当が置かれることもあったようである（『兵範記』）。画所別当の所内での役割については画所のみの史料では知ることが難しいが、所全体の別当の役割について研究された佐藤氏によると、所々の別当は日常的な所内の政務運営・決裁についてはほとんど関与することはなく、所が天皇や諸司・諸国など所の外部に対して働きかける時にのみ所の責任者として現れたという[27]。画所別当もそのような活動を行ったのだろう。

2　預

画所預として名前が確認されるのは四人である[28]（表5）。任命方法については前掲の『西宮記』巻一三諸宣旨より知られる。これによると蔵人が勅を奉って本所に仰せて、任命することになっていた。その任務は画所の事務を行うことにあったようである。『左経記』長和五年五月二二日条では預が大嘗会のために画師を悠紀・主基の両行事所に分配している。また『新儀式』第四では天皇遷御に「致二勤営一者」として預が禄を与えられており、画所を代表して禄を受け取ったと思われる。このように預は各行事への人材の分配や、報酬の受け取りなどの事務一般を処理していたのだろう。なお玉井力氏は所の預を分析し、その任務として所の必要物資を調達する役割について指摘している[29]。画所ではそれを確認できる史料はないが、画所は画材などが必要不可欠なため、事務官

表4　画所別当

	氏名	位階	兼官等	時期	出典
1	良岑朝臣義方	五位	右少将・内蔵権頭・五位蔵人	天慶四年一二月二七日	『本朝世紀』
2	藤原朝臣敦敏	五位	右少将・五位蔵人	天慶八年一二月一八日	『本朝世紀』
3	藤原済時	正五位下	左少将・近江介・五位蔵人	康保三年八月一五日	『栄花物語』
4	藤原朝臣為房	正五位下	左衛門権佐・権左少弁・防鴨河使・五位蔵人	応徳三年八月一二日 寛治二年または三年正月二三日	『朝野群載』 ※『朝野群載抄』
5	藤原朝臣兼光	正五位下	治部少輔・備中権介・五位蔵人	嘉応元年八月二七日	『兵範記』
6	藤原光雅	正五位下	兵部権大輔・建春門院判官代・五位蔵人	同	同

※『朝野群載抄』の新出史料については注(40)を参照。

表5　画所預

	氏名	位階	兼官等	時期	出典
1	飛鳥部宿禰忠光	正六位上	任東市佑	長徳四年	『大間成文抄』七
2	貞朝臣良則	正六位上	任大炊少志	承保三年秋	同
3	藤原朝臣季時	正六位上	相模掾	寛治二年または三年正月二三日	※『朝野群載抄』
4	掃部成職	—	—	—	『魚魯愚鈔』

※『朝野群載抄』の新出史料については注(40)を参照。

である預がその役割を担っていた可能性は大きいといえるだろう。

3　墨画・彩色者

次に墨画・彩色者について述べる前に、平安時代の作画作業を確認しておきたい。当時の作画作業については家永氏・秋山氏の研究に詳しい(30)。両氏によると平安時代の作画作業は奈良時代と同じく下絵と彩色とに分かれており、別々の人物がその作業にあたったという。具体的には『山槐記』元暦元年（一一八四）八月二二日条にみえる大嘗会の臨時の画所の構成[31]、『小右記』にみえる作画を行う時の形態[32]、『新猿楽記』にみえる作画作業の記述[33]などから、当時の作画作業には〈墨画〉[34]・〈淡〉・〈作絵〉・〈丹調〉という四つの作業があり、〈墨画〉とは作画のなかで最も重要である下絵の作業を、〈淡〉・〈作絵〉は彩色の作業を指す名称であると指摘した。〈丹調〉については、秋山氏は顔料の調合のこととしている。また両氏はそれぞれの作画を担当する者の待遇には差があったとし、『小右記』にみえる作画の各作業を行った者たちに与えられる報酬の差などから説明している。例えば前掲した『小右記』治安三年八月八日条によると、障子の作画の禄として画所画師で〈墨画〉を行ったと考えられる左兵衛志良親が紬一段であるのに対して、彩色者には太手作三段、丹調童に布一段が与えられ、また同万寿元年（一〇二四）一二月一二日条には布障子四間の禄として、〈墨画〉を行ったと思われる造酒佑有富に大掛を、〈作絵〉の者には疋絹、〈丹調〉には手作布が与えられている。このように最も高い報酬を与えられ、作画作業のなかで最も重要な〈墨画〉を行う者が作画の中心となる主任画師であり、〈淡〉・〈作絵〉の彩色を行う者は作画作業のなかで助手的なものであったという。このような作画作業の形態は、家永氏もすでに指摘しているように、画所にも組織されていたとしてよいだろう。すなわち画所の職員の「墨画」とは名称の通り主に下絵作業の〈墨画〉を行う主任画師を、「彩色者」とは〈淡〉・〈作絵〉と呼ばれる彩色作業を施す助手的な者を指していたと考えられる。

では画所の「墨画」はどのような地位を有していたのだろうか。『西宮記』の記載をみると画所での地位は高かったらしい。『西宮記』巻八所々事には預に続いて記載され、同巻一三諸宣旨によると任命は預と同じく宣旨が下された。また望む者があれば「試」によって選ばれるとあることから、名誉のある人気職だったのだろう。人気の理由には、先に述べたように〈墨画〉を行う画師の報酬が他の彩色を行う者などに比べて高いということもあったのだろう。これらのことは『源氏物語』帚木の「絵所に上手多かれど、墨がきに選ばれ」という記述からもうかがえる。「絵所に上手多かれど」とあるので、「墨画」は彩色の者などから「試」によって選ばれたのだろうか。

ここでさらに検討を加え、具体的に画所所属の「墨画」を特定してみたい。平安時代の諸史料からは多くの画師の名を知ることができるが、画所所属の「墨画」であることが確認できる者は、右衛門少志飛鳥部常則と左兵衛志佐太良親の二人のみである。

この二人が〈墨画〉を行っていたことは、常則が康保元年（九六四）に清涼殿西廂南壁に白沢王の像を描いたこと、(35)藤原実資が常則の画いた冷泉院・神泉苑絵図をもっていたこと、(36)『源氏物語』絵合に『宇津保物語』の絵は常則作であると書かれていること、また先に示した『小右記』治安三年の記事に良親が実資の念仏堂の東廊の布障子を彩色の者・丹調とともに作画したとあることなどから間違いないだろう。

次に画所に所属していたのかということだが、常則からみていこう。常則が最初に登場するのは前掲した『村上天皇御記』天暦八年の天皇の宸筆経の表紙絵に携わったという記載である。このとき常則はすでに右衛門少志という官職をもっており、その後も右衛門少志という肩書きをもちつつ応和三年に画所の雑色を率いて御苑に雪山をつくり、(37)天禄三年の河臨御禊では画所の画師として人形の製作に携わっている。(38)こうしたことから常則が画所所属の画師であったことは確実である。彼が右衛門少志であったのは、画所奏で左兵衛少志などに任官される者がいることから考えて、(39)画所での労が認められ任官された結果だろう。つまり画所画師の常則は、右衛門少志任官後も画所に所属して画師の仕事を続けていたのである。

良親が画所画師であったことは、『大間成文抄』巻七所々奏（表3）の長保元年（九九九）の画所奏によって左兵衛少志に任命されていることから間違いない。また常則の例からみて、左兵衛少志任官後も良親は画所に引き続き所属して作画を行っていたと考えられる。作物所の事例ではあるが、『大間成文抄』第七所々奏に作物所の奏によって同所螺鈿道工の前伊予掾秦宿禰忠辰が、「身労廿五个年」「調二進唐鞍一」の労功により内蔵権少属に任官されたことがみえている。忠辰が伊予掾になったのは作物所の労によるものであろうが、彼は任官後も引き続き作物所に所属していたのであり、このことから良親も左兵衛志に任官された後も、画所画師として活躍していた可能性は高いといえるだろう。

画所所属の彩色者については記載が少ない。治安三年八月に画所画師良親とともに作業を行った「光安」が画所で彩色を行った者かと思われる（前掲『小右記』）。また寛治年間の画所奏で二〇年の労によって内舎人に推薦された藤原朝臣経副は、「専二丹青之節一、致二画図之勤一」とみえることから彩色者であったのかもしれない[40]。

次に平安時代の「画師」の名称について考察する。「画師」の名称を分析することは史料を正確に理解するためには重要なことであるが、これまであまり詳しく分析されることがなかったため、当時の使われ方について整理したい。

「画師」という肩書きをもつ者には〈墨画〉を行っている者が多い。例をあげると、『兵範記』仁安元年（一一六六）一〇月一五日条に御禊点地の絵図を書いたとみえる「絵師民部大夫宗茂朝臣」は、同三年（一一六八）九月二九日条では、〈墨画〉を担当している。また、『二中暦』第一三では「絵師、相覧一云合相・金岡・公茂・経則・公忠・広瀬・超円・吉近・親助・為仁・百済川成[41]」とあるように「画師」にあげられている人物のほとんどが〈墨画〉を担当したと考えられる者たちである。その他にも〈墨画〉を行う者を「画師」と呼ぶことは多くみられる[42]。

では、彩色を行う者を「画師」と呼ぶことはあったのだろうか。『兵範記』仁安三年一〇月二七日条には大嘗祭画所の作業として「画師加二彩色一」とみえ、また『小右記』治安元年一一月一九日条では〈作絵〉が終わった時、「画師」に禄を給うとあって〈淡〉・〈作絵〉の彩色を行った者たちに禄を与えている。つまり平安時代における「画師」という名称は、「墨画」と彩色者と両方に使われていたのである。

しかしながら、上述したように「画師」という肩書きは〈墨画〉を行う者につけられる場合が多い。確かに史料に現れるのは彩色者より〈墨画〉を行う者の方が多いため、必然的にそうなったのかもしれないが、当時の人々が「画師」と聞いてまず思い浮かべるのは、彩色者ではなく〈墨画〉を行う主任画師であっただろう。それは、『二中暦』であげられているほとんどの「画師」が〈墨画〉を行っているということからもうかがえる。つまり家永氏が「真に画師の名に値するのが墨画のみであ」ると指摘したように、「画師」の肩書きをもつことができるのは優れた技術をもち、作画の中心となる〈墨画〉を行う者である、という意識があったのではないだろうか。

平安時代には、「画師」という名称は、〈作絵〉など彩色者を含み「単に作画を行う者」という広義の意味と、作画の中心となる〈墨画〉を行う者のみを指す狭義の意味とをもっていたといえるだろう。

4　その他の職員について

その他の職員については不明の点が多い。丹調童については墨画・彩色者とともに作画にあたったということがわかるのみである（前掲『小右記』）。張手は名称から、屏風などの表具を行ったと思われる。先にも示した『村上天皇御記』応和三年八月二〇日条には「画所張上屏風等」とみえるが、これは張手が絵を屏風などに仕立てたことを示すのだろう。

内豎は、『西宮記』巻八所々事に「内豎所（中略）有㆓奏時・殿上及所々分㆒（内侍召・作物所・画所・神泉・鳥曹司等）」とあるように、内豎所から派遣された。画所に派遣された内豎の役割は不明だが、作物所に派遣された内豎が木道工として働き、その三〇年の労によって官職を与えられている事例がみられることから(43)、画所でも派遣された内豎が画所の技術者として働くことがあったのかもしれない(44)。

衛士は衛門府から画所に派遣された者である。画所での役割は、前掲の「衛門府粮料下用注文」に「四升、依㆓宣旨㆒有㆓絵所㆒御障子運衛士二人料」とあるので、障子の運搬をしていたことが知られる。また「六斗、絵所役仕衛士一人今月卅箇日食料」とみえるように、画所へ一ヶ月間も衛士が置かれることがあったようである。衛士は画所の調度の運搬などの雑用を行うために常置されたのだろう。

おわりに

最後に本章で述べたことを要約する。

一、画所は九世紀後半以降に、朝廷の調度製作を行っていた内匠寮の作画機能が分かれて成立したものであり、延喜年間までには天皇の家政機関である所々の一つとして整備された。そして朝廷の主要な作画は、次第に内匠寮ではなく画所の職掌となっていった。

二、画所の職掌は、屏風などの本格的な作画から小物の装飾や衣装の模様のデザインに至るまで朝廷の様々な作画を行うことであった。しかし、画所画師は画所に縛られることなく、貴族の依頼を受けるなど個人的な仕事も行っていた。

三、画所の職員には、少なくとも事務的な役割を果たす別当・預と、実際に作画などにあたる墨画・彩色者・丹調童・張手と、他の官司から派遣される内豎・衛士がいた。
四、今日知ることができる平安時代に活躍した画師のなかで、画所所属の墨画であったと確認できる人物は、右衛門少志飛鳥部常則と左兵衛志佐太良親の二人である。
五、平安時代、「画師」の名称は、広義の意味では墨画・彩色者を指し、狭義の意味では作画の中心となる墨画のみを指した。

以上検討してきたように、画所は平安時代の朝廷の作画において重要な役割を果たしていた機関であった。このような画所の研究は美術史はもちろん手工業史、天皇の家政機関である所の研究にとって重要なものである。本章では基礎的な考察にとどまり、それらの研究における画所の意義についてはあまり言及できなかった。また画所画師の活動を正確に理解するためには、画所画師以外の画師や絵仏師の活動についても考察する必要があると思われるが、それらは今後の課題としたい。

注

（1）『日本三代実録』同年九月二二日丁亥条。
（2）画所の設置場所については所京子氏が「「所」の成立と展開」（『平安朝「所・後院・俗別当」の研究』勉誠出版、二〇〇四年、初出は一九六八年）のなかで詳しく述べられている。それによると所在地が『西宮記』では「式乾門内東腋御書所南」、『拾芥抄』では「建春門内東腋御書所北」と二通りあるのは、長徳四年（九九八）に式乾門東腋から建春門東腋へ遷された御書所の南、あるいは北という説に従っているためという。
（3）所氏前掲論文。

（4）家永三郎『上代倭絵全史』（改訂重版、名著刊行会、一九九八年、初版は一九四六年）。
（5）秋山光和『平安時代世俗画の研究』（吉川弘文館、一九六四年）。
（6）平田寛「美麗の絵師たち」（『王朝絵巻と装飾経』日本美術全集八、講談社、一九九〇年）。なお、本章の作成にあたり同「巨勢派研究史料（稿）」・「平安時代画所画師関係史料（稿）」（『絵仏師の時代』中央公論美術出版、一九九四年、初出は一九八六年・一九八八年）を参照した。
（7）武者小路穣『絵師（えし）』（ものと人間の文化史六三、法政大学出版局、一九九〇年）。
（8）宮島新一『宮廷画壇史の研究』（至文堂、一九九六年）。
（9）以下『西宮記』は新訂増補故実叢書（吉川弘文館）による。尊経閣善本影印集成『西宮記』（八木書店）で校訂を行った。
（10）「勅

内匠寮　頭一人、助一人、大允一人、少允二人、大属一人、少属二人、史生八人、直丁二人、駆使丁廿人、

右、令外増置、以補二闕少一、其使部以上、考選禄料、一同二木工寮一、宜下付二所司一、以為中恒例上、寮即入二中務省管内之員一、

神亀五年七月廿一日　」

（『類聚三代格』巻四加減諸司官員幷廃置事）

（11）中西康裕「内匠寮考」（『ヒストリア』九八、一九八三年）、仁藤敦史「内匠寮の成立とその性格」（『古代王権と官僚制』臨川書店、二〇〇〇年、初出は一九八五年）。また、旧稿の発表後、十川陽一「内匠寮について」（『日本古代の国家と造営事業』吉川弘文館、二〇一三年、初出は二〇〇八年）が出されている。
（12）「詔、観レ時改レ制、論レ代立レ規、往古相沿、来今莫レ革、故虞夏分レ職、損益非レ同、求二之変通一、何常準之有也、思下欲省レ司合レ吏、少レ牧多レ羊致二人務於清閑一、期中官僚於簡要上、其画工漆部二司併二内匠寮一（下略）」

（『類聚三代格』巻四加減諸司官員幷廃置事大同三年正月二〇日詔）

（13）家永氏前掲書。
（14）中西氏前掲論文によると延喜内匠寮式にみえる内匠寮の職掌は以下の通りである。（イ）公事の際の設営、（ロ）供御物（調度品など）の製作、（ハ）伊勢初斎院・野宮の装束の製作、（ニ）賀茂初斎院・野宮の装束の製作、（ホ）親王頓料（斗帳・屏

風）の製作、（ヘ）位記料（赤木軸など）の製作、（ト）大射などの的の塗画。

（15）佐藤全敏「宮中の「所」と所々別当制」（『平安時代の天皇と官僚制』東京大学出版会、二〇〇八年、初出は一九九七年、a論文とする）。

（16）旧稿発表後、相曽貴志「百度食と熟食」（『延喜式研究』二三、二〇〇七年）が発表された。同氏によると、熟食は「百度食」のことであり、天皇の身辺の諸事へ供奉する者に対する給食であるという。

（17）西本昌弘「「蔵人式」と「蔵人所例」の再検討―『新撰年中行事』所引の「蔵人式」新出逸文をめぐって―」（『日本古代の年中行事書と新史料』吉川弘文館、二〇一二年、初出は一九九八年）、佐藤全敏「所々別当制の展開過程」（『東京大学日本史学研究室紀要』五、二〇〇一年、b論文とする）。

（18）『平安遺文』四五八。

（19）『親信卿記』天延二年（九七四）八月一五日条に、一八日に行われる季御読経の準備として内匠寮が南殿障子を「召仰」されていることがみえるが、本書第五章表2・3の内匠寮の職掌を考慮すれば、内匠寮は障子の作画ではなく設営を行っていたと考えられる。

（20）これについては本章第二節で触れる。

（21）永田和也「御書所と内御書所」（『國學院大学大学院紀要』文学研究科二〇、一九八九年）。

（22）栗原治夫「奈良朝写経の製作手順」（坂本太郎博士古稀記念会編『続日本古代史論集』中巻、吉川弘文館、一九七二年）。

（23）八木意知男「大嘗会御屏風」（『神道史研究』三四―二、一九八六年）。

（24）『大間成文抄』第七所々奏にみえる。表3参照。『大間成文抄』第七所々奏では「能近」という表記になっているが、この『大間成文抄』の長保元年の記載からそう離れた時期ではない『小右記』寛弘二年（一〇〇五）二月二〇日条に「中宮（中略）少属佐太良親左兵衛志如レ元」とあり、また同治安三年八月四日条には「左兵衛志良親」が作画にあたっていることがみえることから、『大間成文抄』の「佐太宿禰能近」と『小右記』の「佐太良親」は同一人物と考えられる。

（25）『大間成文抄』第四所々奏の作物所奏をみると、『西宮記』巻八所々事にみえない「木工」・「鍛冶」・「漆工」などが所属していたことがわかる。その他の所でも『西宮記』巻八所々事にみえる職員以外のものが所属している。

(26)『平安遺文』四五八。
(27)佐藤氏前掲a論文。
(28)大嘗祭に置かれる臨時の画所預は除く。
(29)玉井力「九・十世紀の蔵人所に関する一考察―内廷経済の中枢としての側面を中心に―」（『平安時代の貴族と天皇』岩波書店、二〇〇〇年、初出は一九七五年）。
(30)家永・秋山氏前掲書。
(31)「定二絵師并雑工一事」に絵所で奉仕する者として〈墨画〉に修理進藤原有宗、〈淡〉に内匠少允中原光永、〈作絵〉に中原吉久、〈張手〉に豊原永久の名前がみえる。
(32)前掲『小右記』治安三年八月八日条、同万寿元年一二月一二日条「日者造酒佑有富画二布障子四間一、今日給レ禄、大褂、作絵者疋絹、丹調手作布一端」。
(33)「六郎冠者、絵師長者也、墨画・綵色・淡・作絵・丹調」（『新猿楽記』）。
(34)画所の職名を「墨画」、作画の技術用法を〈墨画〉と表記する。秋山氏は墨画について、技術用法としての〈すみがき〉があってそれが職名にもなったと述べている。
(35)『村上天皇御記』同年四月九日条。
(36)『小右記』長和二年（一〇一三）三月三〇日条。
(37)『河海抄』応和三年閏一二月二〇日条。
(38)「絵所牛・馬・犬・鶏各七、仰二常則一」（『親信卿記』天禄三年一二月一〇日条）。
(39)『大間成文抄』第七所々奏。
(40)『朝野群載抄』については、高田義人「『朝野群載抄』について」（『栃木史学』一八、二〇〇四年）を参照した。同史料はこの画所奏を寛治六年（一〇九二）のものとしているが、高田氏の検討によると寛治二年（一〇八八）または同三年のものであると考えられるという。
(41)『改訂史籍集覧』一二三。相覧、金岡、公茂、公忠、広瀬（高）は、巨勢派として知られる画師であり墨画も行っていたと考えられる。経則（常則）・吉近（良親）は画所の墨画。親助は『小右記』寛仁二年（一〇一八）正月二一日条に藤原頼通の倭絵屏風を画いたとある。百済川成は『文徳天皇実録』仁寿三年（八五三）八月二四日条に、川成が画いた山水草木は自生しているように写実的であるという記載がある。

(42) 例えば、『菅家文草』巻七左相撲司標所記には、標の画様を書いた百済常良には「画師」という肩書きがついている。『中右記』天永三年（一一一二）一〇月一九日条では、「絵師信貞」が打毬図を画いている。

(43) 『大間成文抄』巻四所々奏。

(44) 浅香年木氏は、この時期の内豎は、官営工房である画所・作物所の雑工の供給源であったと述べている（『日本古代手工業史の研究』法政大学出版局、一九七一年）。

〔補記〕

旧稿発表後、新たな研究が発表されたため、本章では本文を一部改め、注(16)と(40)を新たに追加した。また表4・5に別当藤原朝臣為房と預藤原朝臣季時の記述を追記した。

また表は、旧稿を一書にまとめるにあたり、統一を図るために体裁を変更した。表1については、本書第三章表2・第五章表2との重複を避けるために作物所・内匠寮の職掌部分を省略した。また、それに伴い本文を一部改めた。

第二章　平安時代の作物所の機構

はじめに

平安時代、内裏には進物所・御厨子所・画所など様々な「所」が設置され、天皇の日常生活や宮中儀式・行事への供奉を行っていた。作物所はこのような所の一つであり、主に宮中の調度製作を行っていた機関である(1)。作物所については渡辺素舟氏・浅香年木氏・所京子氏らによる先行研究があり、①八世紀初め以来、朝廷の調度製作を行ってきた内匠寮から分かれて成立し、九・一〇世紀の交には蔵人所によって統轄されたこと、②天皇個人や天皇家のため、金銀製品や木製品など様々な調度製作を行ったこと、③職員には別当・預・雑工などが所属していたことなどが指摘されている(2)。このように作物所の大まかな特徴は明らかにされているが、未だ作物所を専論として取り上げた研究はなく、十分な検討がなされたとはいえないように思う。また所々については所氏の研究以降、玉井力氏・佐藤全敏氏らによって研究が進み、新たな見解も示されている(3)。これらも参考に作物所を捉え直す必要があるだろう。

そこで本章では、先行研究を踏まえ、具体的に作物所の機構について考察したい。はじめに作物所にはどのような職員が所属し、各々が調度製作にあたりどのような役割を果たしていたのかみていきたい。また作物所の母体官司と考えられている内匠寮や、宮中所々を統轄したといわれる蔵人所との関係が、機構的にどのようなものであったのかについても検討していきたいと思う。

一　作物所の職員

作物所の初見は『西宮記』巻三御灌仏事にみえる「承和七年四月八日、律師静安於二清涼殿一始行レ事、蔵人仰二作物所一作二雑具一」という記載であり、承和七年（八四〇）以前に成立していたことがわかる。[4]置かれた場所は「進物所西」、つまり内裏の月華門外南腋にある進物所の西にあった。[5]初見に近い『続日本後紀』承和一五年（八四八）三月五日条の記載には「是日、永安門西廊有レ火、近衛及今良等、競捷レ水沃レ之即滅、初是作物所冶師行レ火之所レ延也」とあり、内裏の西南にある永安門の近くで作物所が火を出したことが知られるので、この頃には内裏の西南に設置されていたことが判明する。作物所の冶師が出火の原因であったとあるから、冶師などの雑工も作物所のなかで作業を行っていたのだろう。では作物所には冶師の他にどのような職員が所属していたのだろうか。

作物所の職員について知るための主な史料には『西宮記』や『大間成文抄』などがある。『西宮記』巻八所々事には各々の所々の所在地・職員などの記載があるが、作物所については「作物所在二進物所西一、有二別当頭預一、熟食、同二画所一[6]」とあり、所在地を示した後の「有二別当頭預一」という記載から、作物所には「別当」と「預」が置かれていたことが知られる。「別当」の下の割書きにある「頭」の記載は、作物所「別当」に任命されるべき「蔵人頭」を指しているのだろう。[7]

『大間成文抄』巻第四・七には、作物所奏によって任命された職員のなかに、「預」以外に「木道工」・「木工」・「漆道工」・「漆工」・「螺鈿道工」・「鍛冶」がいたことが記されており、申文の署所には「預」の他「案主」の名もみえる。また『左経記』長和五年（一〇一六）五月一六日条からは「彫物工」も作物所で作業していたことが確認される。

以上の史料から作物所には少なくとも「別当」・「預」・「案主」・「木道工」・「木工」・「漆道工」・「漆工」・「螺鈿道工」・「鍛冶」・「治師」・「彫物工」が所属していたと考えられる。[8]

次に各々の職員について、その特徴をみていくことにする。「別当」・「預」に任じられた人物を表1・表2、『大間成文抄』などにみえる職員を表3にまとめた。

1　別当

所々の別当については、渡辺直彦氏・所京子氏・佐藤全敏氏・森田悌氏らの研究がある。[9] なかでも佐藤氏は所々別当制について詳細な分析を行っている。同氏は所々を統轄していたのは、通説でいわれている蔵人所ではなく、各所に置かれた別当であったと指摘した。また所々別当には九世紀前半までは殿上侍臣・近衛次将が、九世紀後半以降には蔵人が任命されるようになったことを示し、それは所々を朝廷上層部全体で管理する体制から、天皇が蔵人を介してより直接的に所々を管理していこうとする体制へ変化したことを表していると述べている。佐藤氏の見解には森田氏によって批判が出されており、所々別当制については今後も慎重に研究を進めていく必要があるだろう。[10] 本章ではこれらの先行研究の成果を参考に作物所の別当について検討していきたい。

作物所別当の年紀がはっきりしている初見記事は、『九条殿記』天暦七年（九五三）一〇月二八日条である。明確な設置時期は不明だが、先にも掲げた『西宮記』巻八所々事にも別当はみえている。近年西本昌弘氏は、『西宮記』巻八所々事の記載は「蔵人所延喜例」から転載されたものであると指摘した。[11] それによれば、その他の

表1　作物所別当

	氏名	位階	兼官等	時期	出典
1	藤原斉敏	正五位下	左兵衛権佐	天暦七年一〇月二八日	『九条殿記』
2	藤原為光	従五位上	五位蔵人・右近衛少将・近江権介	康保三年八月一五日	『栄花物語』一月宴
3	源伊陟	従四位下	蔵人頭・右中弁	天延二年五月二四日	『親信卿記』
4	大江通理	正六位上	六位蔵人・式部少丞	同	同
5	藤原実資	従四位上	蔵人頭・左中将・中宮亮・美濃権守	永観二年一一月一七日	『小右記』
6	藤原行成	従四位下	蔵人頭・左中弁	長徳元年九月一三・一七日	『権記』
7	藤原信経	正六位上	六位蔵人	長徳三年頃	『枕草子』九九
8	藤原隆時	正六位上	六位蔵人・左衛門少尉・御厨子所別当	応徳三年八月一二日	『朝野群載』五

＊蔵人の兼任は『蔵人補任』を参照した。

所々と同様に作物所にも延喜年間には別当が置かれていたと考えられる。

別当は殿上所充や臨時の所充によって任命された。『侍中群要』巻一〇には殿上所充によって作物所別当が補任されるとあり、実際には天延二年（九七四）五月二三日に源伊陟と大江通理が任命されている（『親信卿記』）。また応徳三年（一〇八六）八月一二日には蔵人方宣旨によって臨時に作物所別当が補任されている（『朝野群載』巻第五朝儀下）[12]。

別当が兼帯した職をみると、天暦七年に任じられた左兵衛権佐藤原斉敏を除いて、すべて蔵人の兼任となっている[13]。前述したように『西宮記』巻八所々事の別当の下にみえる「頭」の割書きは、作物所別当に蔵人頭が任命されることを示していると考えられるが、表1からわかるように、実際には蔵人頭以外にも五位・六位蔵人が兼任していたことが確認される。なかでも蔵人頭と六位蔵人が兼ねた例が多くみられ、天延二年五月に行われた殿上所充では蔵人頭の源伊陟と六位蔵人の式部少丞大江通理の二人が同時に作物所別当に補任されている[14]。

所々別当の職掌については、殿上人という地位を利用して内裏における儀式の円滑な運営を計ることなどがすでに指摘されている。また佐藤氏は所別当は日常的な所内の政務運営・決裁については、ほとんど関与せず、所が天皇や諸司・諸国など、所の外部に対して働きかける時に所の代表責任者として立ち現れたと述べている[15]。では作物所別当の役割はどのようなものだったのだろうか。まず康保三年（九六六）八月一五日に内裏で行われた前栽合の時の役割をみてみよう。この時の前栽合は画所と作物所を左右に分け、内裏清涼殿前の壷庭に前栽を準備させ、それを題材として和歌を詠み合うというものであった[16]。画所別当蔵人少将藤原済時と作物所別当右近少将藤原為光はそれぞれ左右の頭となり、画所は前栽を絵で、作物所は洲浜で表した物を準備した。そして両所の別当は、他の参加貴族たちとともに和歌を詠むなどして儀式に参加している。作物所別当である為光はこのとき五位蔵人であり、他に別当がいなければ、作物所の職員のなかで唯一昇殿を許された者であっただろう。このように蔵人としての地位を利用し、所の代表者として内裏での奉仕を行うことが作物所別当の重要な役割であったと推測される。また正月初めの卯の日に行われる卯杖の儀式においても、作物所別当の役割を知ることができる。『江家次第』巻二卯杖事には、作物所が卯杖とともに天皇に献上する洲浜製作の記載がある。「次作物所進二卯杖一、自二去年十二月十八日一、彼所別当蔵人始行レ事所レ作レ之」とあるように、別当がその行事の開始を指示することになっていた。『西宮記』巻一御卯杖には「作物所供二御杖四枝一、作二御生気方物形一、置二洲浜上一、令レ侍二件御杖一、置二高机二脚一、彼所別当蔵人相扶、経二殿上前仙華門一、立二南長橋上一」と記されており、儀式の当日、別当が洲浜と御杖を長橋の上まで運ぶことになっていたことが知られる。

　以上は別当の内裏の儀式・行事における役割であるが、それだけでなく作物所の日常的な活動にも関わっていたことが次に掲げる史料からうかがえる。『枕草子』第九九段には藤原信経が作物所別当であった頃、調度の絵様を某のもとに送り、その通りに調度を製作するよう指示したという記載がある。別当である信経は普段の調度製作の状況もある程度把握していたのである。また藤原実資は永観二年（九八四）一一月に作物所の別当に補された後[17]、作物所の卯杖の献上についてや[18]、斎宮群行に使用する調度を作物所に仰せて作らせたことなど[19]、日々の作物所の活動について日記に記している。おそらくそれらは作物所別当であったことによるのだろう[20]。

このように作物所別当は、内裏での儀式・行事の場で作物所の代表者として振舞ったり、日常においても調度製作を指示するなど、所の最高責任者的な役割を果たしたと考えられる。作物所別当の宿所が作物所の北面に置かれたのは、日常的に所の活動に関わるために便利であったからだろう[21]。

2 預

所々の預について踏み込んだ考察を行ったものに玉井力氏の研究がある[22]。同氏は弘仁・承和頃までに姿をみせる所に置かれた頭が殿上勤仕者たちの長という役割をもっていたのに対し、承和から貞観以後に一般化ないしはその機能の重視がはじまり、寛平・延喜頃に定着した預は別当とともに総括的な事務責任を負い、特に物資調達の役割を担う職員であったと指摘した。そして、このような性格をもつ預の設置によって、それまで令制諸官司の殿上出先機関にすぎず、経済基盤においても律令官制に強く依存していた所々が、供御物調進的な性格をもつようになり機構的に強化されたと述べられた。作物所も預が置かれる所であり、管見の限り作物所預の初見は、『菅家文草』巻第七左相撲司標所記にみえる元慶六年（八八二）の記載である。

『西宮記』巻一三諸宣旨の「画所作物所預事、蔵人奉レ勅仰二本所一」という記載によると、作物所預は画所預と同じく蔵人を通して勅が下されて任命される宣旨職であった[23]。また『大間成文抄』第四所々奏にみえる作物所職員の申文の署所に預の名前がみえることから、作物所のなかでも特に重要な職であったことがうかがえる。

表2　作物所預

	氏名	位階	兼官等	時期	出典
1	佐伯宮興	―	播磨少目	元慶六年	『菅家文草』左相撲司標所記
			―	寛平元年一二月六日	『扶桑略記』
2	忠明	―	大炊助	天徳四年九月二一日	『村上天皇御記』
3	千春	―	―	天元五年三月八日	『小右記』
4	延連	―	―	長保元年一一月七日	『権記』
5	内蔵朝臣有信	正六位上	任中務録	長保元年	『大間成文抄』七
		―	―	寛弘二年正月二五日	『小右記』
6	宇治良明	―	内蔵属	長保二年一〇月一五日	『権記』
			内蔵允	長和元年九月二日	『小右記』
			内蔵允	同五年五月一六日	『左経記』
			―	寛仁元年一一月二五日	『小右記』
			散位	同年一一月三〇日	『左経記』
			―	同四年一〇月	『小右記』
			―	万寿二年一一月一二日	同
			―	長元五年一一月二九日	同
7	丸部宿禰兼善	―	皇太后宮大属	長和五年五月一六日	『左経記』
			―	寛仁元年一〇月八日	同
8	本重	―	大舎人属	長和五年六月二九日	『御堂関白記』
9	元重	―	―	寛仁四年一〇月	『小右記』
10	秦忌寸信忠	正六位上	造酒令史	寛治六年正月二三日	『大間成文抄』四
				嘉保三年正月二七日	同
11	坂上宿禰守忠	正六位上	内蔵属	寛治六年正月二三日	同
12	上野清近	正六位上	内蔵属	嘉保三年正月二七日	同

＊作物所預と明示されている史料のみ取り上げた。

このような作物所預の役割とはどのようなものだったのだろうか。玉井氏は主に御厨子所預の考察から、その供御物貢進的な性格を明らかにしたが、預は御物貢進を必ずしも必要としない所にも置かれ、その職掌は多様であったとも述べている。調度製作を行う作物所では、材料などの物資調達はもちろんだが、その他にも様々な事務処理が必要とされただろう。作物所預の役割がわかる記事としては『左経記』寛仁元年（一〇一七）一一月三〇日条があげられる。

早旦参二著侍従厨家庁一、是来月廿一日五畿・七道諸神為レ被レ奉二仏舎利一、今日於二此所一、為レ令下始作中可レ入二舎利一銀壷幷可レ入レ壷厚朴木多宝塔等上参著也、掃部司兼敷二儲上下座一、出納・等〔小カ〕舎人侍候、兼又作物所□〔預カ〕散位良明率二工等一候レ座、巳剋始作二塔一基一、無二酒肴等儲一、事畢参内、奏二作物所幷□殿等支度文一、吟〔令カ〕二出納勘定一、先壷押銀五十五両従レ所下二給良明一畢

これは季御読経のさいに諸社に奉納する仏舎利を収める銀壷とそれを収める厚朴木の多宝塔を、作物所の雑工が侍従厨家庁で製作したという内容の記事であり、良明というのは作物所の預である宇治良明のことである(24)。預の良明は工たちを率いて侍従厨家へ行き、そこで作業を行ったこと、銀壷に必要であった料物を支度文にしたためて提出し、銀五五両を代表して受け取ったことがわかる。また同年一〇月条には大神宝使が諸社に奉る神宝を作物所が調備したという記載があり、預の活動がうかがえる。

八日癸酉、（中略）有レ頃□摂政殿、被レ仰云、（中略）早召二仰作物所一、来十二日以前可レ令レ作二奉件神宝三具一者、即召二預兼善宿禰一仰二此由一（下略）

十日乙亥、早旦参二摂政御宿所一、兼善所二申請一之金四両二分・銀四両二分、申二事由一、取三出自二納殿一令レ充給神宝、料也、（下略）

十四日己卯、早旦参内、神宝三具令二調備一、造物所預兼善宿禰参入、即令レ給レ禄疋絹

作物所預の丸部宿禰兼善(25)は神宝製作の依頼を受け、必要な材料の申請をし、製作した神宝を進め、報酬として

禄を受け取っている。

以上の二つの史料から読み取れることをまとめると、調度製作を行う上での作物所預の役割は、（ⅰ）仕事の依頼を受けること[26]、（ⅱ）製作に必要な材料を見積もって申請し受け取ること[27]、（ⅲ）作業を行う場へ工たちを引き連れ、作業を行わせること[28]、（ⅳ）製作したものを献上すること[29]、（ⅴ）作業の報酬を受け取ること[30]などであったといえる。

この他、『左経記』長和五年五月二三日条の記載には、

大嘗会行事所以二午二点一始二印政一、（中略）右少弁相共、率二官掌以上一、向二侍従所一、分二取絵師幷細工等一、座席如レ常、先日絵所幷作物所等預ヲ召著二史座末一、令レ申二道々細工・絵師等名一、令史書レ之

とあり、侍従所において大嘗会の両行事所に細工を分配するさい、予め作物所の預が作業にあたる細工たちの夾名を申上していたことがわかる。『菅家文草』巻第七左相撲司標所記にも「内裏作物所預播磨少目佐伯宮興、勒二細工等夾名一進レ庁」とみえ、預が標所で作業する細工たちの夾名を進めたことが知られるので、作業にあたる技術者の管理も預の重要な職務の一つであったと思われる。

以上のように作物所預は調度製作にあたっての様々な事務をこなし、作業の現場において雑工を取りまとめる役割を果たしていたと考えられる。そしてこのような働きをする預は、作物所に一人ではなく複数所属していた。

弁朝臣云、作物所預内蔵允宇治良明主基方御物事預仕者也、而被レ召二御斎会行事所一、進二御周忌仏具勘文一、神事・仏事相並奉仕如何、予答云、作物所預五人、二人者各預二仕悠紀・主基御物一、一人寄二主基標所一、今二人預二仕蔵人所方大神宝事一、仍除二彼等一外、御斎会所事又誰人奉仕哉、大嘗会行事所不レ可レ論二左右一
十一月卅日仝以可レ斎、其外事随レ宜可二進上一歟

（『小右記』長和元年九月二日条）

右は権左中弁藤原重尹が、作物所預宇治良明が大嘗会と御斎会の二つの行事所に召されたために、同時に神事と仏事に奉仕することになったのを危惧して、検校であった藤原実資にうかがいをたてたという記事である。実資の話によると、このとき作物所預は五人いて、そのうち良明を含む二人は大嘗会行事所の悠紀主基方の御物の製作にあたり、一人は主基標所に、残る二人は蔵人所方の大神宝の製作にあてられていた。つまり作物所預は複数所属していて、各作業ごとに預が一人または二人ずつ割りあてられ、それぞれの作業において先ほど示したような現場統轄および事務責任者という役割を果たしていたと考えられる。

3　雑工

作物所には木道工・木工・鍛冶・冶師・彫物工・漆道工・漆工・螺鈿道工など、様々な技術者が所属し、調度製作を行っていた。名称の通り木道工・木工は木材加工、漆道工・漆工は漆加工、螺鈿道工は螺鈿の装飾、鍛冶・冶師は金属加工というような作業を行ったと推測される。彫物工は『左経記』長和五年五月一六日条に「先レ是作物所預皇太后宮大属丸部宿禰兼善率二彫物工等一、候二行事所一、臨二午二点一有レ召、著レ座、兼善著二客座一、工等著二西廂一、主基方作物所預内蔵允宇治良明雖二参候一、申レ障不レ著レ座、但工等同候レ座、各彫二作印等一」とみえ、彫物工が預に率いられて大嘗会行事所へ行き、印の製作を行ったことが知られる。この印は『儀式』巻第二践祚大嘗祭儀上には「召二内匠寮一、以レ木彫作」とあるので、もとは内匠寮が製作したもので木製であったのだろう。長和五年にみえる作物所の彫物工も木印を製作したと考えられる。

これらの雑工のなかには、内豎の身分をもつ者も含まれていた。『西宮記』巻八所々事にみえる内豎所の記載には「有二奏時・殿上及所々分一内侍召・作物所・画所・神泉・鳥曹司等」とあり、内豎所の内豎が殿上や所々に分配されることになっ

表3　『大間成文抄』・『魚魯愚鈔』にみえる作物所職員

	氏名	位階	兼官等	時期	出典	備考（尻付等）
1	飛鳥戸造時持	従八位上	任丹波権大目	天暦八年	『大』四	「作物所」
2	辛人宿禰公直	従六位上	任備中権少目	天元三年	同　『除目抄』	「作物所一労」
3	壬生公公忠	正六位上	任若狭権目	同五年	『大』四	「作物所木工」
4	磯部有本	正六位上	任遠江大目	永観元年	同	「作物所鍛冶労」
5	飛鳥戸造貞連	正六位上	任但馬権大目	同二年	同	「作物所漆工」
6	三上真直	正六位上	任但馬権少目	長徳二年	同	「作物所労」
7	田辺連時政	正六位上	任監物主典	同年秋	『大』七　『魚』文書標目	「作物所奏」
8	内蔵朝臣有信	正六位上	任中務録	長保元年	『大』七	「作物所預」
9	秦宿禰忠辰	正六位上	任内蔵権少属	寛弘五年秋	同	「作物所」「螺鈿道工前伊予掾」
10	宮所宿禰光尚	正六位上	任主水令史	康平八年	同	「作物所奏」
11	丸部宿禰信方	正六位上	任越後少掾	寛治六年	同　四　『魚』文書標目	「作物所」「内豎」「木道工」
12	秦忌寸信忠	正六位上	造酒令史	同　嘉保三年	『大』四	※「預」
13	坂上宿禰守忠	正六位上	内匠属	寛治六年	同	※「預」
14	多治宿禰友方	正六位上	任丹波大掾	嘉保三年	同	「作物奏」「漆道工」
15	息長宿禰	従七位上	左史生	同	同	※「案主」
16	上野清近	正六位上	内匠属	同	同	※「預」
17	五百部行明		任播磨大掾	—	『魚』別録	「作物所奏」

＊『大』…『大間成文抄』、『魚』…『魚魯愚鈔』の略。
＊※は署所にみえる人物。
＊『除目抄』は京都府立総合資料館所蔵本を参照した。

ていて、作物所にも分けられた。『大間成文抄』巻第四所々奏にみえる寛治六年（一〇九二）の作物所奏によると、作物所に派遣された内豎丸部宿禰信方が、木道工となって三〇年働いたことによって越後少掾への補任を要請したことが知られる。また「為二作物所内豎一之輩、依二年労恪勤一、補二任諸国掾一、逐年不レ絶」ということも根拠として述べているので、信方のように作物所に派遣された内豎たちが木道工などの雑工として働くことは珍しくなかったのだろう。浅香氏もこれら史料の検討から、作物所の技術者の供給源として内豎を重要視している。

次に雑工がどこで作業を行っていたのかみてみよう。『続日本後紀』承和一五年三月五日条に作物所の冶師が内裏で火を出したという記録がみえるので、雑工はこの頃には内裏にある作物所の施設内で作業を行っていたとわかる。しかし、活動の場は内裏に限られていたわけではなかった。先にもあげたが、『左経記』寛仁元年一一月三〇日条に預に率いられた雑工が侍従厨家において多宝塔を作ったことがみえ、同長和五年四月一六日条には大嘗会の準備のため、預に率いられた雑工が侍従所に置かれた行事所へ出向き、そこで印を製作したことが記載されている。また同寛仁三年九月五日条には、伊勢遷宮のために作物所の雑工・術工が伊勢まで下向させられたという記載がある。このように作物所の雑工は、預に率いられて内裏に限らず様々な場所で作業を行っていたのである。

4　案主

案主についてはあまり史料が残されておらず、『大間成文抄』巻第四にみえる作物所の漆道工多治宿禰友方の中文の日下に「案主従七位上左史生息長宿禰」という署名が残されているだけである。案主は検非違使庁などの令外官に置かれ、文書処理にあたっていた職員であるので、作物所の案主もそのような役割を果たしていたのだろう。[31]『類聚符宣抄』には馬寮などの他の官司の史生が作物所へ派遣されたという記載がいくつかみえるが、[32]これらの史生たちは作物所の案主として文書処理にあたっていたのかもしれない。[33]

以上作物所の個々の職員の特徴について述べた。作物所は、最高責任者である別当のもと、現場統轄および事務責任者である預、実際に調度を製作する雑工、文書処理を行う案主などによって運営されていたのである。

二　作物所と内匠寮・蔵人所との関係

所々の成立については内廷官司の殿上の出先機関が、九・一〇世紀の交に蔵人所が整備されるに伴い、その下に再編成され天皇の家政機関として充実したという見方が一般的であった。[34]しかし九・一〇世紀の交以降も蔵人所との関係が強い御厨子所などの所がみられる一方で、進物所のように令制官司である内膳司の殿上出先機関としての性格を維持し続けた所もみられ、[35]所それぞれで蔵人所・令制官司との関係は異なっていたと思われる。作物所は職掌の類似から朝廷の調度製作を担当した内匠寮との関係が推測され、また別当に蔵人が任命されるなど蔵人所との関係もみられる。作物所と内匠寮・蔵人所との関係は具体的にどのようなものだったのだろうか。

1　内匠寮との関係

内匠寮は神亀五年（七二八）に設置された中務省被管の令外官であり、朝廷の様々な調度を製作した官司であると考えられている。[36]先行研究では宮中の調度品製作という職掌が類似していることから、作物所は内匠寮の内裏に置かれた別所が独立したものと推測されてきた。[37]

まず、作物所と内匠寮の職員について比較してみたい。内匠寮は神亀五年に設置された後、宝亀五年（七七四）に典鋳司[38]、大同三年（八〇八）に画工司・漆部司を併合するなど[39]、その機構・機能が変化したが、平安時代のはじめには頭・助・允・属の四等官と史生・史部・寮掌などの事務官人の他に、長上工二〇人・番上工が一〇〇人所属していたことが知られる[40]。一方の作物所には別当・預などの事務官人と実際に調度製作にあたった雑工が所属していた。ここで注目したいのは両機関の雑工の種類である。内匠寮に所属していた雑工は、大同四年八月二八日付の太政官符には「画師」・「細工」・「金銀工」・「玉石帯工」・「銅鉄」・「鋳工」・「造丹」・「屏風」・「漆塗」「木工」・「轆轤」・「埝」・「革筥工」・「黒葛筥」・「柳箱工」などが[41]、延喜内匠寮式には「作骨工」・「木工」・「石工」・「銀工」・「銅工」・「鉄工」・「轆轤工」・「釭工」・「鍛冶工」・「火工」・「錯磨工」・「鋳工」・「細工工」・「白鑞工」・「臈工」・「画工」・「張工」・「漆工」・「革筥工」・「革工」・「縫笠工」などが記載されている[42]。これに対して作物所には「木工」・「木道工」・「鍛冶」・「冶師」・「漆工」・「漆道工」・「螺鈿道工」・「彫物工」などの雑工が確認され、少なくとも「木工」・「鍛冶」・「漆工」などの雑工が内匠寮と同じく所属していた（傍線部参照）。また作物所の製作した調度には銀製品や革製品も含まれていたことから[43]、その製作にあたる「銀工」・「轆轤工」・「火工」・「磨工」[44]・「革工」が、また作物所が御障子の面を張ったという記載があるので（『侍中群要』巻一〇）、「張工」も内匠寮と同様に作物所でも作業していたと考えてよいだろう（波線部参照）。このように似たような種類の雑工が両機関に所属していたということからも、作物所が内匠寮から分かれた機関であるということは十分に考えられる[45]。

また『西宮記』巻八所々事の記載には次のような記載がある。

画所　在二式乾門内東腋御書所南一、有二別当五位蔵人預墨画一及分二内豎一、熟食、本内匠寮雑工也

作物所　在二進物所西一、有二別当頭預一、熟食、同二画所一

これは各所の設置場所・職員などについて列挙されたなかから、画所と作物所の記載のみを取り上げたもので、画所と作物所はこの順序で並んで記載されている。作物所の割書の最後に「同二画所一」とあるが、両者の記載内容の順番を考慮すると、画所の割書きの最後にある「本内匠寮雑工也」という文章に対応していると思われる。つまり作物所も画所と同様に、本々内匠寮の雑工から出発したということを示しているのだろう。以上のように雑工の種類の類似、『西宮記』の記載から、作物所は内匠寮の雑工が割かれて成立した機関であったと考えられる。

次に両機関の間に職員の兼帯関係がみられるか検討したい。内膳司の内裏の出先機関として機能した進物所の預は、内膳司の長官である奉膳が兼任することになっていた（『西宮記』巻八所々事）。内匠寮から分かれた作物所が内匠寮の出先機関的な性格をもっていれば両機関の職員に兼帯関係がみられるかもしれない。しかし、作物所の職員を検討したところ、管見の限りでは一一世紀末の寛治六年に「正六位上行内匠属坂上宿禰守忠」が、嘉保三年（一〇九六）に「預正六位上内匠属上野清近」が、いずれも作物所預として所属していたことが確認される以外は（『大間成文抄』巻第四）、内匠寮の官人を兼任した例はみえなかった（表1・2・3）。史料の残存状況も考慮しなければならないが、作物所の職員が恒常的に内匠寮官人と兼帯関係にあったとはいい難い。作物所が内匠寮の出先機関的な性格をもっていたかどうかは、職員の比較の結果からはいえないだろう。

このように作物所の雑工が内匠寮の系譜を引いていることは確認できるものの、職員の兼帯関係をみる限りでは特別な関係はみられず、作物所が内匠寮の出先機関の性格を有していたかは判断できなかった。そこで注目したいのは、作物所と内匠寮が同じ行事に別々の職掌で参加していたということである。例えば『侍中群要』巻一〇には次のような記載がある。

御殿有㆘可㆓修理㆒所㆖、仰㆓内作㆒、但御格子可㆓修理㆒時、仰㆓内匠㆒、竹台・御障子、同作〔仰カ〕㆓内匠㆒、御障子面破損、召㆓内蔵絹㆒、仰㆓作物所㆒令㆑張、仰㆓画所㆒令㆑書、可㆑塗㆓石灰壇㆒付〔時カ〕仰㆓修理職㆒

御殿の御格子・竹台・御障子の修理は内匠寮に仰せて、御障子の面が破損した場合は作物所に仰せて内蔵寮の絹を張らせるとあり、作物所と内匠寮とに別々の役割を担わせたことがわかる。また『親信卿記』天禄三年（九七二）四月八日条の御灌仏の記載によると内匠寮は柳箱、作物所は山形を準備させられている。御灌仏の儀は内裏の清涼殿で行う儀式であり、もし作物所が内匠寮の内裏の出先機関であり同じ機構であるならば、作物所が柳箱・山形の両方を準備することを仰せられただろう。そうではなく同じ内裏での儀式でそれぞれ別々の役割を求められたのは、内匠寮と作物所が別々の機構として機能し、そのように認識されていたからだろう(46)。そしてこのような傾向は、すでに九世紀半ばの作物所の初見時期である承和の頃には確認される。

所承和例云、紙筆墨硯廿人已上、押紙一百張召㆓内蔵寮㆒、墨廿挺筆廿管奏㆓請図書寮㆒、仰㆓作物所瀆墨㆒、仰㆓内匠㆒召㆓柳筥五合㆒、仰㆓内蔵寮㆒召㆓折櫃十合㆒

これは『西宮記』巻二内宴所引「蔵人所承和例」の記載である。内宴の準備のために蔵人所が諸司を召仰すことが書かれているが、作物所は「瀆墨」、内匠寮は「柳筥五合」を準備するとあり、別々の役割を与えられている。つまり少なくとも承和期には作物所と内匠寮は別個の機関として機能しており、作物所は内匠寮から独立していたのである。

以上作物所と内匠寮との関係について考察してきた。内匠寮から分かれて成立した作物所は、内匠寮とは所属する雑工が似ていること以外には特に強い関係はみられず、すでに初見時期である承和期には内匠寮とは別個の機関として独立して機能していたのである。

2　蔵人所との関係

先述した通り作物所の別当は蔵人頭、五位・六位蔵人が兼任しており、所々のなかでも蔵人所と関係が強い所の一つであった。佐藤氏は蔵人の別当が置かれる新型の所は、月奏・除目・職員の補任が蔵人方経由で行われたと指摘している(47)。作物所に関しても、太政官が関与する殿上所充によって任命される別当は別として(48)、『西宮記』巻一三諸宣旨にみえるように預が蔵人方宣旨によって任命されたこと、『大間成文抄』などにみられるように、所内の労によって職員の任官を申請する場合、蔵人方を経由する所々奏の形をとったことが確認される。

また作物所は他の内廷官司と同様に太政官を経ず蔵人から直接指示を受け、宮中での儀式に供奉していたことが知られる。例えば『西宮記』巻八群行には「天皇以二小櫛一加二王額一蔵人仰二作物所一令レ作」とあり、天皇が斎王の額に挿す小櫛は蔵人が作物所に仰せて作らせることになっていた。また同巻三御灌仏事の承和七年に行われた儀式の「蔵人仰二作物所一作二雑具一」という記載からは、蔵人の指示で作物所が雑具を製作したことがわかる。そしてこのように蔵人から直接召仰される場合、作物所は調度を製作するための料物を蔵人所から給わった。『政事要略』巻二八年中行事一一月賀茂臨時祭所引「蔵人式」によると賀茂臨時祭のさい、作物所は蔵人の指示により挿頭花二三枚を準備したが、「先給二料物一令レ作レ之」とあるように、その料物は蔵人所から給わった。『左経記』寛仁元年一〇月一〇日条には、作物所が製作する神宝三具の料物の金四両二分と銀四両二分を蔵人が管理する納殿から給わったことがみえる(49)。このように作物所は蔵人を介することにより、太政官を介さず内裏の儀式・行事に供奉することができたのである(50)。

以上示した史料はほとんどが一〇世紀以降のものであるが、これらから一〇世紀の作物所は職員の任官、儀式の召仰や料物の給与などにおいて、蔵人所とは関係の深い機関であったといえるだろう。一〇世紀以前についてはあまり史料がないが、すでに承和期には作物所が蔵人の召仰を受けていたことが、『西宮記』巻三御灌仏事にみえる承和七年の記載や同巻二内宴所引「蔵人所承和例」からうかがえる。承和期には蔵人所に新たに経済的役割が付加されたことが指摘されているが[51]、このような蔵人所の機能拡大に伴い、作物所も承和期には蔵人所を中心とした体制のもとに組み込まれたのだろう[52]。

以上のことから、内匠寮から分かれて成立した作物所は、少なくとも承和年間には内匠寮から完全に独立していたこと、また蔵人所との関わりもその頃からみられることが確認できた。所々は九・一〇世紀の交に成立の画期があると指摘されているが、作物所はすでに承和期までには機構的にかなりの程度整備されていたといえるだろう。

おわりに

本章では作物所の機構について、職員や内匠寮・蔵人所との関係を中心に述べてきた。それらを簡単にまとめると以下の四点となる。

一、作物所には、最高責任者である「別当」、現場統轄および事務責任者である「預」、文書処理を行う「案主」などの事務官人と、「木道工」・「木工」・「漆道工」・「漆工」・「螺鈿道工」・「鍛冶」・「冶師」・「彫物工」など実際に調度を製作する雑工が所属していた。

二、作物所は内匠寮と所属する雑工の種類が類似しており、内匠寮の系譜を引くことがうかがえる。しかし、両機関の間には恒常的な職員の兼帯関係がみられず、また承和年間から同じ行事に参加する場合にはそれぞれ別々の役割を果たしていたことから、作物所は早くから内匠寮とは別個の機構として整えられていたと考えられる。

三、作物所は一〇世紀以降、職員の任命、内裏の儀式や行事の召仰、調度製作に必要な料物の給与などにおいて蔵人所とは強い関係がみられる機関であった。なかでも蔵人による召仰は、「蔵人所承和例」などの記載から承和期には始まっていたことが確認できる。

四、以上のことから、作物所は少なくとも承和期には内匠寮から独立して成立し、新たに経済的役割を付与されるようになった蔵人所を中心とした体制のもと、内匠寮とは別個に宮中儀礼に供奉していくようになったと考えられる。

以上の考察によって、従来あまり詳細に検討されてこなかった作物所の機構についてある程度明らかにすることができたと思う。しかし、なぜ作物所が内匠寮とは別個に内裏へ設置されたのかという点については具体的に論じることができなかった。所々は令制官司の内裏出張所が原型になったといわれており、作物所も内匠寮が内裏での奉仕を円滑に行うために設置した内候所から出発した可能性は大きい[53]。しかし、考察してきたように作物所はすでに承和期には内匠寮とは別個の機構として独立して整備され、機能していたのである。この問題を解決するためには、作物所の機構だけでなく、その職掌や内匠寮自体の変遷なども合わせて検討していく必要があるだろう[54]。

注

（1）「作物所」は「造物所」とも表記され、「つくもところ」と呼ばれていたようである。松村博司・山中裕校注『栄花物語』下巻第一月の宴（日本古典文学大系七五、岩波書店、一九六四年）、柳井滋・室伏信助他校注『源氏物語』三、若菜下（新日本古典文学大系二一、岩波書店、一九九五年）などを参照した。

（2）渡辺素舟『平安時代国民工芸の研究』（東京堂、一九四三年）、浅香年木「官営工房の解体と私営工房の構造」（『日本古代手工業史の研究』法政大学出版局、一九七一年、初出は一九六四年、以下本章での浅香氏の見解はすべてこれによる）、所京子「「所」の成立と展開」（『平安朝「所・後院・俗別当」の研究』勉誠出版、二〇〇四年、初出は一九六八年、以下本章での所氏の見解はすべてこれによる）。

（3）玉井力「九・十世紀の蔵人所に関する一考察―内廷経済の中枢としての側面を中心に―」（『平安時代の貴族と天皇』岩波書店、二〇〇〇年、初出は一九七五年）、佐藤全敏「宮中の「所」と所々別当制」（『平安時代の天皇と官僚制』東京大学出版会、二〇〇八年、初出は一九九七年、a論文とする）、同「所々別当制の展開過程」（『東京大学日本史学研究室紀要』五、二〇〇一年、b論文とする）。

（4）平城宮跡から「内作物所」と記載された木簡が出土しているが（『木簡研究』一八、一九九六年）、平安宮の作物所との関連が明らかでないため、本章では承和七年の記事を初見としておく。

（5）同巻八所々事。作物所は内裏図（陽明叢書記録文書篇別輯『宮城図』思文閣出版、一九九六年）に内裏の西南地区に描かれているが、それには建物が二つ描かれている。その他、『侍中群要』第一〇所々別当事には「陣中謂近衛陣陣内」、其所、校書殿・内豎所・進物所・御厨子所・薬殿・作物所等也」と記載されており、作物所が陣中にあったことがわかる。

（6）以下『西宮記』は新訂増補故実叢書（吉川弘文館）による。尊経閣善本影印集成『西宮記』（八木書店）で校訂を行った。前田家大永本には「画所」の下に「内豎」の二文字がみえる。

（7）玉井氏は「頭」は「作物所頭」であると解釈したが、佐藤氏は前田家巻子本の記載には「頭」が細字で書かれていることに注目し、前後の所の記載との関係から作物所別当に任じられるべき「蔵人頭」を指していると指摘した。「頭」の記載は前田家大永鈔本にはみられないこと、作物所の別当は蔵人頭が兼任する例が多いこと、作物所の「頭」の記載は他にみられないことから、本章では佐藤氏の指摘に従うことにする。玉井氏前掲論文・佐藤氏前掲b論文参照。
(8) 作物所の技術者たちは「雑工」・「術工」と呼ばれることもあった（『左経記』寛仁三年（一〇一九）九月五日条）。また『菅家文草』巻第七左相撲司標所記には作物所の「細工」が標製作にあたったという記載が、『左経記』長和五年五月二二日条には作物所の「道々細工」を大嘗会行事所に分配したという記載があり、作物所の技術者たちは「細工」とも表現されていた。「細工」は、日本大辞典刊行会『日本国語大辞典』（小学館、一九七四年）では、「木工、彫金など手先を利かせて細かい物を作ること」「小道具、調度など細かい物を作る職人」などと説明されている。作物所の「細工」とは、細かい物を作る技術者と解釈できるだろう。
(9) 渡辺直彦『日本古代官位制度の基礎的研究』増訂版（吉川弘文館、一九七八年）、所氏前掲論文、佐藤氏前掲a・b論文、森田悌「佐藤全敏著「所々別当制の特質」（『史学雑誌』一〇六編四号）」（『法制史研究』四八、一九九八年、a論文とする）、同「宮廷所考」（『王朝政治と在地社会』吉川弘文館、二〇〇五年、初出は一九九九年、b論文とする）。
(10) 佐藤氏は所別当を〈王卿・次将〉型と〈蔵人〉型とに分け、型の違いは所の新旧の違いと関係すると述べたが、森田氏は別当の型の違いは所の任務の違いであり、宮廷の公的行事に関連する所には公卿や次将の別当が、天皇の個人的生活に関連する所には蔵人の別当が置かれたと説明している（森田氏前掲a・b論文）。
(11) 西本昌弘「「蔵人式」と「蔵人所例」の再検討―『新撰年中行事』所引の「蔵人式」新出逸文をめぐって―」（『日本古代の年中行事書と新史料』吉川弘文館、二〇一二年、初出は一九九八年）、佐藤氏前掲b論文。
(12) 所々別当の補任については、古瀬奈津子「「殿上所充」小考―摂関期から院政期へ―」（『日本古代王権と儀式』吉川弘文館、一九九八年、初出は一九九二年）、佐藤氏前掲b論文などを参照した。
(13) 蔵人の位・兼官については、市川久編『蔵人補任』（続群書類従完成会、一九八九年）を参照した。
(14) このように作物所は別当に蔵人が任命されるので、佐藤氏による別当の型による分類では、九世紀後半以降姿をみせる蔵人型の所に属することになる。しかし、作物所の初見の時期は九世紀前半の承和年間であり、佐藤氏の分類には当てはまらない。おそらく作物所の機構整備には段階があり、機構としてより充実して確立するのが、蔵人の別当が置かれる九・一〇世紀の交以降であると推測される。作物所の機構が整備される過程については旧稿発表後、佐藤氏に御教示を賜った。

(15) 佐藤氏前掲a論文、山本信吉「穀倉院の機能と職員」（『摂関政治史論考』吉川弘文館、二〇〇三年、初出は一九七三年）など。
(16)『栄花物語』巻一月の宴、『西宮記』巻八宴遊などを参照した。
(17)『小右記』同一七日条。
(18)『小右記』寛和元年（九八五）正月一〇日条、同永延元年（九八七）正月四日条など。
(19)『小右記』永延二年（九八八）九月二〇日条。
(20) 永観二年の実資の作物所別当任命は、花山天皇即位に伴う初度の殿上所宛で行われたものである。実資は円融朝に引き続き花山朝の蔵人頭を兼ねていた。作物所別当は蔵人頭が兼任する例が多いことは先述した通りであるが、実資は円融朝の蔵人頭時代にも作物所について日記に書いているため（『小右記』天元五年（九八二）三月八日、同四月一一日条）、円融朝から作物所別当を兼ねていたのかもしれない。
(21) 天暦七年に行われた菊合のさいには左方の菊は作物所の北相に暫く置かれたが、そこは作物所別当藤原斉敏の宿所であった（『九条殿記』同一〇月二八日条）。また長徳元年（九九五）に蔵人頭であった藤原行成は、作物所の北面を宿所とした直後に作物所別当に任命されている（『権記』同九月一三日・一七日条）。『西宮記』巻八所々事には「宿所（中略）頭宿所在二宿所舎北端一、有二二人一之時、一人在二作物所北一」とあり、蔵人頭の宿所は普段は宿所舎に置かれていたが、頭が二人いる時は、一人は作物所の北を宿所にすることになっていた。蔵人頭が作物所別当を兼ねる例が多いことを考えると、複数の蔵人頭がいた場合は作物所別当を兼ねる方が作物所北面を宿所にしていたと推測される。また『小右記』治安元年（一〇二一）八月二八日条によると、藤原実資は御物忌の為、蔵人頭藤原公成の宿所である「作物所宿所」に宿している。作物所に宿所をもっていた公成は当時作物所別当であった可能性がある。
(22) 玉井氏前掲論文参照。
(23)『村上天皇御記』天徳四年（九六〇）九月二一日条、『侍中群要』巻一〇にも記載がある。
(24) 良明は『小右記』長和元年九月二日条に「作物所預内蔵允宇治良明」とみえる。
(25) 兼善は『左経記』長和五年五月一六日条に「作物所預皇太后宮大属丸部宿禰兼善」とみえる。
(26) その他、預が依頼を受けたことは、『小右記』天元五年三月八日条、同万寿二年（一〇二五）一一月一二日条などにみえる。

(27) 支度をしたことは『小右記』寛仁四年一〇月二・四日条などにもみえる。
(28) 『左経記』長和五年五月一六日条にもみえる。
(29) 『小右記』寛弘二年（一〇〇五）正月二五日条、同治安三年正月二八日条などにもみえる。
(30) 『新儀式』第四天皇遷御事、『小右記』寛仁元年一一月二五日条、同四年一〇月二五日条などにもみえる。
(31) 案主の職掌については、大饗亮『律令制下の司法と警察―検非違使制度を中心として―』（桜楓社、一九七九年）などを参照した。
なお、奈良時代の案主については、山下有美『正倉院文書と写経所の研究』（吉川弘文館、一九九九年）に詳しい。
(32) 同一〇可給上日人々。
(33) 所氏は、内裏図に作物所の建物が二つ描かれていることに注目し、一方は実際に物を作る工場で、もう一方は事務を扱う政所とし、政所の方に事務を行う史生が派遣させられたのではないかと推測している。中原俊章氏は史生が所に充てられる史生所宛について述べ、史生が所の預に補された可能性を示唆している（『中世公家と地下官人』吉川弘文館、一九八七年）。
(34) 主な研究としては所・玉井氏前掲論文、古尾谷知浩「『蔵人所承和例』に関する覚書―九世紀前半の蔵人所の財政機能―」（『史学論叢』一二、一九九三年、以下本章での古尾谷氏の見解はこれによる）、西本氏前掲論文などがある。古尾谷氏は蔵人所による所々の統轄は承和期には始まっていたと指摘した。また前述したように近年では、佐藤氏が所々を統轄していたのは各所の別当であって蔵人所が統轄していたのではないと述べている（同氏前掲a・b論文参照）。
(35) 所氏前掲論文、永田和也「進物所と御厨子所」（『風俗』二九―一、一九九〇年）。
(36) 中西康裕「内匠寮考」（『ヒストリア』九八、一九八三年）、仁藤敦史「内匠寮の成立とその性格」（『古代王権と官僚制』臨川書店、二〇〇〇年、初出は一九八五年）。
(37) 浅香・所氏前掲論文参照。
(38) 典鋳司は紅葉山文庫本『令義解』官位令正六位上条の典鋳正の注記に「宝亀五年併二合内匠一」とある。
(39) 『類聚三代格』巻四加減諸司官員并廃置事同正月二〇日詔。
(40) 『類聚三代格』巻四加減諸司官員并廃置事大同三年一〇月二一日太政官符、『日本後紀』大同四年三月一四日条、『日本三代実録』貞観五年（八六三）六月二八日条、延喜中務省式時服条など。

(41)『類聚三代格』巻四加減諸司官員幷廃置事大同四年八月二八日太政官符。

(42)中西氏前掲論文第一表参照。

(43)作物所が製作した銀製品については、『醍醐天皇御記』延喜四年（九〇四）二月一〇日条に「銀器」、『左経記』寛仁元年一一月三〇日条に「銀壷」などが確認できる。また『小右記』寛仁元年一一月二二日条に作物所が飾釼の料として赤革を申請していたことがみえるので、革の加工も行っていたと思われる。

(44)延喜内匠寮式には、銀器の製作には「火工」・「轆轤工」・「磨工」が作業にあたったとある。

(45)作物所にはみられず、内匠寮にのみ所属が確認される雑工もいる。例えば内匠寮の「柳箱工」は作物所には確認されない雑工である。「柳箱工」が製作する柳箱の製作は平安時代を通じて内匠寮が行っており（『親信卿記』天禄三年（九七二）一一月一〇日条など）、作物所が製作したという記載は管見の限りみられない。柳箱製作は内匠寮の特有の職掌であったのだろう。つまり同じ調度製作を行うとはいえ、両機関の職掌は全く同様ではなかったのである。

(46)作物所と内匠寮が同じ儀式で別々の役割を果たした例は、この他にも『親信卿記』天延二年一一月一日条、『西宮記』巻一二天皇崩などにみえる。

(47)佐藤氏前掲a・b論文参照。

(48)殿上所充が形骸化してからは作物所の別当は蔵人方経由でなされたようである（『朝野群載』巻五朝儀下応徳三年蔵人方宣旨・『伝宣奏』諸宣旨事）。

(49)納殿には御物が収められ、納殿の預は蔵人所の雑色が兼ねた（『西宮記』巻八所々事）。

(50)作物所を召仰したのは蔵人所に限らない。作物所は行事所などの召しによっても儀式や行事に参加している。例えば、元慶六年に行われた相撲節会には、相撲司の標製作に作物所預と細工が参加したことがみえ（『菅家文草』巻第七左相撲司標所記）、大嘗会の行事所にも作物所の細工が分配されたこと（『小右記』長和五年五月二二日条）が確認される。

(51)玉井氏前掲論文、同「成立期蔵人所の性格について」（同氏前掲書、初出は一九七三年）、古尾谷氏前掲論文参照。

(52)古尾谷氏は、「蔵人所承和例」に蔵人による諸司・所々の召仰の記載がみえることから、一〇世紀以降みられるような蔵人所による諸司・所々の統轄はすでに承和期から始まっていたと述べられた。佐藤氏が指摘するように蔵人所が諸司・所々を召仰すことが即統轄関係を示すとはいい難いが、少なくとも諸司・所が蔵人の指示で太政官を介さずに宮中儀式・行事に奉仕できる体制が承和期には確立していたことはうかがえる。

(53) 内匠寮は官位相当制が定められた令外官であり、令制官司に准じる性格をもつ（今江広道「「令外官」の一考察」、坂本太郎博士古稀記念会編『続日本古代史論集』下、吉川弘文館、一九七二年）。

(54) 内匠寮の変遷については、中西氏・仁藤氏の研究がある（前掲論文参照）。中西氏は内匠寮は設置当初に比べ平安初期には機能が半減していたとし、仁藤氏は内匠寮は大同年間の官制改革で再編強化されたと述べた。両者の平安初期における内匠寮の評価は異なっているが、本章で述べたように作物所が内匠寮から分かれてその職掌を一部でも受け継いだとすれば、その分内匠寮の職掌は以前に比べて縮小したと推測される（本書第三章・第四章・第五章）。また、内匠寮からは作物所と同様に画所も独立しており、内匠寮の主要な作画機能を吸収したと考えられる（本書第一章）。なお、近年十川陽一氏が「内匠寮について」（『日本古代の国家と造営事業』吉川弘文館、二〇一二年、初出は二〇〇八年）を発表し、内匠寮の変遷についても言及している。

〔補記1〕
旧稿では、第一節の作物所別当の役割について述べたさい、「佐藤氏は所別当は日常的な所内の政務運営・決裁についてはほとんど関与しなかったと述べられたが、作物所の別当に関していえば、日常の所の活動にもある程度は関与していたといえる」と述べた。その後、佐藤氏から、同氏の論考（前掲a論文）は別当が所内の政務運営・決裁に全く関与しないということを意図していたわけではないというご指摘をいただいた。筆者が佐藤氏の論を正しく解釈していなかった点もあり、本章では右の一文を削除した。深く反省するとともにお詫び申し上げたい。

〔補記2〕
表1・2は旧稿から一部修正を加え、別当藤原行成と預延連の記述を追加した。また、表の体裁を変更した。

第三章　平安時代の作物所の職掌

はじめに

　平安時代、宮中には儀礼や天皇などの日常生活に供奉するために蔵人所・進物所・御厨子所など、様々な「所」が設置された[1]。調度の製作を行っていた作物所もその一つである。作物所の機構については本書第二章で、職員の構成とそれぞれの役割、作物所とその母体官司であると考えられる内匠寮や、九・一〇世紀の交以降所々を統轄したといわれる蔵人所との関係について具体的に考察した。そして作物所は少なくとも承和期には内匠寮から独立して成立し、蔵人所を中心とした体制のもとに再編され、内匠寮とは別個に宮中の調度製作にあたるようになったことを明らかにした。

　本章では作物所の特徴をさらに明らかにするため、職掌について検討を行いたい。作物所の職掌については所京子氏らの先行研究があり、作物所は内匠寮と同様に宮中で使用される調度の製作を行ったとの指摘がなされている[2]。しかし、機構と同様あまり詳細な考察が行われてきたとはいえず、再考の余地があると思われる。そこで本章では先行研究や第二章で得た成果に依拠しつつ、まず作物所がどのような調度を製作していたか初歩的な考察を行い、その職掌の具体的な特徴を捉えたい。次にそのような職掌をもった作物所が成立した要因について考えてみたいと思う。

考察の対象とする時期は、宮中作物所の初見時期である承和期から、作物所に関する史料が比較的多く残り、その特徴が捉えやすい摂関期までとした。

一　作物所の製作調度の概観

作物所には冶師・鍛冶・木工・漆工・螺鈿工などの雑工が所属しており、彼らが作業を分担して調度の製作を行っていた(3)。これらの雑工は具体的にどのような調度を製作していたのだろうか。表1は九世紀半ばから一一世紀半ばまでの作物所の職掌の実例を、表2は儀式書にみえる職掌をまとめたものである。

表からは作物所が九世紀半ばに登場して以降、多種多様な調度を製作していたことがわかる。例えば『醍醐天皇御記』延喜四年（九〇四）二月一〇日条には、「菅根朝臣奏曰、東宮無二御帳及台盤二基銀器一状、且令レ賜二大嘗時悠紀所進台盤二基銀器一具一、後日仰二作物所一新造」とあり、作物所が台盤二基と銀器を新造したことが記載されている（表1—3）。台盤は食椀・酒器などを載せる台のことである(4)。延喜内匠寮式には台盤の材料として漆があげられているので、漆が塗られるものだったことがわかる。木工が木材を加工した上で、漆工が漆を塗って仕上げたのだろう。銀器はいうまでもなく銀を加工したものである。この他、『小右記』永延二年（九八八）九月二〇日条に斎宮群行の儀式のさい、天皇が斎王の額に挿す黄楊木の額櫛を製作したこと（表1—21）、『左経記』寛仁元年（一〇一七）一一月三〇日条に仏舎利を入れる銀壷とそれを入れる厚朴木の多宝塔を製作したこと（表1—40）などがみられ、作物所が金属や木材を素材とする調度を製作していたことが確認できる。『小右記』同年一一月二二日条には、賀茂社行幸の準備として作物所が飾剣の装束の料の赤革二枚を申請したとあるので、革の

表1　作物所の職掌の実例

	年代	西暦	職掌	儀式	出典
1	承和7.4.8	840	雑具	御灌仏	西宮記
2	元慶6	882	標	相撲節会	菅家文草
3	延喜4.2.10	904	台盤・銀器	立太子の儀	醍醐天皇御記
4	天暦7.6.16	953	中宮御賀物	太皇太后七十御賀	類聚符宣抄
5	天暦7.10.28	953	菊合の洲浜を作物所北廂に宿置	菊合	九条殿記
6	天暦7~8	—	御調度	—	栄花物語
7	天徳3.1.9	959	中宮御杖	卯杖	九暦抄
8	応和3.8.20	963	櫛調度・什物	親王元服	村上天皇御記
9	康保2.6.7	965	毬門を立てる	競馬	西宮記
10	康保3.8.15	966	洲浜	内裏前栽合	栄花物語
11	天禄3.4.8	972	山形	御灌仏	親信卿記
12	天禄3.12.10	972	車・五寸人形	河臨御禊	親信卿記
13	天禄4.1.21	973	伐棄された仁寿殿前の桜の木を給わる	—	親信卿記
14	天延2.4.8	974	山形修理	御灌仏	親信卿記
15	天延2.11.1	974	匕廿枚	朔旦冬至	親信卿記
16	天元5.3.8	982	中宮御台盤修理	—	小右記
17	天元5.4.21	982	唐鞍	賀茂祭	小右記
18	天元5.12.7	982	御具	親王御袴着	栄花物語
19	寛和1.1.10	985	卯杖	卯杖	小右記
20	永延1.1.4	987	卯杖	卯杖	小右記
21	永延2.9.20	988	箱・櫛・小手巾箱	斎宮群行	小右記
22	長徳年間	—	別当、ものの絵様を送る	—	枕草子
23	※長保1.11.7	999	御台盤・御器（馬頭盤・箸・酒盃等）	皇子誕生御七夜	権記
24	長保2.10.15	1000	雑物	院御賀	権記
25	長保5.4.8	1003	設営	御灌仏	本朝世紀
26	寛弘2.1.25	1005	剣石	—	小右記
27	寛弘3.3.3	1006	唐鞍	賀茂祭	大間成文抄
28	寛弘6	1009	蒔絵の御櫛箱	—	栄花物語
29	寛弘8.9.13	1011	主基の標	大嘗会（三条）	小右記
30	長和1.9.2	1012	悠紀・主基の御物	大嘗会（三条）	小右記
			主基の標所		
31			蔵人所方の大神宝	大神宝使	
32			御周忌仏具	御斎会	
33	長和4春	1015	御具	内親王御袴着	栄花物語
34	長和4.6.26	1015	神宝	花園今宮御霊会	小右記
35	長和5.5.16	1016	悠紀・主基の印	大嘗会（後一条）	左経記
36	長和5.5.22	1016	細工を行事所に分配する	大嘗会（後一条）	左経記
37	長和5.10.16	1016	内膳所の節会御器を磨く	—	御堂関白記
38	寛仁1.10.8	1017	神宝	大神宝使発遣	左経記
39	寛仁1.11.22	1017	餝剣の装束	賀茂社行幸	小右記
40	寛仁1.11.30	1017	厚朴木多宝塔・銀壷	季御読経	左経記
41	寛仁3.9.5	1019	雑工・術工伊勢へ下向	伊勢神宮遷宮	左経記
42	寛仁4.10	1020	御帳等	賀茂神社遷宮	小右記
43	※治安3.1.28	1023	神宝	春日祭	小右記
44	治安3.6.2	1023	預、御幣について問われる	鹿島香取両社奉幣	小右記
45	万寿2.11.12	1025	木彫櫛・下櫛・蒔櫛	五節	小右記
46	万寿2.11.20	1025	衣箱・銀小箱	斎宮著裳	左経記
47	長元1.1.6	1028	卯杖	卯杖	左経記
48	長元5.11.29	1032	預、宣命の有無について問われる	香椎宮使	小右記
49	長元6.春	1033	装束の装飾（金属の餝物ヵ）	斎院御禊・賀茂祭	栄花物語
50	長暦1.12.13	1037	章子内親王の御調度	—	栄花物語

※作物所の職掌と推測される記事

加工も行っていたと判明する（表1―39）。また作物所には螺鈿道工が所属し（『大間成文抄』巻第七）、『村上天皇御記』応和三年（九六三）八月二〇日条に、蒔絵の櫛箱を製作したことが記載されていることから、調度を螺鈿や蒔絵などで美しく装飾して仕上げるという作業も行っていたことがわかる（表1―8）。このように作物所は、木材・金属・皮などの材料を加工し、漆を塗り、螺鈿・蒔絵などを施すなどして様々な調度を製作した所であった。

次に作物所が製作した調度がどのように使用されていたのかみていきたい。作物所は内裏に設置されていたから[5]、主に内裏で使用される調度の製作を行っていたと推測される。表1・2からも作物所が内裏での儀式で使用された調度を製作していたことが確認できる。例えば、先にもあげた『村上天皇御記』応和三年八月二〇日条によると、内裏清涼殿で行われた村上天皇の皇子である広平親王の御元服の儀で使用された「櫛調度及什物」は、作物所が製作したものであったことがわかる（表1―8）。同じく清涼殿で行われた御灌仏の山形などの雑具（表1―1・11・14・25、表2―4）、卯杖で使用される洲浜や杖（表1―7・19・20・47、表2―1）も作物所が製作したものである。その他、元慶六年（八八二）の相撲節会・康保三年（九六六）の前栽合

表2　儀式書にみえる作物所の職掌

	儀式	職掌	出典
1	卯杖事	卯杖・洲浜を進る	西・江
2	踏歌	綿花白杖をつくる	西
3	内宴	「濆墨」	西〈1〉
		墨十挺を切継ぐ	北
4	御灌仏事	雑具	西
5	斎宮群行	小櫛を作る	西・江
6	賀茂臨時祭	挿頭花23枚を進る	西・政〈2〉
7	御仏名	燈蓋をつくる	西
8	御元服儀	螺鈿匣具	西
		御調度を作設する	北〈3〉
9	皇太子御元服	屯食を給わる	西
10	天皇崩	歩障を執る	西
11	改銭	銭の文字を彫る	西
12	天皇遷御	勤営を致す	新
13	出御南殿有御祈事	御障子を立てる	侍
14	御殿修理	御障子の面を張る	侍

＊西…『西宮記』、北…『北山抄』、江…『江家次第』、新…『新儀式』、政…『政事要略』、侍…『侍中群要』
〈1〉「所承和例」の引用、〈2〉「蔵人式」「清涼記」の引用、〈3〉「清涼抄」の引用

（表1―2・10）・踏歌・内宴・御仏名（表2―2・3・7）なども内裏で行われた儀式であり、作物所が標・洲浜・綿花白杖などの調度を供奉していた。(6) また、作物所は内裏の儀式で使用される調度に限らず、斎宮群行のさいに大極殿の儀で使用される斎王の御櫛（表1―21、表2―5）や、朝堂院・豊楽院に設置される大嘗会の標山の製作（表1―30）、大神宝使によって諸国に遣わされる神宝（表1―31・38）など、内裏外の儀式で使用される調度の製作も行っている。(7) これらの儀式はおおかた天皇や、中宮・親王・内親王・伊勢斎王・賀茂斎王など天皇と近しい人物が中心的役割を果たすものといえ、作物所はこのような人々のために内裏内外を問わず儀式で使用される調度の製作を行う機構であったことがうかがえる。

その他、儀式の場以外に日常的に使用される調度の製作も作物所は行っている。例えば『栄花物語』巻第一月宴には、村上天皇が宮中に呼び寄せた藤原登子のために「造物所にさるべき御調度共まで心ざしせさせ給」ったとみえる（表1―6）。(8)「御調度共」とは登子が内裏での生活で使用する調度を指すのだろう。同巻第八はつはなには、宣耀殿の女御娍子のもとにある蒔絵の御櫛箱を天皇が作物所に作り直させたことがみえる（表1―28）。同巻第三四暮まつほしには、東宮妃となった章子内親王が東宮へ持参した調度は、以前故後一条院が生前中に作物所に作らせていたものであったことがみえる（表1―50）。残された史料は多くないが、儀式の場合と同様、天皇や天皇と近しい人々が日常生活で使用する調度の製作にあたっていたと考えられる。おそらく、これらの日用品も内裏で使用される物が中心となっていたと推測される。しかし、実例ではないが『源氏物語』若菜下には光源氏が内裏の作物所の人を召して、院の妻である二条宮に住む朧月夜のために屏風・几帳などの日用品を製作させるというくだりがみえ、(9) 必要があれば内裏外で生活する天皇と親しい人々のために調度を製作することもあったのだろう。

以上のことから、作物所は主に天皇や中宮・親王・内親王・伊勢斎王・賀茂斎王などの天皇に近しい人々が、内裏内外の儀式なり日常生活なりで使用する様々な調度を製作する機構であったといえる。

このような職掌は母体官司である内匠寮から継承してきたものと推測される。内匠寮は神亀五年（七二八）に設置されて以来、朝廷の様々な調度の製作を行ってきた令外官である。(10) その具体的な職掌については『延喜式』に記載があり、それによると内匠寮は供御物（調度品）や伊勢・賀茂初斎院・野宮の装束など、天皇や天皇に近い人物が日常や儀式において使用するための調度の製作を中心に行っていたことがわかる。(11) 製品を主となる材料別に分類すると、御飯笥・酒壷・杓・酒台・盞・水鋎・盤などの銀製品や御鏡・印などの銅製品といった金属製品、柳箱・屏風や御帳の骨などの木製品、膳櫃・手湯戸・台盤などの漆加工品、革箱・御腰帯などの革製品というように様々な調度を製作していた。(12) このように作物所の職掌は内匠寮のものと類似しているといえる。

さらに作物所と内匠寮が製作した調度について具体的に比較してみたところ、作物所が製作した調度には内匠寮から継承したと思われるものがいくつかみられた。それらは銀器・御帳・台盤などである。

前述したように延喜内匠寮式には、台盤や御飯笥・酒壷・水鋎・盤などの銀器の記載がみえ、内匠寮が製作していたことがわかる。作物所が台盤・銀器を製作したことは、前掲した『醍醐天皇御記』延喜四年二月一〇日条（表1—3）の他に、『権記』長保元年（九九九）一一月七日条（表1—23）にも記載がみえる。

七日丙戌、（中略）仍直参内、仰云、中宮誕二男子一、天気快然、七夜可レ遣二物等一事、依レ例可レ令二奉仕一者、御台盤六脚以二榎木沈一仰二預延連一、御器等事仰二良明一、銀笥□垸四種・馬頭盤二枚・箸一双・酒盃一具等料、可レ入二銀二百五十両一、先日式部丞泰通為レ令レ奉二仕御物一、給二良明一、便令二借渡一也

この日、敦康親王が誕生したため、藤原行成は御七夜の御調度を準備した。当時行成は蔵人頭であり、作物所

別当を兼ねていたと考えられる。(13)「良明」は作物所預である宇治良明と推測され、(14)「預延連」も同じく作物所預であった人物だろう。(15) つまり、この記事は作物所別当であった行成が、作物所預延連に榎木沈を材料とした「御台盤六脚」を、もう一人の預である良明に銀二百五十両を材料とした「銀笥□埦四種」・「馬頭盤」・「箸」・「酒盃」などの御器を作らせたということを意味していると理解できる。その他、作物所が台盤・銀器を製作したことは表1―16・40・46にもみえる。

次に御帳についてだが、延喜内匠寮式には几帳・斗帳などがみえ、内匠寮が御帳を製作していたことが知られる。御帳とは室内で屏障用として用いられる帷を総称したものであり、延喜内匠寮式にみえる几帳・斗帳はその一種である。(16) 御帳は柱や横木などの骨組みに帷を垂らした構造になっていたが、同内匠寮式には骨組み部分の料物や製作にあたる労働力のみが記載されているので、内匠寮では御帳の骨のみ製作したとわかる。同縫殿寮式によれば、御帳から垂らす布は縫殿寮で準備することになっていたらしい。(17) 作物所が御帳を製作したことは『小右記』寛仁四年（一〇二〇）一〇月七日条（表1―42）にみえる。

権左中弁持来賀茂御帳等支度〈作物所預良明宿禰支度〉、見了返給、金・銀・水銀糸等従二蔵人所一成二請奏一可二奏下一、自余物可レ召二諸国一事等仰レ之

これは賀茂神社の遷宮の準備のため、御帳などの調度の製作に必要な材料の手配を行ったという内容である。その材料の見積もりは作物所預良明が行ったとあるので、作物所が御帳などの御調度を製作することになっていたことがわかる。おそらく作物所も内匠寮と同様に御帳の土台部分を製作したのだろう。

以上のように作物所は母体官司である内匠寮と職掌が類似しており、内匠寮の職掌を継承していたと考えられる。

二　作物所と作り物

作物所は内匠寮の職掌を継承していたが、その他に独自の職掌も有していた。それは山形・標山・洲浜などに代表される豪華な細工が施された作り物の製作である。作り物とは、「儀礼・祭礼の際に、飾りもの・見せものとする目的で造られる人工的な造形物」である[18]。山形・標山とは人工の山の上に中国の故事などの場面を人形や物を配置して表現したもので[19]、洲浜とは水の出入りを表した輪郭をもつ台に人形や植物などのミニチュアを施して海浜などの景色を表現したものである[20]。平安時代にはこのような趣向を凝らした飾り物が儀式などで頻繁に用いられた。以下、作物所が製作した作り物がどのようなものであったのか具体的にみていきたい。

まず山形と標山についてだが、作物所は御灌仏・相撲節会・大嘗会においてこれらの製作に関わったことが知られる。御灌仏とは四月八日の釈迦降誕の日に仏像を灌浴する行事である。灌仏会自体は推古朝より寺々で行われてきたが、承和七年（八四〇）に宮中の儀式としても整えられ、清涼殿で行われるようになったといわれている[21]。御灌仏の山形は延喜図書寮式に御灌仏装束として「山形二基一基立二青龍形一 一基立二赤龍形一」と記載されており、青と赤の龍の作り物を施したものであったことが知られる。『江家次第』巻六御灌仏事によれば仏像を挟んで北側に青龍を、南側に赤龍の山形を設置したようである[22]。作物所が御灌仏で山形を準備したことは『親信卿記』天禄三年（九七二）四月八日条や、同天延二年（九七四）四月八日条（表1―11・14）など実例でも確認できるが、『行成大納言年中行事』[23]にはより詳しい記載がみられる。それには作物所が御灌仏で用意するものとして「仏台・山形・種々作物等」があげられている。「仏台」は釈迦仏を載せる台を[24]、「作物」とは「山形」を飾る龍の作り物などを指しているのだろう。内蔵寮が用意するものを記載した割書きには「作物所申請米十五石請奏下二上卿一自二大炊寮一請、同所申請絹二疋三丈手作布二端紙二帖、已上山形帳料作物等料」とあり、作物所が「山形帳」や「作物」の製作で必要とする料物が内蔵寮に申請されていたことがわかる。作物所の初見史料でもあり、宮中御灌仏の初見でもある『西宮記』巻三御灌仏事には「承和七年四月八日、律師静安於二清涼殿一始二行事一、蔵人仰二作物所一作二雑具一」（表1―1、表2―4）とあるが、この「雑具」とは『行成大納言年中行事』の記載から、「仏台」・「山形」・「作物」などを指すと考えられる。

相撲節会とは、七月に諸国から相撲人を召し集めて行う相撲を天皇が観覧する儀式である。この儀式においても山形に作り物を施した標山が製作された。標山は左右相撲司のシンボルとして、一日目・二日目と相撲の勝負が行われる場に立てられた(25)。

左司定之後八日卯剋、木工少允笠忠行、率二長上番上飛驒直丁等卅余人一、就二庁東方一、造レ標屋、須臾構成、始作二標状一、其屋自レ地至レ棟二丈五尺、延引之由、拠二陰陽寮勘文一也、内裏作物所預播磨少目佐伯宮興、勒二細工等夾名一、進レ庁、庁即下レ所検二旧例一、（中略）先レ是、別当親王・中納言・参議、託二標所一相議、仰下依二承和十三年標体一、幷不レ可レ作二諸厭物一之状上、山高一丈二尺基山・折山、各六尺、自二山頂一至二日下一、其間一丈、瑞雲十一片、以レ糸葺之、綵霞十四片、以レ木為レ之、金龍挙レ首西向、尾触二山上一、身挿二雲中一、仙人奉レ幡、列二居霞表一、雑木卅六株、松葉所レ須、有レ糸有レ麻、合歓柏木等之葉、惣用二緑絹一、前例仮樹、不レ過二十五六株一、嫌二其疎冷一、補レ以二真木一、此般仮樹倍多、山顔美艶、火神居二山底盤石一、挙レ戈指レ西、此神、承和中、池田瀧男所レ造、年来有レ霊、故不二改替一、金龍・日輪・額字等、又用二旧体一、差加二瑩飾一、双虎群鹿、山中奔走、人形卅三頭、仙房庵室、飛橋聳梯之類、随レ宜分置、（下略）

右の史料は元慶六年に行われた相撲節会の標山の製作とその形状を記したもの（抜粋）であり、作物所預播磨少目佐伯宮興が細工とともに作業にあたったことがわかる。一丈二尺ほどもある山には瑞雲・綵霞・金龍・仙人の他、松・合歓・柏木などの樹木、虎や鹿などの動物といった様々な作り物が飾られていた。なかでも「仙人」・「仙房」などの作り物が飾られていたことから、神仙思想に基づいた世界が表現されていたことがうかがえる。このような形状は「依二承和十三年標体一」というので、承和年間にはこのような標山が相撲節会で製作されていたとわかる。吉田早苗氏によると、相撲節会の標山は中国で皇帝の権威を示すために行われた百戯大会で用いられていた山車を模したもので、弘仁―天長年間に相撲節会が天皇の権威誇示を目的とした儀式として改編された時に導入されたという[26]。

（『菅家文草』巻第七左相撲司標所記）

天皇即位後に行われる大嘗会に用いられる標山は悠紀・主基の国がそれぞれ準備するもので、第一日目の卯の日に北野の悠紀・主基の斎場から大嘗宮が設けられた朝堂院まで行列をなして引いて行かれ、第二・三日目の辰・巳の日の宴の時に豊楽院に移されて飾られた[27]。

その形状は『続日本後紀』天長一〇年（八三三）一一月戊辰条に、仁明天皇の大嘗会の標山について詳しく記載されているが、これも相撲節会の標山と同様に梧桐・連理の呉竹・恒春樹などの樹木や、鳳凰・麒麟などの想像上の動物、天老や五色雲など中国の神仙思想に基づく作り物で飾りたてられたものであった。

作物所が大嘗会の標の製作に関わったことが知られるのは、長和元年（一〇一二）に行われた三条天皇の大嘗会の時である。作物所預の一人が主基標所に召されたことが、『小右記』同年九月二日条にみえる（表1―30）。その前年の同寛弘八年（一〇一一）九月一三日条によると、はじめ、三条天皇の大嘗会の標所は悠紀主基両方とも「書所人」に任されたが、以前から悠紀方は「書所」が、主基方は作物所が任されていたので、今回も同じようにすべきだと作物所が訴えたことがみえる（表1―29）。前例を確かめた上、その訴えが認められたとあるので、以前から大嘗会の標山の製作には作物所と「書所人」が関わっていたのだろう。[28]

洲浜製作も作物所独自の職掌としてあげられる。洲浜は宮中で催された歌合や物合などの晴れの場を、華やかに盛りたてるために使用されたものである。[29] 作物所は卯杖や物合で用いられた洲浜を製作したことが知られる。

卯杖とは正月初めの卯の日に、大学寮・大舎人寮・六衛府などが祝の杖を天皇および東宮に献ずる行事で、邪気を祓うという根拠のもとに行われた。[30] 卯杖自体は持統朝からみられる行事だが、洲浜を用いたことが確認できるのは平安時代に入ってからであり、『西宮記』・『江家次第』などにその記載がみえる（表2―1）。『江家次第』巻二卯杖事によれば、当日は大舎人寮・左右兵衛府・糸所が卯杖・卯槌を天皇に進めた後、作物所が卯杖とともに洲浜を進めることになっていた。

次作物所進二卯杖一、自二去年十二月十八日一、彼所別当蔵人始二行事所一作レ之、其料物、成二内蔵請奏一、々下、羅蠟・紙・墨・雑丹・金銀絲一絇等、自二納殿一請レ之、案二脚之上置二小台一、其上置二洲浜一、其上作二奇岩怪石嘉樹芳草白砂緑水一、其中作二御生気方獣形一、令レ合二卯杖一、生気在レ離作レ馬、生気在レ坤作レ羊、不レ作レ猿、生気在レ兌作レ鶏、生気在レ乾作レ猪、不レ作レ犬、生気在レ坎不レ作レ鼠、尋二養者方一作レ馬、生気在レ艮作レ牛不レ作レ虎、生気在レ震作レ兎、生気在レ巽作レ龍不レ作レ虵、行事蔵人以下昇レ之、自二仙華門一昇上立二昼御座広庇一、案等返二給所一、他案返二内侍所一本所各請レ之、造物等或有二御前召一、（下略）

作物所は前の年の一二月一八日から準備を始め、羅蠟・紙・墨・雑丹・金銀の糸などの料物を内蔵寮請奏により給わり、洲浜を製作した。その形状は案二脚の上に小台を置き、その上に洲浜を置いて、縁起の良い岩や樹木・草、生気の方の馬・羊・鶏などの動物の人形を盛ったものであった。そしてこの洲浜は当日行事蔵人によって昼御座の広庇へ運ばれた。実例では洲浜の記載はみえないが『小右記』寛和元年（九八五）一月一〇日条、同永延元年（九八七）一月四日条、『左経記』長元元年（一〇二八）一月六日条などに作物所が卯杖を進めたことが記されており、洲浜も卯杖とともに進められたと考えられる（表1―19・20・47）。その他、『栄花物語』巻一月の宴に康保三年に行われた内裏前栽合において、作物所が洲浜を献上した記載がみられる（表1―10）。

このように作物所は山形・標山・洲浜などの作り物の製作にあたっていた。これらはどれも人形・動物・樹木などのミニチュアが盛られたものであり、その製作には細かな作業が必要とされただろう。また古代の作り物は金銀玉石（瑠璃・玻璃・珊瑚・瑪瑙など）や香木、綾羅錦繡などの唐織物のような極めて高価な材料によって作られていたため[31]、これらを扱うことのできる作物所の雑工はかなり高い技術をもっていたと推測される。

また先述したように、作物所は初見の承和年間には御灌仏の山形を製作していたと考えられ、その他の作り物の製作もその頃には行っていたと思われる。作り物自体は古くに中国から日本へ伝えられており[32]、作物所が成立する以前には内匠寮などの官司が製作していた可能性はある。しかし、少なくとも平安時代以降は、標山・洲浜などの華美な装飾が施された作り物の製作を内匠寮が行ったという記載は管見の限りみられないため[33]、作物所が成立した後は主に作物所が製作したのだろう。

その他に作物所が製作した特徴的なものとして、挿頭花や御櫛があげられる。挿頭花は冠の巾子の下縁の上緒に挿す季節の花の折り枝や造花などの付け物であり、これも作り物の一種といえる[34]。『西宮記』巻八挿頭花事によると、大嘗会や列見・定考などの儀式のさいに上卿以下が冠に挿すものであった。作物所は賀茂臨時祭で用いる挿頭花の製作を行っていたことが知られる。『政事要略』巻二八年中行事一一月四賀茂臨時祭引用の「蔵人式」には「作物所進二挿頭花廿三枝一藤花一枝使料、桜花十枝舞人料、山葺花十二枝陪従料、先給二料物一令レ作レ之」とみえる（表2―6）。作物所が進めた二三枝の内訳は使の料の藤花一枝、舞人の料の桜花一〇枝、陪従の料の山葺花一二枝であり、様々な種類の造花を製作していた(35)。

御櫛については、斎宮群行の日に大極殿で行われる儀式で天皇が斎王の額に挿す「別れの御櫛」を作物所が準備している(36)。『江家次第』巻一二斎王群行に「此櫛先仰二作物所一、以二黄楊木一令レ作、長二寸許、入二金銀蒔絵筥一方四寸、松折枝幷鶴等蒔レ之」とみえるように、櫛は黄楊木で作られた二寸ほどのものであり、金銀の蒔絵を施した四寸四方の箱に入れられた（表2―5）。また『小右記』永延二年九月二〇日条には、一条天皇の斎王恭子女王の群行のさいの御櫛について「黄楊木額櫛納二蒔絵筥一、有二錦縫立一、櫛者裹レ紙納レ筥、々櫛・小手巾筥、仰二作物所一、々令二奉仕一」とあるので、櫛だけでなく蒔絵の箱も作物所が製作したとわかる（表1―21）。その他、作物所は村上天皇の皇子広平親王元服の儀に用いる櫛調度や、舞姫の装束である木彫櫛・下櫛・蒔櫛などを製作している（表1―8・45）。これらの櫛調度は、木彫りや蒔絵で装飾したものであるので、作物所では主に儀式に用いるような装飾が施された櫛を製作していたと考えられる(37)。

以上、作物所が製作した特徴的な調度について具体的に考察した。これらの山形・標山・洲浜・挿頭花・御櫛などの調度は、細かな細工が施された装飾性の高い豪華なものであると指摘できる。おそらく作物所は、これら以外にも様々な装飾性の高い調度を製作していたと考えられる。この点が、母体官司であり、同じ調度製作官司である内匠寮とは異なる作物所の職掌の特色であったといえるだろう。

三　作物所の成立

次に作物所が設置された要因について考えたい。初見である承和七年から間もない頃の作物所の参加儀式とそこでの役割は、「蔵人所承和例」にみえる内宴の「瀆墨」、承和七年の御灌仏の雑具（おそらく山形を含む）、元慶六年の相撲節会の標山の製作があげられる（表1―1・2、表2―3）。

これらの儀式について共通していえるのは、仁明朝前後に内裏の儀式として整えられたということである。内宴は正月二一日に宮中仁寿殿で内々に行われた饗宴である。弘仁期に成立し、当初は恒例の年中行事以外の臨時的宴会であったが、淳和・仁明朝に正月の特定期日の宴会を称するようになり、仁明朝以降に式日が固定化した(38)。上述した通り御灌仏は承和七年に内裏の儀式として整備され、相撲節会も承和期から貞観期にかけて儀式の場が紫宸殿へと移されている(39)。

次にそれぞれの儀式での作物所の役割についてみてみたい。まず内宴における役割については、「蔵人所承和例」に次のような記載がある。

所承和例云、紙筆墨硯廿人已上、押紙一百張召㆓内蔵寮㆒、墨廿挺筆廿管奏㆓請図書寮㆒、仰㆓作物所㆒瀆㆑墨、仰㆓内匠㆒召㆓柳筥五合㆒、仰㆓内蔵寮㆒召㆓折櫃十合㆒

（『西宮記』巻二内宴所引）

内宴で行われる賦詩に用いる文具の準備についての記載である。作物所の役割は蔵人所が図書寮から取り寄せた二〇挺の墨に溝を掘ることであった(40)。『北山抄』巻三内宴事には、内宴の前一日に行うべきこととして「蔵人所儲㆓紙墨墨十挺給㆓作物所㆒令㆑切㆓継廿挺㆒・硯筆・柳筥・折櫃等㆒事、件四種、兼日召㆓内蔵寮㆒」とみえ、作物所は蔵人所が準備した一〇挺の墨を二〇挺に「切継」ぐ作業をしていたことがわかる。作物所は墨を使用できるよう、最後の加工を施す作業を担っていたのだろう。

ここで注目したいのは、内宴を除く御灌仏・相撲節会での作物所の役割が、山形・標山といった華美な装飾が施された作り物の製作であったことである。このことから作物所は当初、その特有の職掌といえる装飾性の高い調度の製作を主として行っていたことがうかがえる。つまり、作り物のような細工が施された装飾性の高い調度を製作することが、作物所に第一に期待された役割であったのではないだろうか。

以上のことから、早い時期の作物所の役割は、内裏で使用される豪華な調度の製作が中心となっていたと考えられる。ではなぜ作物所のような装飾性の高い調度製作を行う機構が、内裏に設置される必要があったのだろうか。平安前期における内裏の状況について検討してみたい。要因の一つとして考えられるのは、作り物の流行である。作り物自体は、古くから中国で使用されていたものであり、平安時代以前に日本に伝えられていたことは先行研究で明らかにされている[41]。例えば和銅元年（七〇八）一一月に行われた元明天皇の即位に伴う大嘗祭の宴では、金銀などを用いた中国風の装飾を凝らした作り物が用いられたことが知られ[42]、また正倉院御物には東大寺大仏開眼会で使用されたと推測される金銀などで装飾された蓮の花や、銀製の樹木が植えられ、緑や褐色に彩色された仮山などの作り物が残されている[43]。それが平安前期になると、淳和・仁明天皇の大嘗会の標山や[44]、承和年間の御灌仏の山形、相撲節会の標山など、作り物の記述が多くみえはじめる。そして嘉祥二年（八四九）に行われた仁明天皇四十賀の沈香製の山[45]のような、より小型で日本的にアレンジされた洲浜が出現して以降、作り物は年中行事・歌合・祝儀や慶賀などの宮中儀式において頻繁に使用されるようになるのである[46]。

なぜ平安時代に入って、作り物が頻繁に用いられるようになったのだろうか。それは嵯峨朝以来の中国文化の積極的な導入がきっかけとなっていたと考えられる。嵯峨天皇は儀式・制度を唐風化するなど、積極的に中国文化を導入したことが知られ(47)、老荘・神仙思想へも深い関心を寄せていたことが指摘されている(48)。平安前期はそれ以前と異なり、老荘・神仙・道教などの思想が貴族層に公的に許容されはじめた時期であった(49)。注目したいのは、作り物には神仙思想の影響が色濃くみられることである。例えば、先にも述べたように、元慶六年の相撲節会や仁明天皇の大嘗会の標山は、「仙人」・「仙房」・「天老」などをモチーフとした多くの作り物が配されており、神仙的な世界が表現されている(50)。つまり、平安前期に興った神仙思想の流行が、神仙思想を反映した作り物の流行を生んだのではないだろうか。

『日本紀略』弘仁四年（八一三）九月癸酉条には「宴㆓皇太弟於清涼殿㆒、具物用㆓漢法㆒」とみえ、嵯峨天皇が清涼殿の宴において「漢法」の調度を使用したことが知られる。天皇の中国風文化へのこだわりは内裏で使用される調度にも向けられていたのである。また『経国集』巻一四には嵯峨天皇などが清涼殿の壁に画かれた山水画を歌った詩が残されており、内裏に神仙思想を反映させた絵画があったことがわかる(51)。弘仁五年に嵯峨天皇が正倉院から借り出した調度のなかにも神仙境をテーマとした屏風が含まれていた(52)。これらのことから、嵯峨天皇をはじめとする内裏の人々が神仙思想を反映させた調度にも関心をもっていたことがうかがえる。当然神仙思想を反映させた作り物にも関心が向けられただろう。作物所は内裏で需要が高まった作り物などの調度を製作するために、内裏で必要とされたのだろう。

豪華な細工が施された作り物の流行が物語るように、嵯峨から仁明朝に至る宮廷文化は華やかなものであった(53)。作物所が初めて史料上に姿を現した承和期は、弘仁期から続く唐風文化の最盛期であるとともに、文学・絵画・

音楽などの文化の転換期としても注目され、後世、文化の栄えた聖代として強く憧憬された時代である[54]。このような宮中の人々の文物への高い関心は、作り物に限らず豪華で風流な調度一般に向けられ、またその製作にまで及んでいた。平安時代の貴族たちは、自ら調度を製作する細工にデザインの指示を与え、好みにあった風流な調度を製作させることもあった[55]。例えば『源氏物語』宿木には、「宮の若君の五十日になり給日数へとりて、そのもちゐのいそぎを心に入れて籠物、檜破子などまで見入れ給つゝ、世の常のなべてにはあらずとおぼし心ざして、沈・紫檀・銀・黄金など、道〳〵の細工どもいと多く召しさぶらはせ給へば、われをとらじとさま〴〵のことどもをし出づめり」とあり、薫が匂宮の若君の五十日の祝のために道々の細工師を集め、沈・紫檀・銀・黄金といった富貴の素材で格別の贈り物を作らせるという記述がみられる[56]。

このようなことは宮中において作物所に対しても行われていた。『栄花物語』巻第八はつはなには、天皇が櫛調度を「我御口・筆に仰せ給いて、造物所のものども御覧じては、直しさせ給へ」たとみえ、作物所に自ら口で伝えたり、絵に描いたりして、好みに合うように調度を作り直させたことがみえる（表1―28）。また『竹取物語』蓬莱の玉の枝には、くらもちの皇子が作物所の工匠を召し取ってかぐや姫の注文に合うような蓬莱の玉の枝――これも作り物の一種である――を製作させたというくだりがある[57]。天皇・親王など内裏の人々が、作物所の調度の製作に直接関わるということは日常的に行われていたと推測される。内裏に作物所のような調度製作機構が設置されたのは、天皇・親王などの内裏の人々が、当時流行していた作り物などの調度を、工たちに指示を与えて自分の好みに合うように製作させるのに便利であったからだろう。これが作物所が内裏に設置された二つ目の要因として考えられる。

次に三つ目の要因としてあげられるのは、承和期に行われた蔵人所の機能整備である。本書第二章において、作物所は承和期には蔵人による召仰を受けるなどの関係がみられると述べた。ここで、考察してきた作物所の職掌を踏まえ、作物所の調度製作における蔵人の役割についてもう少し検討してみたい。『枕草子』第九九段には藤原信経が作物所の別当であった頃、「物の絵様」を「これがやうにつかうまつるべし」という文字を添えて何某かに送ったという記述がある（表1—22）。「物の絵様」とは調度のデザインを指していると思われ、おそらくそれは作物所へ送られたのだろう。このように調度製作の注文は、蔵人が作物所へ伝えることが多かったのではないかと思われる。蔵人には文化的に優れた才能をもった者が任用されたが[58]、文化的な知識に明るい蔵人が間に立つことによって、作物所は依頼主の要望に合った調度を作ることができたのだろう。

作物所の前身は内匠寮の内裏の出先機関であったと推測される。当初は内匠寮の官人が必要に応じて内裏の候所に出向し、そこで蔵人などから調度製作などの命令を受けていたと推測される[59]。それが内裏での豪華な調度の流行に伴い、華美な調度製作の依頼が増え、また調度のデザインの注文がより細かく複雑になるにつれ、それらに十分に対応するために便宜的に内裏の出向所内においても調度の製作を行うようになったと考えられる。そして「蔵人所承和例」が定められるなど蔵人の制度がある程度整えられてくる承和期になると[60]、調度製作において蔵人所と強い関係をもっていた作物所は、より強くその影響を受けるようになり、母体官司であった内匠寮から分かれ、一つの所として成立したのではないだろうか。

ただし、作物所が機構としてより充実して確立するのは、九・一〇世紀の交以降である。その頃に蔵人所を中心として各所が天皇の家政機関として整備されるとともに[61]、作物所にも別当・預などの職員が置かれ、『西宮記』巻八所々事にみえるような機構に整えられたと考えられる[62]。その後、作物所は従来から行っていた内裏で使用される作り物などの華美な調度や内匠寮から引き継いだ調度の製作を続けながら、次第にその職掌を拡大していった。表1をみる限りでは、作物所は一〇世紀半ば頃までは内裏で行われる行事への供奉が主となっているが、一一世紀以降は、内裏外の様々な儀式への供奉も多くみられるようになる。(63) これは蔵人所の機能が拡大したということに加え、作物所が一一世紀以降も調度製作に関して高い水準を維持し続け、朝廷の調度製作機構としていっそう重要な役割を果たしていったということを示しているのではないだろうか。

おわりに

以上述べてきたことをまとめると以下の三点となる。

一、作物所は主に天皇や中宮・親王・内親王・伊勢斎王・賀茂斎王などの天皇に近しい人々が、内裏内外の儀式や日常生活において使用する、木材・金属・漆・革といった様々な材料からなる調度を製作した所であった。このような作物所の職掌は母体官司である内匠寮と類似しており、内匠寮から継承したものと推測される。

二、作物所は内匠寮から継承した職掌の他、儀式において場を盛り立てるために使用された、山形・標山・洲浜などの作り物・挿頭花・蒔絵や螺鈿を施した御櫛などを製作していた。このような華美な装飾が施された調度の製作を行うことが作物所の職掌の特徴として指摘できる。

三、作物所は中国文化の導入に影響を受けて流行した作り物などの豪華で風流な調度を、内裏から出される注文通りに製作するために内裏内に設置されたと推測される。当初は内匠寮の出先機関であったが、承和期に依頼者との仲介者であった蔵人の制度が整えられると、その影響を強く受けるようになり、内匠寮から独立して所の一つとして成立したと考えられる。そして九・一〇世紀の交に所々が天皇の家政機関として整備されると、作物所も機構を充実させ、その職掌は拡大した。

平安初期は天皇の権威・権力が増し、天皇を中心とした新たな秩序が形作られ、天皇の家政機関が整備されるなど内廷機構が充実しはじめた時期である。宮中所々は九・一〇世紀の交までに出揃うが、そのなかでも作物所は比較的早い承和年間に姿をみせ、内裏の調度製作を担った所であった。[64]このことからも当時の内裏の人々にとって調度の調達がいかに重要なものであったかがうかがえる。[65]作物所は九・一〇世紀の交以降、他の所々とともに機構も職掌も充実させていくが、それとは対照的に内匠寮は平安初期に比べ、次第に機能が縮小していったように見受けられる。作物所が成立した後の内匠寮の変遷については本書第五章で検討を行っている。

本章では冒頭で述べたように作物所の成立時期から摂関期までを考察の対象とし、主にその職掌の特徴について論じた。今後は院政期以降、宮中作物所がどのように変遷していくのか、また平城宮で出土した木簡に記載された「内作物所」[66]や、正倉院文書にみえる造寺に携わっていたとされる「造物所」[67]が平安時代の宮中作物所とどのように関係するのかについても明らかにする必要があるだろう。これらの点については今後の課題としたい。

注

（1）所京子「「所」の成立と展開」（『平安朝「所・後院・俗別当」の研究』勉誠出版、二〇〇四年、初出は一九六八年）。

（2）作物所についての主な先行研究には、渡辺素舟『平安時代国民工芸の研究』（東京堂、一九四三年）、浅香年木「官営工房の解体と私営工房の構造」（『日本古代手工業史の研究』法政大学出版局、一九七一年、初出は一九六四年）、所氏前掲論文などがある。

（3）本書第二章参照。

（4）調度の形体・使用方法については小泉和子『家具』（日本史小百科、東京堂出版、一九八〇年）、鈴木敬三編『有識故実大辞典』（吉川弘文館、一九九六年）などを参考とした。
（5）作物所は『西宮記』巻八所々事の記載により、内裏の西南隅に設置されていたことが知られる（本書第二章注（5）参照）。
（6）その他、表1—5・15・18、表2—8なども内裏での儀式の調度を製作した例としてあげられる。
（7）その他、表1—12・17・27・34・39・40・41・42・46・49なども内裏の外で行われた儀式への供奉である。
（8）『栄花物語』については、松村博司・山中裕校注『栄花物語』上・下（日本古典文学大系七五・七六、岩波書店、一九六四・一九六五年）によった。
（9）『源氏物語』については、柳井滋・室伏信助他校注『源氏物語』三（新日本古典文学大系二一、岩波書店、一九九五年）によった。
（10）『類聚三代格』巻四加減諸司官員幷廃置事、神亀五年七月廿一日勅。
（11）内匠寮については、中西康裕「内匠寮考」（『ヒストリア』九八、一九八三年）、仁藤敦史「内匠寮の成立とその性格」（『古代王権と官僚制』臨川書店、二〇〇〇年、初出は一九八五年）、同「公印鋳造官司の変遷について　鍛冶司・典鋳司・内匠寮」（『国立歴史民俗博物館研究報告』七九、一九九九年）、十川陽一「内匠寮について」（『日本古代の国家と造営事業』吉川弘文館、二〇一三年、初出は二〇〇八年）などの研究がある。
（12）ただし延喜内匠寮式にみられる調度のなかには、内匠寮が単独で製作したもの以外に、他の官司と共同で製作したと思われるものも含まれている。例えば内匠寮式漆器条には「漆供御雑器」として膳櫃一合・手湯戸一口・水槽一口・手洗槽が掲げられているが、この四種は「木工寮所」作」とみえる。木工寮が木材を加工したものに内匠寮が漆加工を行ったのだろう。
（13）市川久編『蔵人補任』（続群書類従完成会、一九八九年）。本書第二章表1参照。
（14）本書第二章表2参照。宇治良明は『権記』長保二年一〇月一五日条に「預内蔵属宇治良明」、『小右記』長和元年九月二日条に「作物所預内蔵允宇治良明」とみえる。本条で「良明」は作物所別当と推測される行成の指示を受けているため、この時には作物所預となっていたと考えられる。
（15）本書第二章表2参照。延連については管見の限りでは他に記載がみあたらなかったため、どのような人物であったか不明である。しかし、本条の記載にみえるように調度製作を行う機関の「預」であったことを考慮すると、作物所預であったと考えてよいと思われる。

(16) 几帳は箱型の土台の上に柱が二本あるT字形の棹を立て、上部の横木に帷を垂らして部屋を間仕切するために使用されるもので、斗帳は台の上に骨組を組み立て、四周に帷を垂らす組み立て式の寝室のことである（小泉和子氏前掲書参照）。

(17) 斎宮寮式年料供物条にも「斗帳一具、壁代帳十一条、幌三条縫殿寮縫備、毎年供レ之、但斗帳骨内匠寮作二一度一供レ之」とあり、斗帳の骨は内匠寮が、布は縫殿寮が毎年供すことになっていたことがわかる。

(18) 作り物には山形・標山・洲浜の他にも、造花・つくり枝など様々な種類がある。日高薫「共同研究の経緯と概要」（『国立歴史民俗博物館研究報告』一一四、二〇〇四年、a論文とする）。古代の作り物について総体的に論じたものに、家永三郎『上代倭絵全史』（改訂重版、名著刊行会、一九九八年、初版は一九四六年）、稲城信子「造物の系譜―洲浜・山形・標山など―」（『元興寺文化財研究所年報』一九七七・一九七八、一九七九年、a論文とする）、日高薫「虚構としての作り物」（『ｉｓ』七八、一九九七年、b論文とする）、佐野みどり『風流造形物語―日本美術の構造と様態―』（スカイドア、一九九七年）などがある。また、旧稿発表後、元興寺文化財研究所編集『東アジアにおける自然の模倣（造り物）に関する研究』（元興寺文化財研究所、二〇〇六年）が出版された。

(19) 山形・標山については稲城氏前掲a論文、東野治之「大嘗会の作り物」（『国立歴史民俗博物館研究報告』一一四、二〇〇四年）などを参照した。

(20) 洲浜については稲城氏前掲a論文、平川治子「平安朝文学における自然観―「洲浜」について―」（『国語国文論集』一四、一九八五年）、八木意知男「大嘗会における洲浜と御挿頭」（『皇学館大学神道研究所所報』三三、一九八七年）、小泉賢子「洲浜について」（『美術史研究』三三、一九九五年）、日高氏前掲b論文などを参照。

(21) 『続日本後紀』承和七年四月癸丑条、『西宮記』巻三御灌仏事など。山中裕『平安朝の年中行事』（塙書房、一九七二年）、甲田利雄『年中行事御障子文注解』（続群書類従完成会、一九七六年）などを参照。

(22) 御灌仏の山形については稲城氏前掲a論文に詳しい。

(23) 東山御文庫本「年中行事」（勅封番号一四四―一三）、西本昌弘「東山御文庫所蔵の二冊本『年中行事』について―伝存していた藤原行成の『新撰年中行事』―」（『日本古代の年中行事書と新史料』吉川弘文館、二〇一二年、初出は一九九八年）、同

「年中行事」（『皇室の至宝東山御文庫御物』四、毎日新聞社、二〇〇〇年）、同『新撰年中行事』（八木書店、二〇一〇年）。

（24）『親信卿記』天延二年四月八日条によると、当日の早朝に清涼殿の東廂南第四間に図書寮によって「灌仏台」が置かれ、その前に導師の座が設けられたとみえる。儀式のさいに導師は北廊の戸から参入し、座に着き、灌仏を行ったとみえるので、『行成大納言年中行事』にみえる「仏台」とは釈迦仏が置かれた灌仏を行うための台を指していると考えられる。

（25）『内裏式』中七月七日相撲式・八日相撲式など。

（26）吉田早苗「平安前期の相撲節」（『国立歴史民俗博物館研究報告』七四、一九九七年）。また、東野氏前掲論文にも詳しい。

（27）『儀式』践祚大嘗祭儀。大嘗会の標については主に稲城氏前掲a論文、東野・吉田氏前掲論文などを参照。その他、折口信夫「盆踊りと祭屋臺と」（『古代研究』第一部民俗学篇、大岡山書店、一九二九年）、出雲路通次郎「標ノ山に就いて」（『大礼と朝儀』桜橘書院、一九四二年）、木本好信「平安時代の大嘗会行事所」（『神道史研究』三三―二、一九八一年）、平野孝国『大嘗祭の構造』（ぺりかん社、一九八六年）、真弓常忠『大嘗祭』（国書刊行会、一九八八年）などにも標についての記述がある。

（28）「書所人」は「画所人」の誤りか。東京大学史料編纂所所蔵の写真帳において前田本・東山御文庫本・秘閣本の該当箇所を確認したところ、いずれも「書所人」と記載されていた。しかし、画の旧字体である「畫」と「書」は字体が似ており、誤って書写された可能性が考えられる。相撲の節会の標山の製作には作物所預とともに、画師が標の画様を描いたことがみえ、標山の製作に画師が関わっていたことが知られる（『菅家文草』巻第七左相撲司標所記）。また後一条天皇の大嘗会の行事所には、作物所の細工と画所の画師が分配されている（『左経記』長和五年五月二一日条）。

（29）小泉賢子氏前掲論文など参照。

（30）卯杖については山中・甲田氏前掲書、菅原嘉孝「卯杖ならびに卯槌について」（『國學院雑誌』九三―八、一九九二年）、山中裕「枕草子と卯杖・卯槌」（『日本歴史』五八四、一九九七年）、劉暁峰「卯杖から見た中国古代年中行事の伝来時期」（大山喬平教授退官記念会『日本社会の史的構造』古代中世、思文閣出版、一九九七年）を参照。

（31）日高氏前掲b論文参照。

（32）稲城信子「造花東漸」（『国立歴史民俗博物館研究報告』一一四、二〇〇四年、b論文とする）、家永・平川・佐野・東野氏ら前掲書・論文参照。

(33) 延喜内匠寮式によると内匠寮は、大寒の日に諸門に立てる土偶人と土牛を製作している。これらは人や牛に似せた人工のものであるという点で作り物の一種といえるが、それは青・赤・白・黄などの土や藁などを用いて製作されており、質素なものであったと推測される。作物所が製作したような豪華な細工を施した作り物とは全く異なったものといえるだろう。
(34) 鈴木氏前掲書、八木氏前掲論文参照。また古代の造花については稲城氏前掲b論文に詳しい。
(35) 同所引「清涼記」にも同様の内容の記載がみられる。
(36) 甲田氏前掲書、芝野眞理子「「別れの御櫛」考」(『史窓』四八、一九九一年)。
(37) 『延喜式』では内蔵寮が御櫛を進めると規定している。内蔵寮には「造御櫛手二人」が所属し(延喜内蔵寮式雑作手条)、一年間に御櫛三六六枚を製作していた(同年料梳条)。そのうち六枚は神今食・新嘗祭の料として三枚ずつ分配されるが、それ以外は御料・中宮料、春宮料として分けられた。これらはその数の多さから、日常的に使用する櫛であったと考えられる。これに対して作物所は儀式のさいに使用されるような御櫛の製作の記載が多く、木彫や蒔絵など装飾性の高いものを主に製作していたと思われる。
(38) 倉林正次「正月儀礼の成立」(『饗宴の研究』儀礼編、桜楓社、一九六五年)。
(39) 相撲節会の場所については神谷正昌「紫宸殿と節会」(『古代文化』四三―一二、一九九一年)を参照。
(40) 前田家巻子本には「瀆墨」と記載されているが、前田家大永鈔本『西宮記』では「續墨」と記載されている。旧稿では、糸偏とさんずい偏のくずし字は形が似ていることや、『北山抄』巻三内宴事にみえる、墨を「切継」ぐという記載から、「溝」・「くだける」などの意味をもつ「瀆」よりも、「継」と意味が通じる「續」とした方がよいと推測した。しかし、その後、佐藤全敏氏により、「瀆墨」は「「墨ニ瀆《ミソホ》ラシム」」と訓めるという指摘があった。同氏の解釈がより適切であると思われたため、本書では同氏の指摘に従い、旧稿を改めた(佐藤全敏「宮中の「所」と所々別当制」(註50)(『平安時代の天皇と官僚制』東京大学出版会、二〇〇八年、初出は一九九七年。a論文とする)を参照)。「續」・「継」・「瀆」の意味については『大漢和辞典』(大修館書店)を参照した。
(41) 作り物の伝来については注(32)前掲書・論文などを参照。
(42) 『続日本紀』天平八年(七三六)一一月丙戌条。東野氏前掲論文参照。

(43) 正倉院事務所編集『正倉院宝物』九南倉Ⅲ（毎日新聞社、一九九七年）。
(44)『類聚国史』巻八神祇八大嘗会弘仁一四年一一月癸亥条、『続日本後紀』天長一〇年一一月戊辰条に淳和・仁明天皇の大嘗会の標山の記載がみえる。
(45) 仁明天皇四十賀の沈香製の山についての記載は、『続日本後紀』同年一〇月癸卯条にみえる。これは洲浜の初見といわれる（佐野氏前掲論文参照）。
(46) 家永・小泉賢子・平川・佐野氏ら前掲書・論文参照。
(47) 笹山晴生「唐風文化と国風文化」（岩波講座『日本通史』第五巻古代四、岩波書店、一九九五年）。
(48) 遠藤慶太「後院の名称―冷然院・嵯峨の語義をめぐる覚書」（『日本歴史』六二五、二〇〇〇年）。弘仁・天長期の文学にも老荘・神仙の世界観が読み取れる（小島憲之『国風暗黒時代の文学』塙書房、一九六八―一九九八年）。
(49) 増尾伸一郎「日本古代の知識層と『老子』」（『万葉歌人と中国思想』吉川弘文館、一九九七年、初出は一九九一年）。
(50) 作り物にみえる神仙思想の影響については、稲城氏前掲a・b論文、佐野・東野氏前掲論文に詳しい。
(51) 家永氏前掲書、小島氏前掲書下Ⅲ（一九九八年）参照。
(52) 蔵中しのぶ「題画詩の発生―嵯峨天皇正倉院御物屏風沽却と「天台山」の文学―」（『国語と国文学』六五―一二、一九八八年）。
(53)『続日本後紀』承和元年二月甲午条に「弘仁年中、世風奢麗」、『本朝文粋』巻二の三善清行「意見十二箇条」に「仁明天皇即位、尤好二奢靡一」とみえる。
(54) 吉川真司「平安京」（吉川真司編『平安京』日本の時代史五、吉川弘文館、二〇〇二年）。その他、目崎徳衛「宮廷文化の成立―桓武・嵯峨両天皇をめぐって」（『王朝のみやび』吉川弘文館、一九七八年、初出は一九六九年）、小島憲之『古今集以前』（塙書房、一九七六年）、同氏前掲書中(下)Ⅰ（一九八五年）、後藤昭雄「承和への憧憬―文化史上の仁明朝の位置―」（『今井源衛教授退官記念文学論叢』九州大学文学部国語学国文学研究室、一九八二年）、笹山氏前掲論文なども参考とした。
(55) 家永・佐野氏前掲書・論文参照。
(56) 柳井滋・室伏信助他校注『源氏物語』五（新日本古典文学大系二三、岩波書店、一九九七年）によった。

(57)堀内秀晃・秋山虔校注『竹取物語・伊勢物語』(新日本古典文学大系一七、岩波書店、一九九七年)によった。
(58)弥永貞三「律令政治」(体系日本史叢書『政治史』I、山川出版社、一九六五年)、亀田隆之「成立期の蔵人」(『日本古代制度史論』吉川弘文館、一九八〇年、初出は一九七〇年)。
(59)玉井力「九・十世紀の蔵人所に関する一考察—内廷経済の中枢としての側面を中心に—」(『平安時代の貴族と天皇』岩波書店、二〇〇〇年、初出は一九七五年)。
(60)承和期における蔵人所の整備については、玉井氏前掲論文、古尾谷知浩「『蔵人所承和例』に関する覚書」(『史学論叢』一二、一九九三年)を参照。
(61)所氏・玉井氏前掲論文、佐藤氏前掲a論文、佐藤全敏「所々別当制の展開過程」(『東京大学日本史学研究室紀要』五、二〇〇一年、b論文とする)参照。
(62)本書第二章参照。作物所の機構が整備される過程における、作物所と蔵人所との関係については佐藤全敏氏に御教示を賜った。記して御礼申し上げたい。
(63)本章第一節を参照。
(64)所氏前掲論文、佐藤氏前掲a論文参照。
(65)所々の一つに絵画を製作する画所が設置されていたことからも、内裏で絵画などの調度が重要とされていたことがうかがえる(本書第一章)。
(66)『木簡研究』一八、一九九六年。
(67)『大日本古文書』五、造東大寺司告朔解など。

第四章　奈良時代の内匠寮

はじめに

内匠寮は神亀五年（七二八）に設置された令外官である。[1]令外官ではあるが、四等官が置かれ、令制に準じた官司であった。[2]設置後も、典鋳司の併合や織錦綾羅等手二〇人の内蔵寮への割属といった改編がなされ、さらに大同年間の官制改革では、画工司・漆部司の併合、技術官人の定数・色目の制定など、機構整備が進められた（表1）。『延喜式』の記載によれば、その職掌は天皇、親王、伊勢・賀茂斎王らが使用する様々な調度の製作を行うことであった。

内匠寮については、中西康裕氏と仁藤敦史氏の研究がある。中西氏は、内匠寮には品部雑戸はもとより一般公民のなかからも高い技術をもつ者が集められ、異なった部門の工人たちが協力して供御物を製作していたこと、『延喜式』や天平年間の「内匠寮解」[3]の記載の検討から設置当初の職掌の復原を行い、当初は他官司と共同で供御物を製作していたと考えられることなどを述べた。また所属する史生の数が多いことから文書を多く扱っていたと推測し、複数の官司で調度製作を行うさいには、その中心となって文書によって他官司に指示を与えていたということも指摘している。そしてこのような特徴をもつ内匠寮は、令前からの伝統をもたない官僚的・律令的性格が強い官司であったと評価した。内匠寮の変遷に関しては、内匠寮は従来の機構上の不備を補完し、精密で

表1　九世紀初めまでの内匠寮の変遷

年月日	西暦	事柄	出典
神亀五年七月二一日	七二八	内匠寮設置	『類聚三代格』四
天平一九年以前	七四七	「内匠寮解」	『大日本古文書』二―四五八
宝亀五年	七七四	典鋳司を併合	『令義解』官位令正六位条※
延暦一五年八月二日	七九六	織錦綾羅等手二〇人を内蔵寮へ割属	『類聚三代格』四
大同三年正月二〇日	八〇八	画工司・漆部司を併合	『類聚三代格』四
同三年一〇月二一日	八〇八	長上工二〇人（准従八位官）・番上工一〇〇人（白丁）・使部一〇人と定める	『類聚三代格』四
同四年八月二八日	八〇九	雑工の色目を定める	『類聚三代格』四

※紅葉山文庫本『令義解』の注記に「宝亀五年併合二内匠一」とみえる。

奢侈な調度品を特別に製作するという面で、天皇制を強化するために設置されたが、頭の位階の変化から推測してそのような機能を最も発揮していたのは天平宝字年間までであったとしている。その要因については、職掌が類似する勅旨省が設置されたことにより職掌を奪われて機能が縮小したためであると述べている[4]。

仁藤氏は、『弘仁格抄』の検討から、内匠寮には設置当初から四等官の他に、使部や下級技術者の定員が定められていたことを法的に確認し、中西氏が行った設置当初の内匠寮の構成員の復原について補足を行った。また設置当初の内匠寮の先進性を指摘した中西氏の論に対して、史生の数が多いことだけでは内匠寮が文書行政の中心であったとはいえないこと、品部雑戸制に頼らない供御物の製作は内匠寮の母体である木工寮の段階から行われていたこと、内匠寮は「雑色匠手」・「国工」・「番匠丁」以外にも、令制以前から王宮の家政機関に属していた「宮人」や「奴婢」なども徴発・組織しており、大化前代の性格も引きずっていたことなどをあげて批判している。内匠寮の設置は、供御物担当の官司として技術者の職掌と定員を恒常的に定め、計画的な調度の製造をはじめて可能にしたという点で評価されるものの、当初は雑工の職掌がまだ未分化であり、また旧来からの古い労働力を採用しているなど、その編成は不十分であったとした。そして平安初期の大同の改革によって部民制段階にはみられなかった多様に分化した職種が設定されるなど、機構的に再編強化されてはじめて品部雑戸制から真に脱却し、統一された官人の労働に基づいた供御のための生産物が集中的に管理生産できる体制ができあがったと述べた。つまり、中西氏とは異なり、内匠寮の機能が十分に果たされるようになったのは大同期以降であったと指摘している(5)。

両氏の考察により、大同期までの内匠寮の職掌・機構については明らかにされた点が多い。しかし、内匠寮の設置当初の評価や以後の変遷などについて解釈が分かれる部分もあるため、これらについては、先行研究とは違った新たな視点から検討を重ねる必要があると思われる。

本章では、先行研究の成果に依拠しつつ、両氏の研究以降、研究が進んだ分野も含め、改めて大同期までの内匠寮の変遷について考察を行いたい。はじめに、これまであまり詳細に考察されることがなかった内匠寮官人の特徴から、内匠寮の性格について考えたい。また先行研究において内匠寮との関係が指摘されている勅旨省や造東大寺司などが、内匠寮に与えた影響についても具体的に明らかにしたい。

一　奈良時代の内匠寮の官人

内匠寮の四等官の構成員は、神亀五年七月二一日勅により知られる(6)。

勅

内匠寮　頭一人、助一人、大允一人、少允二人、大属一人、少属二人、史生八人、直丁二人、駆使丁廿人、右、令外増置、以補二闕少一、其使部以上、考選禄料、一同二木工寮一、宜下付二所司一、以為中恒例上、寮即入二中務省管内之員一、

神亀五年七月廿一日

（『類聚三代格』巻四神亀五年二一日勅(7)）

設置当初、内匠寮には、頭一人、助一人、大允一人、少允二人、大属一人、少属二人、史生八人、直丁二人、

表2　内匠頭

	氏名	在任時期〈1〉	位	出典	主な官歴〈2〉
1	佐為王	天平六～七年頃	従四位上	『万葉集』六―一〇〇四	（内匠頭）・中宮大夫・右兵衛率
2	池辺王	天平九・一二・二三(任)	従五位下	『続日本紀』	―
3	大市王	天平一八・四・一一(任)	従四位下	『続日本紀』	刑部卿・（内匠頭）・大蔵卿・弾正尹・節部卿・出雲守・民部卿・参議・中務卿・大納言・治部卿
		天平勝宝四・四・九	従四位上	『東大寺要録』二	
4	安宿王	同六・九・四(任)	正四位下	『続日本紀』	玄蕃頭・治部卿・中宮大輔・播磨守・（内匠頭）・讃岐守
		同七・八・一三		『万葉集』二〇―四四五一	
5	和気王（岡真人和気）	天平宝字三・七・三(任)	従四位下	『続日本紀』	因幡掾・（内匠頭）・節部卿・伊予守・参議・兵部卿・丹波守
6	高麗朝臣福信	同六・一二・一四	正四位下	『大日本古文書』四―一九二	右衛士大志・春宮亮・中衛少将・紫微少弼・美濃員外介・山背守・武蔵守・信部大輔・（内匠頭）・但馬守・法王宮大夫・造宮卿・近江守・弾正尹
7	藤原朝臣雄田麻呂	神護景雲元・二・二八	正五位下	『続日本紀』	智部少輔・左中弁・侍従・（内匠頭）・武蔵介・右兵衛督・武蔵守・中務大輔・検校兵庫副将軍・内竪大輔・河内守・越前守・大宰帥・右大弁・参議・式部卿・中衛大将・贈右大臣
		同二・二・一八			
		同二・一一・一三	従四位下		
		同三・一〇・一九			
		同三頃		〈3〉西隆寺跡出土木簡	
		宝亀元・八・二八	従四位上	『続日本紀』	
		〈4〉同二・一一・八		『公卿補任』	

8	布施王	同二・閏三・一（任）	従五位下	『続日本紀』	内染正・内膳正・（内匠頭）
9	葛井連道依	同五・九・五	正五位下	『続日本紀』	勅旨少丞・近江員外介・勅旨大丞・法王宮大進・勅旨員外少輔・勅旨少輔・（内匠頭）・右兵衛佐・中衛少将・甲斐守・（内匠頭）・中宮亮・越後守・春宮亮
		延暦元・九・一三			
10	文屋真人高嶋	宝亀八・正・二五（任）	従五位上	『続日本紀』	内礼正・備中守・造宮大輔・（内匠頭）・宮内大輔・下野守
11	磯部王	同九・八・二〇（任）	従五位上	『続日本紀』	大監物・三河守・（内匠頭）
12	伊勢朝臣水通	延暦四・正・一五（任）	従五位下	『続日本紀』	中宮大進・下野介・（内匠頭）・紀伊守・右衛士佐
13	浅井王	同五・一〇・八（任）	従五位下	『続日本紀』	諸陵頭・（内匠頭）・丹波守・主馬頭・伊予守
14	藤原朝臣末茂	同七・三・二一（任）	従五位下	『続日本紀』	図書頭・美濃介・左衛士員外佐・肥後守・中衛少将・土佐介・伊予守・日向介・（内匠頭）・美作守
15	紀朝臣木津魚	同九・三・二五（任）	正五位下	『続日本紀』	右兵衛佐・美濃守・右兵衛督・（内匠頭）・衛門督
16	多治比宿禰真浄	同一五・一二・四（任）	従五位下	『日本後紀』	肥後守・（内匠頭）・讃岐介
17	川村王	同一六・二・一五	従四位下	『日本後紀』	少納言・阿波守・右大舎人頭・備後守・（内匠頭）・丹波守
		同一八・正・二九	従四位上		
18	大庭王	同二三・二・一八（任）	従四位下	『日本後紀』	侍従・左大舎人頭・讃岐守・中務大輔・（内匠頭）・上野守・大舎人頭・刑部卿
19	藤原朝臣道雄	同二五・五・二四（任）	従五位上	『公卿補任』	内舎人・大学大允・兵部少輔・武蔵介・阿波守・大学頭・河内守・散位頭・宮内大輔・刑部卿・上総守・（内匠頭）・但馬守・右中弁・美作守・大学頭・治部大輔・能登守・左中弁・典薬頭・紀伊守・兵部大輔・大舎人頭・右大弁・蔵人頭
20	平群朝臣真常	大同三・五・二一	従五位上	『日本後紀』	大内記・近江大掾・同権介・（内匠頭）・尾張守
21	直世王	弘仁元・正・二四（任）	従五位下	『公卿補任』	縫殿大允・右大舎人允・大舎人大允・内蔵助・（内匠頭）・相模守・中務大輔・蔵人頭・参議・左大弁・左京大夫・近江守・越前守・中納言・中務卿・弾正尹
		同元・九・一六		『日本後紀』	
22	石川朝臣河主	同二・七・二三（任）	正五位下	『日本後紀』	木工頭・造宮亮・播磨介・（内匠頭）・武蔵守
23	藤原朝臣是雄	同一〇年頃	従五位下	『伝述一心戒文』上	―

〈1〉在任時期の欄には、内匠頭を兼ねていたと確認できる記事のみ掲げた。

〈2〉参考史料は六国史・『公卿補任』・『日本古代人名辞典』（吉川弘文館）などである。

〈3〉奈良国立文化財研究所『西隆寺発掘調査報告書』（一九九三年）。

〈4〉誤記か。

駆使丁二〇人が置かれていた。その他にも使部や下級技術者の定員が定められていたことが仁藤氏により明らかにされている[8]。四等官に注目すると、三等官が三人、四等官が三人置かれるなど、他の寮よりも多く設置されており、寮のなかではトップクラスの規模を誇る官司として設定されている[9]。

まず内匠寮官人の官歴の特徴をみていきたい。表2・3は大同期頃までの内匠頭・内匠助に任命された官人をまとめたものである。

内匠頭に任命されたと確認できる人物は、弘仁一〇年（八一九）頃に任官されていた藤原朝臣是雄まで数えると二三名である。中西氏が指摘しているように諸王からの任官が多く、初見の佐為王から天平宝字六年（七六二）の高麗朝臣福信に至る頭の位はほぼ四位となっており、他の寮に比べて高く設定されている。頭の官歴にみられる特徴の一つは、勅旨省・中宮職・春宮坊・紫微中台・法王宮職・蔵人頭など、天皇をはじめ天皇の近親者たちの家政機関の官職を歴任した人物が多いことである。内匠寮は「内」とつくように、内廷の調度製作を職掌の中心としていた。延喜内匠寮式には天皇の他、親王、伊勢・賀茂斎王らの調度を製作することが定められており、時代は下るが、『西宮記』巻一一皇后養産には、皇后の出産のために「御湯具」を内匠寮が作ったことがみえる。内匠寮がこれらの天皇の近親者たちの調度を製作したため、便宜的に内匠頭とそれらの家政機関の職員とを歴任する人物が多くなったのだろう。

次に注目されるのは武官に任命された者が多くみられることである。内匠頭二三名のうち、半数以上の一四名が武官を歴任したことが確認できる。内匠寮の軍事的な性格については、長山泰孝氏による指摘がある[10]。

左近衛府言、補㆓近衛㆒事、春宮坊・皇后宮・中宮舎人、内匠・木工・雅楽寮考人等、並是内考、至㆑有㆓才能㆒、府自試補、而今兵部省勘送云、大同元年格偁、蔭子孫、式部・兵部散位、位子、留省、勲位等之類、聴二本府試補一、外考白丁者、勅使覆試、然後補レ之、件人等非二格所レ指、須下准二外考白丁一、勅使覆試上者、其三宮舎人幷雑勘籍人、已預二内考一、何准二白丁一、又格挙二大例一、不レ労二細色一、而兵部省偏執二格文一、還乖二旧貫一、太政官処分、便二弓馬一者因二循旧例一、本府試二補之一、

（『続日本後紀』承和六年（八三九）八月庚戌朔条）

右の史料により、春宮坊以下の官司の舎人や考人のうち、弓馬に長けている者がいれば、試験を経て近衛府に採用するという慣例があったことがわかる。長山氏はこれらの官司に内匠寮や木工寮が含まれていることに注目

表3　内匠助

	氏名	在任時期〈1〉	位	出典	主な官歴〈2〉
1	陽胡毗登玲璆	天平宝字七・正・九（任）	従五位下	『続日本紀』	（内匠助）・尾張介・尾張守・豊後介
2	石上朝臣真足	神護景雲元・三・二〇（任）	従五位下	『続日本紀』	（内匠助）・大監物・遠江介
3	粟田朝臣公足	同元・三・二〇（任）	従五位下	『続日本紀』	（内匠員外助）・美濃員外介・造西大寺員外次官
4	賀茂朝臣大川	同元・七・一〇（任）	従五位下	『続日本紀』	大監物・（内匠助）・長門守・木工助・弾正弼・内蔵助・神祇大副・大蔵少輔・伊賀守
5	松井連浄山	同元・八・二九（任） 宝亀七・三・五	外従五位下	『続日本紀』	（内匠助）・下総大掾
6	日下部直安提麻呂	同三・一一・一（任）	外従五位下	『続日本紀』	但馬史生・（内匠員外助）
7	坂上大宿禰田村麻呂	延暦六・三・二二（任） 同六・九・一七 同七・六・二六 同九・三・九	従五位下	『続日本紀』	近衛将監・（内匠助）・近衛少将・越後介・越後守・征夷副使・陸奥出羽按察使・陸奥守・鎮守将軍・征夷大将軍・近衛権中将・造西寺長官・参議・中納言・中衛大将・右近衛大将・侍従・兵部卿他
8	大中臣朝臣魚取	同二三・二・一八（任）	従五位下	『日本後紀』	（内匠助）・大和介・民部少輔
9	安倍朝臣益成	大同三・六・二五	従五位下	『日本後紀』	（内匠助）・常陸介・雅楽頭
10	文屋真人末嗣	弘仁四・正・二五（任）	従五位下	『日本後紀』	―

〈1〉在任時期の欄には、内匠助を兼ねていたと確認できる記事のみ掲げた。
〈2〉参考史料は六国史・『日本古代人名辞典』（吉川弘文館）などである。

し、両寮は当時軍事的性格をもっていたと述べた。そして多くの労働力をもつ木工寮は、元来潜在的な軍事力をもっていた官司であったとしている。『類聚三代格』巻四加減諸司官員幷廃置事大同三年（八〇八）一〇月二一日太政官符によれば、内匠寮には長上工二〇人、番上工一〇〇人という多数の労働者が所属していたことから、木工寮と同様に軍事的な性格をもっていたとしてよいだろう。なお、木工頭には延暦以降から武官の官人が任命されるようになるのに対し、内匠頭には設置当初から武官を歴任した者が任命されている。

内匠助については、初見の陽胡毗登玲璆から弘仁四年（八一三）に任官された文屋真人末嗣まで一〇名が確認される。従五位下または外五位下の者が任命されている。官歴は、頭ほど顕著ではないが、賀茂朝臣大川が弾正弼、坂上大宿禰田村麻呂が征夷大将軍・中衛大将・右近衛大将・兵部卿などの武官を歴任したことがみえる。

また頭・助を合わせた官歴をみると、造宮省・木工寮・造西大寺司などの工官に任ぜられた者や、大蔵省・内蔵寮の官人や大監物など、出納や主計に関する官職に補任された例も多くみられる。

内匠允に関する史料は少ないが、弘仁元年（八一〇）に允に任ぜられた興世朝臣書主は左兵衛権大尉・左衛門大尉・右近衛将監といった武官や木工頭を歴任している。内匠属については、八世紀初めまでは桉作村主益人のみしか確認できないため、官歴の傾向は不明である(11)。

以上のように、内匠寮の上級官人には、天皇や天皇の近親者の家政機関の官人、武官、工官、出納・主計に関する官を歴任した者が多くみられた。天皇や天皇の近親者の家政機関の官人、工官、出納・主計に関する官を歴任する者が多いのは、内匠寮が内廷の調度製作官司であったことを、武官を歴任する者が多いのは、内匠寮が潜在的な軍事的性格も有していたことを示すと考えられる。

次に内匠頭の位階について考察したい。内匠寮が官制を準じた木工頭の相当位は従五位上であり、内匠寮も本来ならそれに準じるべきである。しかし、中西氏が指摘しているように、実際は、設置当初の内匠頭に任命された官人の位はほぼ四位と高く設定されており、神護景雲年間の藤原朝臣雄田麻呂の任命以降、五位の者が多く任命されるようになる（表2）。

例えば、天平六・七年（七三四・七三五）頃に内匠頭であった佐為王は、頭に任官された時期は不明だが、内匠寮が設置される前年の神亀四年（七二七）正月には従四位下に叙されており、内匠頭任命時にはすでに四位であった。[12]また天平宝字六年に内匠頭であった高麗朝臣福信は、和気王が内匠頭であった天平宝字三年（七五九）以降に任官されたと推測できるが、すでに天平勝宝元年（七四九）七月には従四位下に叙されているため、四位での内匠頭の任命である。[13]同時期の木工頭にも四位の者が任命された例はいくらかみられるが、内匠寮ほど徹底してはいないようである。[14]

ところが、神護景雲元年（七六七）に内匠頭であった藤原雄田麻呂は、天平宝字三年六月に正六位から従五位下になり、天平神護二年（七六六）九月には正五位下とみえるように、五位での内匠頭任命であった。従四位下に叙せられたのは神護景雲二年（七六八）一〇月である。[15]以後、内匠頭は令制の寮長官と同様にほぼ五位官人が任命されており、設置当初との差異は明らかである。

中西氏は、このような位階の変化が官司の官制上の地位とどのくらい関連するのかは問題があるとするものの、『続日本紀』の任官記事における官司序列の検討からも、天平宝字六年の前後で、内匠寮の官制上の地位に変動があったことがうかがえると述べた。中務省被管諸寮司中の序列では、天平宝字三年以前は、内匠寮は第三位であったのに対し、天平宝字七年（七六三）以降は、最下位になったという。[16]『延喜式』の官司の記載序列でも、内匠寮式は中務省の諸官司の式のなかで一番最後に記載されており、その後も中務省内の内匠寮の地位は低いままであったのだろう。中西氏が指摘されたように、内匠寮は、設置当初、他の官司に比べて官制上の地位は高く設定されていたが、天平宝字年間以降、その地位が下がり、令制にほぼ準じた地位にもどされたと推測される。

以上、内匠寮官人の官歴・位階の傾向について考察した。このような特徴はどのような要因によるのだろうか。次にその理由について検討し、内匠寮の変遷について考えたい。

二　内匠寮の変遷

神亀五年に内匠寮が設置されたのはどのような理由からだろうか。それについては、内匠寮設置の前年に聖武天皇と光明子との間に皇子が誕生したこととの関連が推測される[17]。この皇子は生後すぐに皇太子に立てられたことなどからもわかるように、聖武天皇・光明子にとって待望の皇子であった[18]。同四年一〇月五日には皇子誕生を祝い、恩赦が行われ、百官人に物が賜与された。六日には、王臣以下、女孺に至るまで禄が与えられたが、そのなかには「雑工舎人」も含まれている。「雑工舎人」とはどのような人々を指すのか不明であるが、皇子誕生にさいして必要とされた調度を製作した人々を指すのかもしれない。一一月二日には太政官と八省から祝いとして、皇子に「玩好物」（おもちゃ）が献上されている（以上『続日本紀』）。これらの様々な祝いの行事からもうかがえるように、皇子誕生にさいしては様々な調度品が必要とされたと考えられる。先に述べたように、内匠寮は天皇だけでなく、親王や中宮など、天皇の周辺の人物の家政機関の官人を経る者が多く、それらの人々のための調度を製作していた官司であった。皇子誕生を機に、内廷の調度品を専門に調達する官司が必要と考えられるようになったのではないだろうか。

内匠寮の設置以前は、木工寮が内廷の調度品を製作していたと考えられている。長山氏によると、儀式の整備に伴って次第に需要に間に合わなくなったため、別個に調度製作を専門とする官司が必要とされるようになり、木工寮から調度製作部門が分かれて内匠寮が新たに設置されたという。[19]神亀五年以前から内廷の調度製作を専門的に行う官司の必要性は問われていたかもしれないが、聖武天皇待望の皇子の誕生がその設置の一つの契機となったのではないだろうか。

また内匠寮設置と同時に、天皇の周囲を警護する中衛府が設置されている。[20]中衛府の設置については、長屋王の変において中衛府官人が長屋王邸を取り囲んだことなどから、変との関連を示唆する指摘がある。[21]寺崎保広氏によると、長屋王を追い詰めたのは、中衛大将の房前をはじめとする藤原四兄弟であり、聖武天皇の了解のもとに六衛府の軍が動員されたと考えられるという。[22]先述したように内匠寮も潜在的に軍事的性格をもっていたとも考えられるため、もしかすると中衛府の軍事力を補強する役割も期待されたのかもしれない。しかし、この役割はあくまでも二次的なものに過ぎないだろう。[23]

以上のように、先行研究で指摘されている通り、内匠寮は、調度調達という面で天皇周辺の環境を強化するために設置されたと考えられるが、そのきっかけの一つに聖武天皇の皇子誕生があったと推測される。

なぜ内匠寮が設置当初、官制上比較的高い地位を与えられたのかについては、不明な点が多い。同日に設置された中衛府の四等官も他の五衛府に比べて非常に高位であったが、笹山晴生氏の分析によると、それは中衛府が五衛府の上に位し、より重要な任務をもっていたことに由来するという。[24]中西氏は内匠頭に四位という高位の官人が任命されたことについて、内匠寮は他の官司との共同作業が必要である場合、文書によって他の官司に指示を与えるなど、調度製作において中心的な役割を果たすために設置されたからであると述べている。先進的な文書による他官司への指示という点については、仁藤氏の批判もあり、再検討する必要があると思われる。しかし、内匠寮が設置当初、他官司と共同で調度製作を行う場合は、その中心となって機能することを期待されたために他官司よりも頭の位を高く設定したという見解自体は妥当であると思われる。

こうして設置された内匠寮に大きな変化がみられるのは天平宝字年間である。天平宝字年間後半頃に内匠寮の官制上の地位が下がる。中西氏はこの変化について、内匠寮と職掌が重なる勅旨省の設置により、内匠寮の職掌が奪われて機能が縮小したためとした。この点については後述することにし、先に天平宝字年間前後の政治状況と内匠寮との関連について検討したい。

仲麻呂政権下の天平勝宝年間以降に任命された内匠頭をみてみると、和気王や高麗朝臣福信など、当時仲麻呂との関係が深かったと考えられる人物が確認される（表2）。

和気王は天平宝字三年七月三日に従四位下で内匠頭に任命され、同五年一〇月二二日には節部卿となっている。[25]『続日本紀』天平神護元年（七六五）八月庚申条によると、天平宝字元年（七五七）に起こった橘奈良麻呂の変では仲麻呂の忠臣として従っていたが、同八年（七六四）に起こった仲麻呂の乱においては仲麻呂の謀反を通報し、それによって官位を上げられたことが知られる。しかし、内匠頭に任命された同三年の段階では、仲麻呂とは親しかったと思われる。

高麗朝臣福信は天平勝宝元年八月に従四位下で中衛少将と紫微少弼を兼ね、天平宝字六年一二月に正四位下内匠頭とみえる。[26]中衛府の官人を兼ねていることからも仲麻呂とは近しい間柄であったと推測されるが、[27]仲麻呂の乱後もその影響を受けることなく、天平神護元年には従三位に叙せられ、神護景雲元年には法王宮大夫に任ぜられている。[28]乱の直前には仲麻呂との関係は薄くなっていたのだろう。仲麻呂とは関係が深かった造東大寺司が、仲麻呂の乱の間際には孝謙上皇側についていたことを考慮すれば、福信同様に内匠寮も乱直前には、仲麻呂の支配下から離れていたのかもしれない[29]。

その後、内匠頭に任命されたことが確認されるのは、藤原朝臣雄田麻呂である。雄田麻呂は、仲麻呂の乱の後の神護景雲元年二月に正五位下で内匠頭に任命されたことが確認される。雄田麻呂は仲麻呂政権下では不遇であったが、仲麻呂の乱後は、内匠頭の他にも左中弁・侍従・武蔵介・右兵衛督など多くの官職を兼任したことが知られる。木本好信氏はこのように、乱後、雄田麻呂が多くの官職を兼任するようになったのは、「百川が有能であったとともに、仲麻呂の乱以降の混乱をうけて官人が不足していた」ことが考えられると指摘している[30]。

仲麻呂の乱の後に、内匠頭に正五位下の藤原雄田麻呂が任命されたのもこのような理由からと思われる。つまり「仲麻呂の乱以降の混乱」によって、四位の諸王という従来の内匠頭の資格に当てはまる適任者がいなかったために、五位の雄田麻呂が任命されることになったと考えられる。乱後の皇親について考察された倉本一宏氏によると、乱によって新田部親王系の二世王が壊滅し、また舎人親王系皇親もほとんどが道鏡政権のもとに処断されたという[31]。

以上のように、内匠頭の位階が下がったのはこのような当時の政治状況によっていたと考えられる。しかし、雄田麻呂以降も、内匠頭にはほぼ五位が任官されている。仲麻呂の乱後暫くは、適任の四位の皇親がいなかったとしても、雄田麻呂以降、引き続き四位の官人ではなく五位官人が任命されたのはどのような理由からだろうか。

三　内匠寮と他の調度調達官司

1　内匠寮と勅旨省との関係

中西氏は内匠寮の官制上の地位が天平宝字年間に下がったのは、他の工房官司に指示を与えて調度の製作を行うという内匠寮と類似した職掌を有した勅旨省が天平宝字六年に設置されたことにより、内匠寮の機能が半減したことが要因であるとした。この点について再検討を行いたい。まず内匠寮と勅旨省の調度製作について具体的に考察したい。

勅旨省の調度製作機能はどのようなものであったのだろうか。勅旨省が調度製作を行っていたと推測される根拠となる史料は勅旨省が解体された時の詔である。

是日、詔曰、朕君二臨区宇一、撫二育生民一、公私彫弊、情実憂之、方欲下屏二此興作一、務二茲稼穡一、政遵二倹約一、財盈中倉稟上、今者、宮室堪レ居、服翫足レ用、仏廟云畢、銭価既賎、宜下且罷二造宮・勅旨二省、法花・鋳銭両司一、以充二府庫之宝一、以崇中簡易之化上、但造宮・勅旨雑色匠手、随二其才幹一、隷二於木工・内蔵等寮一、余者各配二本司一、

（『続日本紀』延暦元年（七八二）四月癸亥条）

これによると、勅旨省は「服翫」、つまり「必要の器具」や「玩好物」の調達を行っていたこと[32]、解体にあたり所属していた雑色匠手を内蔵寮へ分配したことがわかる。雑色匠手の分配先が内匠寮ではなく内蔵寮であるこ

とが注目される。雑色匠手は、「才幹」に従って二寮に配属させるとあるから、勅旨省に所属していた匠手の職掌は内蔵寮の匠手のものと類似していたと推測される[33]。角田文衛氏らによって勅旨省と内蔵寮とは密接な関係にあったことが指摘されていることも考えれば、勅旨省は内匠寮よりも内蔵寮との関係が強く、調度製作という面においても関係が強かったと考えられる[34]。

では内蔵寮の調度製作機能とはどのようなものだったのか。内蔵寮の役割は天皇などの必要な物品の調達・収納である。物品は、大蔵省からの分受、外蕃ないし国内での貢納、市易、直属の官工房での製作などにより調達していた[35]。職員令内蔵寮条によると、金・銀・珠・玉の宝器、染色した絹、諸蕃の貢献する奇瑋の物、御服、靴など、高価な宝物や服飾類を扱っていたことがわかる。このうち、内蔵寮の工房で製作して調達していた物の種類は所属していた雑工の種類からある程度推測できる。職員令によると、内蔵寮には、靴履鞍具を縫作る「典履」、「雑縫作事」を掌る「百済手部」が所属していた。また延暦一五年（七九六）八月二日太政官符によれば、内匠寮の雑匠のうちの「織手」が割属されている[36]。内蔵寮には令にみえるように元々「雑縫作事」を掌る「百済手部」が所属していたから、織物を作り、それらの布を縫い合わせる雑工が揃えられたことになる。大同元年（八〇六）一〇月一一日の太政官符によると、大蔵省の「典履」・「百済手部」と「典革」、「狛部」などを吸収し、履の製作や革の染作をする雑工も内蔵寮へ移され、まとめられたことがわかる[37]。そして大同三年以前には「造油絁長上」・「造御履長上」・「造御櫛長上」が所属していたことが確認される[38]。また延喜内蔵寮式雑作手条・染手条には、「造御櫛手」・「夾纈手」・「﨟纈手」・「暈繝手」・「造油絁手」・「織席手」・「焼灰」・「焼炭」・「作埴器」・「作陶器」・「作木器」・「採黄櫨」・「染手」などがみられ、内蔵寮では、染色の他、焼き物や木製の器、櫛や履などの身につける物の製作を行っていたことがうかがえる。延暦元年に勅旨省から雑工が移された当時の内蔵寮の正確な職掌は確定し難いが、後の史料にみられる雑工をみる限り、内蔵寮は服飾品や器などの製作を中心に行っていたと考えられる。(39)

次に内匠寮の調度製作についてみてみよう。『延喜式』によると、御飯筥・酒壷・杓などの銀器、御鏡・印（銅製）などの金属製品、膳櫃・手湯戸・台盤などの漆加工品、柳箱・屛風骨などの木製品、革箱・御腰帯などの革製品の製作を行っていたことがうかがえる。また所属の雑工には、天平年間の「内匠寮解」によると「画師」・「細工」・「金銀銅鉄手」・「木石土瓦歯角匠手」・「織錦綾羅手」が、(40)大同四年八月二八日太政官符によると「金銀工」・「玉石帯工」・「鋳工」・「造丹」・「屛風」・「銅鉄」・「漆塗」・「木工」・「轆轤」・「埝」・「革筥工」・「黒葛筥」・「柳箱工」などが、延喜内匠寮式には、「作骨工」・「木工」・「石工」・「銀工」・「銅工」・「鉄工」・「轆轤工」・「釘工」・「鍛冶工」・「火工」・「錯磨工」・「鋳工」・「細工工」・「白鑞工」・「臈工」・「画工」・「張工」・「漆工」・「革筥工」・「革工」・「縫笠工」などがいたことが確認される。(41)このうち、延暦一五年八月二日に内匠寮から「織錦綾羅等手」が内蔵寮に割属され（『類聚三代格』）、大同三年一月二〇日には、画工司・漆部司が内匠寮に併合されているため（同）、勅旨省が廃止された延暦元年段階の内匠寮には、少なくとも「織錦綾羅等手」が所属し、「画師」・「張工」・「漆工」などは所属していなかったと推測される。

以上のようにみてみると、内匠寮と内蔵寮の調度製作の内容は重なる部分はほとんど確認できない。勅旨省が内蔵寮の有する機能しかもっていなかったとすれば、勅旨省の成立によって内匠寮の職掌が奪われたとは考えにくい。

また内蔵寮が製作する物は、履や櫛器など、他官司との共同作業をあまり必要とせず、寮内の作業で完結したと思われるものが多く、勅旨省も内匠寮のように頻繁に他官司と協力しあって調度製作を行ったとは考えにくい。たとえ勅旨省が他官司との共同作業をする場合があったとしても、内匠寮が他官司と共同で製作するような、例えば几帳・屏風などの調度の製作において勅旨省が中心的な役割を果たしていたとは考えられない。やはり、勅旨省の設置が内匠寮の機能へ与える影響はそれほどなかったと推測される。

また、勅旨省の初見は『続日本紀』天平宝字八年一〇月癸未条であり、通説では同六年頃に設置されたといわれている。しかし、近年、勅旨省の前身官司であると考えられる勅旨所は、天平勝宝八歳（七五六）以前に設置され、聖武太上天皇の私領の管理を行っていたことが指摘された。(42) 勅旨所（省）がいつから調度製作に関わっていたのかは不明だが、勅旨によって、太上天皇・皇太后などが個人的に必要な物品を調達したことは、天平勝宝年間に頻繁に確認される。(43) また天平宝字四年（七六〇）以前に作成されたと考えられる、正倉院中倉二〇二雑札第一号には法華寺金堂鎮壇具の下充てに関する記録があり、勅旨所が物品調達に関与していたことがうかがえる。(44) つまり、勅旨所は天平宝字六年以前から存在し、内廷の調度調達に関わっていたのである。勅旨省により内匠寮の職掌が奪われたとするなら、その時期は天平宝字六年よりも早くなるだろう。

以上のことから、勅旨省の設置の影響で、内匠寮の機能が縮小したとは考えにくい。

2　内匠寮と造東大寺司との関係

内匠寮の調度製作機能に影響を与えた官司があるとすれば、勅旨省よりも天平二〇年（七四八）前後に成立した造東大寺司が注目される。(45) 造東大寺司は、東大寺の造営にあたっただけでなく、それ以外の律令国家の大規模造営事業にも関与したと考えられている。(46) このような大規模造営官司の設置・機能強化が内匠寮の機能に少なからず影響を与えたと思われる。

内匠寮と造東大寺司の関係を具体的に示す史料は少ないが、両機関の関係はある程度推測することができる。

その一つは仁藤氏もすでに紹介している、天平勝宝二年（七五〇）五月二五日「造東大寺司移」である。これによると、造東大寺司の移によって内匠寮の「銅鉄工四人」が造東大寺司に出向していたことがわかる。(47)内匠寮の工人が造東大寺司へ出入りするということは日常的にみられたのではないだろうか。工人が他司へ出向することが多くなれば、内匠寮内の調度製作作業に不都合が生じることもあっただろう。また「東大寺鋳鏡用度注文」によると、天平宝字六年に孝謙上皇の御鏡の製作を造東大寺司が請け負ったことがわかる。(48)鏡の製作は延喜内匠寮式によると、一〇世紀には内匠寮の職掌であったことが知られるが、内匠寮が鏡を作るようになったのはいつ頃からなのだろうか。鏡の鋳造を掌ったと思われる典鋳司を内匠寮が併合したのは宝亀五年（七七四）である。(49)しかし、仁藤氏によれば、典鋳司は令制定時からほとんど機能しておらず、神亀五年の内匠寮設置以降は、内匠寮が鋳造を担当していたという。(50)鏡の鋳造も同様だろう。平城京二条大路南濠状遺構ＳＤ五一〇〇からは次のような記載がある木簡が出土している。

・□料　日数十一　油三勺　充西坊□□料┐油五合　夜縫料　油五勺□内匠寮鏡磨料

・「一升間用二升八合例」

(427)・20・3　019　UO28

これは、ある機関で使用された油の料について記載したものである。そのなかに内匠寮が鏡を磨くさいに必要とした油の料についての記述もみえる。この遺構は、二条大路の南側、左京三条二坊の北側にある溝で、皇后宮に関する木簡が多く出土していることから、この木簡も皇后宮に関係した機関で使用されたものと思われる。同時に出土した木簡の年紀は神亀二年（七二五）から天平一一年（七三九）までで、なかでも天平七・八年のものが多いという。(51)この木簡もこの頃に使用されたものだろう。つまり、この木簡により、八世紀前半に内匠寮が鏡を製作していたことが判明するのである。しかし、このように内匠寮が製作できる物さえ、造東大寺司に製作させようとしたのである。おそらく鏡以外にもこのような例はあっただろう。

内匠寮の朝廷の調度製作という職掌のすべてが造東大寺司に移行したとはいえないが、大規模な造営官司である造東大寺司が内匠寮の機能に影響を与えた可能性はある。山下有美氏によれば、造東大寺司は天平宝字二年（七五八）に別当制がしかれるなどの整備が行われ、機能が拡充されたという。[52]このような天平宝字年間の造東大寺司の機能拡大の影響も受け、徐々に内匠寮の職掌は造東大寺司へと奪われていったのではないだろうか。同八年の仲麻呂の乱後の混乱が収まった後も、設置当初のように内匠頭に四位の官人が任命されていないのは、このような内匠寮の機能の縮小も関係したのかもしれない。

延暦八年（七八九）に造東大寺司が解体された後、暫くして大同の官制改革により内匠寮は画工司・漆部司など他官司を併合し、また雑工の定員を整理するなど、機構的に充実した（表1）。[53]これは、造東大寺司の廃止により、内廷の調度製作の中心官司として内匠寮が見直され、内廷の調度製作機能を内匠寮へと集約させたことを示すのではないだろうか。

おわりに

以上の考察の結果を以下の四点にまとめた。

一、内匠寮の上級官人には、天皇やその近親者たちの家政機関の官人、武官、工官、出納・主計に関する官を歴任する者が多くみられ、これは内匠寮が内廷の調度製作官司であったことや潜在的な軍事的性格を有していたことを示している。

二、内匠寮は、聖武天皇の皇子の誕生などを機に、天皇周辺の調度調達機能を充実するために神亀五年に設置された。当初、内匠頭に四位の諸王が任命されたのは、調度製作官司のなかでも内匠寮が中心的な役割を果たすことを期待されていたことによると考えられる。天平宝字年間以降に頭の位が五位に下げられたのは、仲麻呂の乱後の混乱の影響により、頭に任命されるような四位の諸王の適任者が不在であったからである。

三、勅旨省の調度製作機能は内匠寮より内蔵寮と類似しており、内匠寮と重なる部分はほとんど確認できない。また、勅旨省は他官司との共同作業をあまり必要としなかったと思われ、他官司を指示して調度を製作するという内匠寮の職掌を奪ったとは考えられない。これらのことから、勅旨省の成立が内匠寮の職掌に影響を与えた可能性は低い。

四、大規模な官営工房である造東大寺司の設置の影響により、内匠寮の機能は少なからず縮小したと考えられる。仲麻呂の乱以降も内匠頭の位が五位のままであったのは、このためと考えられる。造東大寺司が延暦八年に解体されると、内匠寮は朝廷の調度製作機構として見直され、大同の官制改革により、他の調度製作官司を併合し、雑工の定員を整理するなどして機構が整えられた。

以上、先行研究に依拠しつつ、内匠寮の変遷について再検討を行った。内匠寮は設置当初、期待された役割の大きさにより、官制上の地位は高く設定されていたものの、仁藤氏が指摘されたように機構面では大同期以降に比べると未熟であったと推測される。そのため、造東大寺司という大規模造営官司が設置されると調度調達機能を吸収され、内廷の調度調達官司としての役割が軽減したのだろう。内匠寮の機能は、設置当初より、造東大寺司廃止後、内廷の調度製作機能を集約するために機構が整備された大同期に最も充実したと考えられる。

本章では、大同期までの内匠寮の考察にとどまり、それ以降、内匠寮がどのように変遷したのかについては言及できなかった。大同期を評価するためには、後の時代の検討も不可欠である。九世紀半ば以降については、次章で検討を行いたい。

注

（1）『類聚三代格』巻四加減諸司官員幷廃置事、神亀五年七月二一日勅。
（2）今江広道「「令外官」の一考察」（坂本太郎博士古希記念会編『続日本古代史論集』下、吉川弘文館、一九七二年）。
（3）『大日本古文書』二―四五八。
（4）中西康裕「内匠寮考」（『ヒストリア』九八、一九八三年）。
（5）仁藤敦史「内匠寮の成立とその性格」（『古代王権と官僚制』臨川書店、二〇〇〇年、初出は一九八五年、a論文とする）。
（6）『類聚三代格』・『職員令集解』と『続日本紀』の日付けの違いについては、笹山晴生「中衛府の研究―その政治史的意義に関する考察―」（『日本古代衛府制度の研究』東京大学出版会、一九八五年、初出は一九五七年）、中西氏・仁藤氏前掲a論文などを参照。
（7）関晃監修・熊田亮介校注・解説『狩野文庫本類聚三代格』（吉川弘文館、一九八九年）によった。
（8）仁藤氏前掲a論文参照。
（9）中西氏前掲論文参照。このような構成は「一同二木工寮一」とあるように大寮である木工寮にほぼ準じたものであったが、木工寮よりも少属が一員多く定められている。木工寮については、長山泰孝「木工寮の性格と造営事業」（『律令負担体系の研究』塙書房、一九七六年、初出は一九七六年）を参照した。
（10）長山氏前掲論文参照。
（11）『日本文徳天皇実録』嘉祥三年（八五〇）一一月己卯条。『万葉集』巻六―一〇〇四番歌。
（12）『万葉集』巻六―一〇〇四番歌、『続日本紀』神亀四年正月庚子条。

(13)『続日本紀』天平勝宝元年七月甲午条。
(14)初期に任命されたことがわかる木工頭のうち、智努王・御方王・林王の三人のみ従四位下での任官であり、それ以外はすべて五位での任官である。中西氏前掲論文注(34)参照。
(15)『続日本紀』天平宝字三年六月庚戌条、同天平神護二年九月丙子条、同神護景雲二年一〇月戊申条。
(16)中西氏前掲論文注(35)参照。
(17)『続日本紀』神亀四年閏九月丁卯条。
(18)『続日本紀』神亀四年一一月己亥条。渡辺晃宏『平城京と木簡の世紀』(『日本の歴史』四、講談社、二〇〇一年)参照。
(19)長山氏前掲論文参照。
(20)『類聚三代格』巻四加減諸司官員幷廃置事、神亀五年七月廿一日勅など。
(21)笹山氏前掲論文参照。笹山氏によると、中衛府の設置は「藤原氏がその政権獲得の前提として、朝廷内部の兵権掌握を目的として行ったもの」であるという。
(22)寺崎保広『長屋王』(吉川弘文館、一九九九年)。
(23)中衛府は藤原氏の長官が設置されるなど、藤原氏との関係が強くみられるのに対し、内匠寮には設置後暫くは主に諸王が長官に任命されており、藤原氏との関係はあまりみられない。内匠寮設置の第一の目的は、調度製作という面で内廷を充実させることであり、軍事力を有するという性格はあくまでも潜在的なものとみなされていたと思われる。
(24)笹山氏前掲論文。
(25)『続日本紀』。
(26)『続日本紀』天平勝宝元年八月辛未条・同延暦八年(七八九)一〇月乙酉条。『大日本古文書』四―一九二など。
(27)笹山氏前掲論文。
(28)『続日本紀』天平神護元年正月己亥条・同神護景雲元年三月己巳条。
(29)岸俊男「東大寺をめぐる政治的情勢―藤原仲麻呂と造東大寺司を中心に―」(『日本古代政治史研究』塙書房、一九六六年、初出は一九五六年)。

(30) 木本好信「藤原百川」（『藤原式家官人の考察』高科書店、一九九八年、初出は一九九五年）。中川収「称徳・道鏡政権下の藤原氏」（『奈良朝政治史の研究』髙科書店、一九九一年、初出は一九六五年）も参照した。

(31) 倉本一宏『奈良朝の政変劇　皇親たちの悲劇』（吉川弘文館、一九九八年）。

(32) 『大漢和辞典』巻五（大修館書店）。

(33) 「余者、各配二本司一」の「余」とは、岩波日本古典文学大系の注では、その他の雑色匠手と解説している。しかし、文脈においては、解体される造営省・勅旨省・造法華寺司・鋳銭司の二省・二司と対応した内容が順番通りに記載されていることから、「余」とは造法華寺司・鋳銭司の匠手のことを指している可能性もある。
　また、造宮・勅旨省の雑工を「木工・内蔵等寮」に分配するとあるが、木工寮と内蔵寮のみに分配するのか、木工寮・内蔵寮以外の寮へも分配するという意味なのか不明である。もし木工寮・内蔵寮以外の内匠寮などの諸司を指すとしても、「木工・内匠等寮」という記載にはなっていないので、やはり勅旨省の雑色匠手は主に内蔵寮へと分配されたと思われる。

(34) 角田文衞「勅旨省と勅旨所」（『角田文衞著作集三律令国家の展開』法蔵館、一九八五年、初出は一九六二年）。

(35) 内蔵寮に関しては、森田悌「平安初期内蔵寮の考察」（『金沢大学法文学部論集』史学篇一九、一九七一年）、渡辺菜穂子「勅旨交易について―平安前期の内廷財源に関する一考察―」（『延喜式研究』五、一九九一年）を参照した。

(36) 『類聚三代格』巻四加減所司官員并廃置事。

(37) 『類聚三代格』巻四加減所司官員并廃置事、大同元年一〇月一一日太政官符。

(38) 『類聚三代格』巻四加減所司官員并廃置事、大同三年一二月一五日太政官符。

(39) 『続日本紀』延暦元年四月癸亥条の、勅旨省から「服翫」を掌る「雑色匠手」が内蔵寮に遷置されたという記載について、米田雄介氏は、職員令内匠寮条の記載と比較して、「服翫」の「服」は令文の「年料供進御服」、「翫」は「金銀珠玉」などにあたるとされた（米田雄介「勅旨省と道鏡」（『古代学』一二―一、一九六五年））。しかし、「翫」には「金銀珠玉」の意味はみられない（『大漢和辞典』巻九）。また、内蔵寮には金銀珠玉を加工したと考えられる雑工は管見の限り所属したことは確認できない。令文にみえる「金銀珠玉」の調達とは内蔵寮内で加工したものではなく、主に交易などで調達することを指しているのだろう。勅旨省から内蔵寮に分配された雑工にも、「金銀珠玉」を加工した雑工は含まれていなかったと思われる。

(40)『大日本古文書』二―四五八。
(41) 中西氏前掲論文参照。
(42) 田島公「美濃国東大寺領大井荘の成立事情」(上)・(下)(『ぐんしょ』再刊六〇・六一、二〇〇三年)。
(43) 勅旨省の調度品の調達については角田・米田・田島・渡辺菜穂子氏前掲論文を参照。
(44) 杉本一樹「正倉院」(木簡学会編『日本古代木簡選』岩波書店、一九九〇年)。
(45) 造東大寺司については、竹内理三「造寺司の社会経済史的考察」(竹内理三著作集二『日本上代寺院経済史の研究』角川書店、一九九九年、初出は一九三三年)、山田英雄「奈良時代における上日と禄」(『日本古代史攷』岩波書店、一九八七年、初出は一九六二年)、井上薫『奈良朝仏教史の研究』(吉川弘文館、一九六六年)などを参照。造東大寺司の設置時期については諸説分かれる。造東大寺司の設置時期についての研究史は、山下有美「東大寺写経所」(『正倉院文書と写経所の研究』吉川弘文館、一九九九年)に詳しい。造東大寺司については若井敏明氏にご教示を賜った。深謝申し上げたい。
(46) 竹内氏前掲論文、福山敏男『寺院建築の研究』(中央公論美術出版、一九八二年)などを参照。
(47)『大日本古文書』三―四〇二。仁藤氏前掲a論文。仁藤氏は、中西氏の内匠寮が文書によって調度調達官司の間で中心的な役割を果たしたという説に対し、この史料をあげ、文書行政においては、造東大寺司の方が内匠寮よりも上位であった場合もあることを示し、「造寺造宮という事業に際してはそれを統括する上級官司がさらに置かれた」、「内廷における調度器物の調達に際しては内匠寮が中心的位置を占めていたかもしれないが、より大規模な造寺造宮においては内匠寮も技術者を派遣する一官司にすぎなかった」と述べている。
(48)『大日本古文書』五―二〇一など。孝謙の御鏡鋳造の勅を因八麻命婦中村が奉じ、造石山寺所から造東大寺司に伝達された。岡藤良敬「天平宝字六年、鋳鏡関係史料の検討」(『正倉院文書研究』五、一九九七年)を参照。
(49) 紅葉山文庫『令義解』官位令正六位条の典鋳正の注記から、典鋳司は宝亀五年に内匠寮に併合されたとわかる。
(50) 仁藤敦史「公印鋳造官司の変遷について　鍛冶司・典鋳司・内匠寮」(『国立歴史民俗博物館研究報告』七九、一九九九年、b論文とする)。
(51) 奈良国立文化財研究所『平城宮発掘調査出土木簡概報』三一(一九九五年)、渡辺晃宏氏前掲書第三章などを参照した。

（52）山下有美「造東大寺司の別当制と所」（同氏前掲書）。
（53）仁藤氏前掲a論文参照。大同の官制改革については橋本義則「掃部寮の成立」（奈良国立文化財研究所創立40周年記念論文集刊行会編『文化財論叢』Ⅱ、同朋舎出版、一九九五年）に詳しい。

〔補記〕旧稿の発表後、上原真人「寺院造営と生産」（鈴木博之他編『記念的建造物の成立』シリーズ都市・建築・歴史一、東京大学出版会、二〇〇六年）が発表され、内匠寮と飛鳥池遺跡の工房とは類似性がみられるという指摘がなされた。その後、十川陽一「内匠寮について」（『日本古代の国家と造営事業』吉川弘文館、二〇一三年、初出は二〇〇八年）が発表され、内匠寮の行った事業や労働力などについての具体的な検討を通して内匠寮の天皇家家産機構としての性格がいっそう明らかとなった。同氏はまた、内匠寮の成立についても触れ、総合工房として機能した飛鳥池工房の多様な事業内容のうち、天皇家中心の工房としての性格が内匠寮に、寺院付属工房としての性格が造東大寺司に、銭貨鋳造機能が鋳銭司にそれぞれ継承されたと論じている。これらの指摘を踏まえ、本文を一部改めた。内匠寮の成立については今後も考えていきたいと思う。

第五章　平安時代の内匠寮

はじめに

内匠寮は朝廷の調度製作官司として神亀五年（七二八）に設置された令外官である。[1] 先行研究では、主に成立の事情や大同の改革に至るまでの変遷について論じられ、内匠寮は儀礼の整備に伴い、朝廷で必要とされる調度を恒常的に供給するために設置され、大同の官制改革により機構的に再編強化がなされ、その機能が最も充実したとの見解が示されている。[2] しかし、大同期以降、内匠寮がどのような変遷をたどったのかについてはあまり明らかではない。大同の官制改革後、内匠寮には、九世紀半ばから後半にかけて、内裏出先機関であった作物所・画所が独立し、蔵人所のもとに再編制されるという大きな変化が起こっている。[3] この変化がどのようなものであったか、具体的に考察することは、従来から議論されてきた蔵人所を中心とした新しい体制の成立が、既存の律令官司にどのような影響を与えたかという問題を明らかにするための手掛かりの一つとなると思われる。本章では、大同の改革後、律令制が大きく変質した時期である九・一〇世紀を中心に、内匠寮がどのように変遷したのか検討したい。はじめに内匠寮の職掌について、次に内匠寮の官人についてそれぞれ特徴をみていきたい。

一　平安時代の内匠寮の職掌

1　『延喜式』にみえる職掌

①調度製作

『延喜式』には内匠寮の職掌について詳細な記載がある。『延喜式』にみえる内匠寮の製作調度については、先行研究においても言及されているので、ここでは簡単にまとめておきたい(4)。内匠寮の職掌は、内記局から請われる位記料の製作、木工寮が製作した大射などの的の塗画なども含まれるものの、供御物（調度品）、親王や伊勢・賀茂初斎院・野宮の装束など、天皇や天皇の近親者が日常や儀式において使用するための調度の製作を行うことが中心であった。製作調度を主となる材料別に分類すると、御飯笥・酒壷・杓・酒台・盞・水銃・盤などの銀製品や御鏡・印などの銅製品といった金属製品、柳箱・屏風や御帳の骨などの木製品、膳櫃・手湯戸・台盤などの漆加工品、革箱・御腰帯などの革製品というように様々な材料のものを製作していた。

②調度の設営

儀式時の調度の設営も内匠寮の重要な職掌の一つであった。例えば、延喜内匠寮式に、「凡毎年元正、前一日官人率二木工長上雑工等一、装二飾大極殿高御座一蓋作二八角一、角別上立二小鳳像一、下懸以二玉幡一、毎レ面懸二鏡三面一、当レ頂著二大鏡一面一、蓋上立二大鳳像一、物鳳像九隻、鏡廿五面、幔台一十二基、立二高御座東西各四間一又整二立南庭白銅大火爐二口一備レ台入二鉄火袋一、中階以南相去十丈、東西之間相去六丈、又建二鳥像、宝幢等一之処、

差二向工一人一、其蕃客朝参之時亦同、元日高御座飾物収二内蔵寮一、当時出用、幔台及火爐収レ寮」とあるように、元日の前一日に内匠寮官人が雑工らを率いて大極殿の高御座を装飾し、工一人を南庭に向かわせて白銅大火爐や宝幢などを立てた（表1—1）。正月斎会に長上が雑工を率いて図書寮から高座を運び出して大極殿に設置すること、五月五日節に武徳殿に斗帳や軟障台を設営することなども規定されており、内匠寮は大極殿や豊楽殿、武徳殿などで行われる様々な儀式にさいして調度の設営を行ったことが知られる（表1—2・4・10・11）。

このように『延喜式』にみえる内匠寮の職掌は、主に天皇やその近親者のための様々な調度の製作・設営を行うことであった。

表1　『延喜式』にみえる内匠寮の職掌

	儀式	職掌	出典
1	元日	高御座の装束	内蔵寮・内匠寮
		旗・幢の設営	兵庫寮・内匠寮
		白銅大火爐の設営	内匠寮
		軟障・御障子台の設営	掃部寮
2	正月斎会	高座の設営	図書寮・内匠寮
3	正月一七日大射	的の塗装	木工寮
4	五月五日節	斗帳・軟障台の設営	内匠寮
		騎射の的の塗装	内匠寮・木工寮
5	五月六日	毬子	内匠寮
6	進瓜刀	瓜刀	内匠寮
7	鎮魂祭	鵄尾琴四面	神祇斎宮
8	追儺	面の修理	大舎人寮
9	大寒	土牛童子像	陰陽寮・内匠寮
10	諸節	軟障台の設営	内匠寮
		蓋代を張る	内匠寮
		舞台障泥板	内匠寮
11	即位	旗・幢の設営	兵庫寮
12	伊勢・賀茂初斎院・野宮	装束	内匠寮
13	斎終行事	装束司雑工	神祇斎宮

2　その他の史料にみえる職掌

『延喜式』の記載は、必ずしも編纂・施行された一〇世紀半ばの実情に即したものではないことが指摘されている。(5) それは内匠寮の記載にも見受けられる。例えば同内匠寮式や同掃部寮式には、元日に豊楽殿で行われる節会のための設営を内匠寮が行うと規定されているが、豊楽殿での元日節会は弘仁年間に三例行われただけで天長元年（八二四）からは紫宸殿で行われており、この条文が九世紀初めの実情に即し、一〇世紀の実状とは合わないものであったことがわかる。[6] このように、『延喜式』の内匠寮の記載はどの時期の状況を反映したものか判断し難い。そこで『延喜式』以外の史料にみえる平安時代の内匠寮の職掌を考察した。表2は『西宮記』・『北山抄』・『江家次第』にみえる内匠寮の職掌を、表3は国史や貴族の日記などにみえる内匠寮の職掌の実例をまとめたものである。これらを参考に、主に一〇世紀以降の内匠寮の職掌をみていきたい。

①調度の製作

製作した調度の種類を検討したところ、『延喜式』とは異なる特徴が認められた。『延喜式』の記載に比べ、印や柳箱などの銅製品や木製品にかなり限定されるのである。

印の鋳造は『延喜式』にもみえる内匠寮の職掌であり、例えば同内匠寮式には「内印一面料、熟銅大一斤八両・白鑞大三両・臈大三両・調布二尺・炭三斗・和炭二斗、長功七人〔取㆓臈様㆒工二人、鋳二人、磨三人〕、中功八人小半、短功九人大半」とみえるように、銅製であった。[7] なお、『儀式』巻第二には大嘗祭に内匠寮が木製の悠紀主基両所の印を製作したことがみえるので、銅製以外に木製の印も製作したことがわかる。印の製作は、八世紀からの内匠寮の職掌の一つであった。[8]『西宮記』・『北山抄』にも内匠寮が印を製作する記載がみえる（表2―13・16）。実例では天徳二年（九五八）などに中宮の御印を、長保四年（一〇〇二）に藤原行成の家印を、寛弘八年（一〇一一）に大嘗会の木印を製作したことが知られる（表3―9・12・18・22・25）。

柳箱製作も『延喜式』にみえる職掌で、同内匠寮式には、「年料柳筥一百六十八合〔一尺六寸已下一尺已上〕料、柳一百三連〔山城国、進㆑之〕、織筥料生糸一十二斤、巾料調布一丈、浸柳料商布一段、長功三百卅六人、中功三百九十二人、短功四百

卌八人」とみえ、柳を生糸で編んで作った。柳箱は日常品を納めたり、儀式にも用いられた調度である[9]。儀式書では内宴や五月五日節会などの儀式において、実例では天禄三年（九七二）の御灌仏などで、内匠寮が柳箱を準備したことが確認できる（表2―5・7・18・20、表3―13・15）。

また内匠寮は親王・内親王の誕生後の御湯殿の儀の雑具も用意している（表2―19、表3―4・24・31）。延長元年（九二三）七月に誕生した寛明親王（朱雀天皇）の御湯殿の儀については、『西宮記』巻一一皇后養産に「内匠寮作二御湯具一」とみえ、寛弘五年（一〇〇八）九月に誕生した敦成親王（後一条天皇）の御湯殿の儀については『御産部類記』に「御湯殿雑具内匠寮作レ之」とみえる。『左経記』万寿三年（一〇二六）一二月一〇日条には、章子内親王の御湯殿の儀において内匠寮が供奉した雑具の詳細な記載がある。

宮庁召二内匠寮一（召二頭、兼懐一）、以二巳剋一令レ作二御槽具（御湯槽一口、御湯奉仕人料、加レ台、）、床子一脚、御迎湯床子一脚、置レ物御机一脚（有二白、絹面一）、雕床子二脚（脚別居二瓫各八口一、列総十六口）、洗胞衣槽一口（有二下床子一）（下略）

これによると、内匠寮は、御槽・床子・机などの木製品を奉仕していたことがわかる[10]。これらは、通常の調度ではなく白木や白い布で覆った儀式用のものであった[11]。

その他に、内匠寮が製作した物には、天皇元服の儀に用いられる白木の案・八足机や柳の箸・匕（『西宮記』巻一一裏書）（表2―15）、天皇崩御のさいの棺の製作（同巻一二天皇崩）（表2―17）、殿上で用いる文刺（『侍中群要』巻一〇[12]）など、木製品の記載がいくつかみられる。これらは柳の木を細く削って編んで作る柳箱や白木の案や机、また柳の箸・匕というように、どちらかといえばあまり製作に手間のかからない調度といえるだろう。

このように一〇世紀以降に内匠寮が製作した調度には銅製・木製の印や、柳箱などの木製品が目立つ。一方、それ以外の『延喜式』にみえていた多彩な調度品、特に銀製品の製作の記載が一〇世紀以降はほとんどみられな

表2　儀式書にみえる内匠寮の職掌

	儀式等	職掌	出典
1	朝拝	幢を立てる	北
2	元日宴会	南殿御障子の設営	江
3	正月七日節会装束	南殿の障子の設営	江
4	御斎会内論義	「立母屋北御障子」	江
5	内宴〈1〉	「立舞台」	西・北
		「召柳筥五合」	西
6	二孟旬儀	「立御障子」	江
7	供菖蒲	「盛球子廿九個柳筥、置机上」	西
8	内匠寮進瓜刀廿柄	「進瓜刀廿柄」	西
9	九月一一日奉幣	「立布蔀」	西
10	新嘗祭	南殿御障子の設営	江
11	御仏名	「放御障子、油坏具」	西
12	試五節	「燈台油抄」	西
13	八省行幸	内侍司印を作る	西〈2〉
14	即位	幢・旗を立てる	北
15	御元服儀	「作設御調度」	北〈3〉
		机・匕を作る	西
16	大嘗祭	黄楊木印を作る	北
17	天皇崩	「構承塵骨」	西
		棺を作る	西
18	固関	柳箱を進める	北・江
19	皇后養産	「作御湯具」	西
20	皇太子元服	「張承塵」	西・北〈4〉
		柳箱一合を進める	北〈5〉
		「立殿母屋北辺障子等」	江
21	斎宮入野宮	入野宮「内匠主典（中略）為装束司」	西
22	修理鎰櫃事	「修造御鎰韓櫃等鎖破損」	北
23	叙位	赤木・黄楊・厚朴等の軸	西・江
24	帯	「為御帯飾」	西〈6〉
25	袍	帳・大床子・屏風等の設営	西〈7〉

＊西…『西宮記』、北…『北山抄』、江…『江家次第』
〈1〉「所承和例」の引用、〈2〉『村上天皇御記』の引用、〈3〉「清涼抄」の引用、
〈4〉『北山抄』は「私記云」、〈5〉「応和記」の引用、〈6〉「内匠式」の引用、
〈7〉天暦八年正月四日の皇太后穏子の崩御の記事

表3　内匠寮の職掌の実例

	年代	西暦	職掌	儀式	出典
1	元慶1.閏2.23	877	美作備前の銅を採掘し朝廷に進る	—	日本三代実録
2	仁和3.11.4	887	白木御帳を立てる	—	日本紀略
3	延喜18.10.17	918	鎰・韓櫃等の鎖を修理する	—	北山抄
4	延長1.7.24	923	御湯具を作る	皇后養産	西宮記
5	延長5.6.4	927	内匠允を造橋使と為す	—	扶桑略記
6	天慶7.5.6	944	打毬の球子20丸を作る	五月節	九條殿記
7	天暦8.1.22・29	954	帳・大床子・屏風等の設営	太后（穏子）御葬事	村上天皇御記
8	天暦8.12.19	954	内匠少属天皇宸筆経に供奉する	御八講	村上天皇御記
9	天徳2.12.4	958	中宮の御印を冶鋳する	—	日本紀略
10	天徳4.11.1	960	赤漆小韓櫃を作る	八省行幸	村上天皇御記
11	応和3	963	太子直廬装束、承塵を張る	皇太子元服	西宮記
12	康保4.10.11	967	中宮職御印を鋳進する	—	日本紀略
13	天禄3.4.8	972	柳箱を供奉する	御灌仏	親信卿記
14	天禄3.8.11	972	御菓子を供奉する	釈奠内論議	親信卿記
15	天禄3.11.10	972	柳箱2合を供奉する	天皇著錫紵	親信卿記
16	天延2.8.15	974	南殿障子を供奉する	季御読経	親信卿記
17	天延2.11.1	974	—	朔旦冬至	親信卿記
18	天元5.3.23	982	中宮職印を鋳す	中宮職事始	小右記
19	正暦4.11.1	993	表緘・案 ※天暦9年の一説	朔旦冬至	小右記
20	長保1.7.13	999	燈炉	御燈	権記
21	長保3.5.9	1001	今宮神社の御輿	御霊会	日本紀略
22	長保4.10.3	1002	藤原行成の家印を鋳る	—	権記
23	寛弘2.7.18	1005	絹笠岳に神祠を造作する	御霊会	日本紀略
24	寛弘5.9.11	1008	御湯殿の雑具を作る	敦成親王御湯殿の儀	御産部類記
25	寛弘8.9.7	1011	木印を雕む	大嘗会	小右記
26	長和2.3.26	1013	堂・僧房の装束	仁王会	小右記
27	寛仁1.9.23	1017	標勅使を奉仕する	藤原道長ら石清水八幡宮詣	左経記
28	寛仁1.12.4	1017	南殿の簾臺を打つ	藤原道長任太政大臣儀	左経記
29	寛仁3.9.5	1019	雑工・術工伊勢へ下向する	伊勢神宮遷宮	左経記
30	万寿3.11.28	1026	南殿御障子等を立てる	陸奥交易御馬御覧	左経記
31	万寿3.12.10	1026	御槽具・床子・机等を作る	章子内親王御湯殿の儀	左経記

くなる。つまり一〇世紀以降、内匠寮が実際に製作していた調度の種類は、『延喜式』の記載に比べて少なく片寄りがみられるのである。

　以上のことから内匠寮の職掌は、『延喜式』段階と比べて一〇世紀には縮小していたと考えられる。後世の史料ではあるが、『山槐記』元暦元年（一一八四）八月二二日条には「近代内匠寮皆為二銅細工一、彫木事不レ得二其骨一」とあり、『職原鈔』上内匠寮には「掌二工匠事一、但近代木工・修理専知二其事一、頗似レ無二其実一」と記載されているように、内匠寮はある時期から機能が縮小したことが知られる。『山槐記』によると一二世紀の後半には、木製品の製作さえも衰退し、主要な製作調度は銅製品のみとなったのだろう。このような傾向はすでに一〇世紀には始まっていたのである。九世紀中葉以降、律令官司の曹司群は徐々に姿を消していき、大内裏が荒廃していくことが指摘されているが[13]、それは内匠寮にも当てはまる。『西宮記』巻八所々事に内匠寮の別所である漆室が「今荒廃」とみえるのは、大内裏の荒廃化に加え、内匠寮自体の調度製作機能が縮小した結果だろう。

　では、内匠寮の調度製作機能が縮小したのはどのような要因によるのだろうか。注目されるのは、九世紀半ばに内匠寮から独立した作物所と、九世紀後半以降に独立した画所の成立である。作物所は、内匠寮から継承した銀製品などの調度の製作と、その他に作り物などの装飾性の高い調度を製作し、一〇世紀以降も活発な活動を続けている[14]。画所は内匠寮の作画機能が分かれたものであり、内匠寮の主要な作画機能を吸収したと考えられる[15]。作物所や画所は内裏に設置され、蔵人の別当が置かれるなど、蔵人所の影響下に再編されたことで、内匠寮には対応できないような内裏の依頼者の意向を反映させた調度を製作することができたと推測される。そして九・一〇世紀の交の蔵人所の機能拡充に伴い、機構が整備されるとその職掌は拡大し、内匠寮の職掌のうち、特に内裏で必要とされた調度品製作の大部分を奪ったと考えられる。

しかし、内匠寮は作物所・画所にすべての調度製作の職掌を奪われたわけではない。主な作画機能は画所に吸収されたものの、先述したように柳箱・印や木製品などの製作は、一〇世紀以降も作物所ではなく基本的に内匠寮が引き続き行っている。内匠寮は規模が縮小したとはいえ、作物所・画所とは異なった、従来からの独自の職掌をもって存続していたのである。この結果、朝廷の調度製作は、内匠寮は印や加工しやすい木製品の製作、作物所は装飾性の高い調度や内匠寮から引き継いだ銀製品の製作、画所は作画というように大まかな役割分担がなされたと考えられる。

②調度の設営

『延喜式』にみられる内匠寮による調度の設営は、一〇世紀以降の他の史料にも記載がみえる。例えば、五月六日の打毬の儀について、同内匠寮式には「凡五月六日毬子廿九盛二楊筥一、預造備、騎射畢即当二武徳殿南階西辺一、允已上一人率二番上一人一持候随二殿上喚一進レ之」とあるように、允以上が番上を率いて毬子をもって待機し、殿上の召しによりこれを進めるというものだった（表1―5）。『九条殿記』天慶七年（九四四）五月六日条にも「内匠寮作二球子廿丸一、盛二楊筥一、置二机上一、立二於殿巽之南庭一、左近権少将藤原朝臣敦敏取二球子一、置二大臣座前一」とみえ、『西宮記』巻三供菖蒲にも同様な記述がみられる（表2―7、表3―6）。『延喜式』にみえる元日や即位の儀式の旗や幢の設営については（表1―1・11）、『北山抄』巻三朝拝や同巻五即位にも記載がみえる（表2―1・14）。

先述したように、『延喜式』にみえる内匠寮の調度の設営の記載は、朝堂院や豊楽院・武徳殿など、内裏外の儀式に関したものであった（表1―1・2・4・10・11）。一〇世紀以降の史料には、『延喜式』にみえない儀式においても、内匠寮が朝堂院などの装束に関わったことが確認される。例えば『西宮記』巻五、（九月）一一日奉幣には内匠寮が八省院の装束を行うことが記されている（表2—9）。このように朝堂院などで行われた儀式での調度の設営は、おそらく八世紀段階から内匠寮の職掌であっただろう。しかし平安時代に入り、儀式が内裏へ移行するに従い、朝堂院・豊楽院などで行われた国家的な行事が縮小していくと、[16] 内匠寮がそれらの儀式で供奉した調度設営の役割も減少したと推測される。

また、『延喜式』以外の史料には、内匠寮が内裏内で作業したという記載もいくつかみられる。例えば、『西宮記』巻二内宴には「立二舞台一事、仰二内匠寮一」とみえ、平安時代に入って新しく成立した内宴の儀式にも供奉している（表2—5）。同巻一一の裏書にみえる応和三年（九六三）の皇太子憲平親王（冷泉天皇）の元服の記事には、「所司・坊官装二束太子直廬一、内匠寮張二承塵一、坊官・掃部寮等懸二御簾一鋪々設」とあり、内裏において承塵の設営を行っていたことが知られる（表3—11）。『江家次第』巻三御斎会御物忌儀にも内匠寮が南殿母屋北に障子を立てるという記載があり、その他に元日宴会・七日節会・二孟旬儀・新嘗祭・御仏名などで内匠寮が南殿や清涼殿の御障子を設営するというような記載が確認できる（表2—2・3・4・6・10・11・20）。

以上のように一〇世紀以降、内匠寮は内裏でも調度の設営を行っていた。おそらく内裏での調度の設営は、作物所・画所設置以前は、内匠寮が主として行っていたのだろう。しかし作物所・画所が内裏で活躍するようになると、内匠寮の内裏での調度設営の役割も調度製作と同様に縮小したと思われる。

③蔵人所・太政官との関係—儀式への召仰—

九世紀半ばには、蔵人所が諸司を召仰せて内裏の儀礼などに供奉させるようになったといわれている。[17] 内匠寮も蔵人所の召仰により、儀式に供奉したことが確認される。それは特に内匠寮の官人が内裏で作業を行う場合に多くみられる。例えば、『政事要略』巻二八年中行事一二月上御仏名所引「蔵人式」には、以下のような記載がある。

蔵人式云、十二月十九日、御仏名（中略）、当日早朝召二供奉諸司所々一、仰下可レ調二供雑物一之由上〈色目見二所例一也〉、（中略）、蔵人令三所雑色等先撤二昼御座幷帳台御畳一、又運二納御厨子御調度等於仁寿殿一、内匠寮放二母屋御障子四間〈南第一二三四五間、但第一四間不レ放、依レ懸レ仏也〉、及東廂御障子移二置仁寿殿西廂一、（下略）

右は、一二月に内裏において行われる御仏名についての記載であり、当日早朝に蔵人所の指示によって、内匠寮が仁寿殿に御障子を設置するとみえる。また、『西宮記』巻六御仏名にも、行事蔵人の指示によって内匠寮が御障子を設置すること、油杯具を準備することがみえる。その他、蔵人の指示により内匠寮が内裏で調度の設営を行ったことが確認できる記事には、『西宮記』巻六試五節に常寧殿の燈台に油をさすこと、『北山抄』巻四御元服儀に紫宸殿に調度を作設すること、『江家次第』巻六二孟旬儀に紫宸殿の御障子を立てること、『親信卿記』天延二年（九七四）八月一五日条に季御読経において南殿障子を召仰せられたことなどがある（表2―6・11・12・15、表3―16）。

このような蔵人からの召仰は、調度の設営だけでなく調度の製作にも行われていた。例えば、『北山抄』巻第四固関、『親信卿記』天禄三年（九七二）四月八日の御灌仏、同一一月一〇日の天皇著錫紵の記述によると、蔵人の召仰によって内匠寮が柳箱を進めたことがみえる（表2―18、表3―13・15）。このような召仰は『西宮記』巻二内宴所引「蔵人所承和例」にもみられることから、九世紀半ばには内匠寮は蔵人所の召仰を受けていたことがわかる。(18)

以上みてきたように内匠寮は蔵人の召仰により内裏の調度の設営・製作を行っていたが、それだけでなく、装東司のような太政官によって運営される組織の指示によっても内裏の儀式に供奉していた。例えば、『西宮記』巻八入野宮には、内匠属が装束司に任命された例が確認できる（表2―21）。装束司は、八世紀から宮中以外の装束を行ってきた組織である(19)。内匠寮は蔵人の召仰を受けるようになってからも、太政官が運営する組織を通じて儀式に供奉していたのである。

二　平安時代の内匠寮の官人

内匠寮の設置以降、大同期までの官人編成の変遷については、すでに中西康裕・仁藤敦史両氏によって説明がなされているので、ここでは簡単に再確認しておきたい(20)。内匠寮が設置された時の勅は次のように記載している。

勅

内匠寮　頭一人、助一人、大允一人、少允二人、大属一人、少属二人、史生八人、直丁二人、駆使丁廿人、右、令外増置、以補二闕少一、其使部以上、考選禄料、一同二木工寮一、宜下付二所司一、以為中恒例上、寮即入二中務省管内之員一、

神亀五年七月廿一日

（『類聚三代格』巻四加減諸司官員并廃置事）

内匠寮には頭一人・助一人・大允一人・少允二人・大属一人・少属二人の四等官と、史生八人・直丁二人・駆使丁二〇人が定められており、また木工寮に準ずるとあるように、その官制は、令制の大寮に準じて規定されていた。その他には、調度製作を行う雑工が所属しており、大同三年（八〇八）に漆部司・画工司を合併した後の

雑工数は、長上工二〇人と番上工一〇〇人であった[21]。そして大同四年（八〇九）三月一四日には史生二員が減らされ、貞観五年（八六三）六月二八日には寮掌が一員、同七年（八六五）九月五日には二員が置かれている[22]。

延喜中務省式時服条には、時服を与えられる内匠寮官人一三四人の内訳は、頭一人・助一人・大允一人・少允二人・大属一人・少属二人・史生六人・才長上二〇人・番上工一〇〇人となっている。また、同式部省式には史生が権官も含めて七人、使部が一〇人所属していたことがみえ、同内匠寮式には典薬寮の医師一人と六衛府の舎人二人が内匠寮に派遣されていたことが記載されている。

時代が下った『拾芥抄』によれば、内匠寮の四等官は「頭・助正権・允大少・属正権」となっており、その官位相当は頭が従五位上、助が正六位下、允が正七位下、少允が従七位上、属が従八位上、少属が従八位下、そして内匠長上は従八位上、内匠雑工は大初位下とみえている[23]。

次に平安時代の内匠寮の四等官についてそれぞれの特徴を具体的にみていきたい。

1　内匠頭

先行研究で指摘されているように、内匠寮の設置後、内匠頭には四位の諸王が多く任命されたが、八世紀末頃からは、五位官人が任命されるようになった[24]。表4は平安時代に任命された内匠頭をまとめたものである[25]。一一世紀半ばまでの間に内匠頭として確認されるのは多治比宿禰真浄から源兼行までの三三人である。

諸王の任官は仁寿二年（八五二）に任命された並山王（表4―15）以降みられなくなる。任官された氏族は藤原氏が若干多いが、特定の氏族の世襲の傾向はみられない。任官時の位階については、在原行平の従四位下での任官など、例外もみられるものの（表4―3・18）、多くは五位での任官になっている。

表4 内匠頭

	氏名	在任時期〈1〉	位階	出典	主な官歴〈2〉
1	多治比宿禰真浄	延暦一五・一二・四（任）	従五位下	『日本後紀』	肥後守・（内匠頭）・讃岐介
2	川村王	同一六・二・一五 同一八・正・二九	従四位下 従四位上	『日本後紀』	少納言・阿波守・右大舎人頭・備後守・（内匠頭）・丹波守
3	大庭王	同二三・二・一八（任）	従四位下	『日本後紀』	侍従・左大舎人頭・讃岐守・中務大輔・（内匠頭）・上野守・大舎人頭・刑部卿
4	藤原朝臣道雄	同二五・五・二四（任）	従五位上	『公卿補任』	内舎人・大学大允・兵部少輔・武蔵介・阿波守・大学頭・河内守・散位頭・宮内大輔・刑部卿・上総守・（内匠頭）・但馬守・右中弁・美作守・大学頭・治部大輔・能登守・左中弁・典薬頭・紀伊守・兵部大輔・大舎人頭・右大弁・蔵人頭
5	平群朝臣真常	大同三・五・二一	従五位上	『日本後紀』	大内記・近江大掾・同権介・（内匠頭）・尾張守
6	直世王	弘仁元・正・二四（任） 同元・九・一六	従五位下	『公卿補任』 『日本後紀』	縫殿大允・右大舎人允・大舎人大允・内蔵助・（内匠頭）・相模守・中務大輔・蔵人頭・参議・左大弁・左京大夫・近江守・越前守・中納言・中務卿・弾正尹
7	石川朝臣河主	同二・七・二三（任）	正五位下	『日本後紀』	木工頭・造宮亮・播磨介・（内匠頭）・武蔵頭
8	藤原朝臣是雄	同一〇年頃	従五位下	『伝述一心戒文』上	―
9	和気朝臣真綱	天長四・六・九（任）	従五位上	『公卿補任』	治部少丞・中務少丞・播磨少掾・同大掾・蔵人・春宮少進・同大進・刑部少輔・右少弁・左少将・左少弁・右少将・内蔵頭・民部大輔・中務大輔・越前守・修理大夫・河内守・右中弁・（内匠頭）・摂津守・宮内大輔・刑部大輔・伊予権守・木工頭・内蔵頭・参議・左近衛権中将・右大弁・美作守
10	楠野王	同一〇・四・七 承和四・三・二二	正五位下	『続日本後紀』	（内匠頭）・中務大輔・散位頭・縫殿頭・左兵庫頭・駿河守
11	文屋朝臣氏雄	同五・一一・二〇（任） 同七・一一・一六	従五位下	『続日本後紀』	（内匠頭）・駿河守
12	菅野朝臣高年	同一四・二・一一（任）	従五位下	『続日本後紀』	造酒正・図書頭・（内匠頭）・因幡介
13	橘朝臣数岑	嘉祥二・二・二七（任）	従五位下	『続日本後紀』	（内匠頭）・尾張守・木工助
14	橘朝臣時枝	同三・一一・二九（任）	従五位下	『日本文徳天皇実録』	右衛門少尉・甲斐守・左衛門権佐・（内匠頭）・土佐守
15	並山王	仁寿二・二・一五（任）	従五位上	『日本文徳天皇実録』	斎宮頭・内膳正・中務大輔・（内匠頭）・少納言・紀伊守

16	淡海真人貞主	天安元・二・一六（任）	従五位下	『日本文徳天皇実録』	―
17	小野朝臣千株	貞観二・正・一六（任） 同二・六・五（停）	従五位上	『日本三代実録』	尾張介・備中守・出羽守・備中守・弾正少弼・土佐守・右近衛少将・土佐権守・次侍従・伊予守・備前守・（内匠頭）・播磨守
18	在原朝臣行平	同二・六・五（任） 同二・八・二六（停）	従四位下	『日本三代実録』	蔵人・侍従・左兵衛佐・右近衛少将・伊予介・備中権介・備中介・因幡守・兵部大輔・中務大輔・左馬頭・播磨守・（内匠頭）・左京大夫・信濃守・大蔵大輔・備前権守・左兵衛督・参議・検非違使別当・蔵人頭・大宰権帥・治部卿・備中守・近江守・中納言・民部卿・陸奥出羽按察使
19	在原朝臣善淵	同二・八・二六（任） 同四・二・一四（停）	正五位下	『日本三代実録』	大舎人頭・中務大輔・治部大輔・紀伊守・大和守・（内匠頭）・大蔵大輔・（内匠頭）・次侍従・紀伊守・山城権守・神祇伯・河内権守・近江権守・大和権守・山城権守・大和守
20	藤原朝臣利基	同四・二・一四（任） 同五・二・一〇（停）	従五位下	『日本三代実録』	左衛門大尉・（内匠頭）・備前権介・次侍従・左衛門佐・右近衛少将・左馬頭・相模守・右近衛中将
21	在原朝臣善淵	同五・二・一〇（任） 同六・正・七 同六・正・一六（停）	正五位下 従四位下	『日本三代実録』	19と同上
22	藤原朝臣宗枝	同六・正・一六（任） 同六・三・八（停）	従五位下	『日本三代実録』	左衛門大尉・（内匠頭）・伊勢介・右衛門佐・次侍従
23	藤原朝臣維範	同六・三・八（任） 同八・二・一三 同九・二・二九 同一〇・正・一六 同一二・正・二五	従五位下	『日本三代実録』	式部大丞・（内匠頭）・安芸権介・次侍従・阿波権介・備後権介・備後介・左衛門権佐・美濃権介
24	源等	延喜一六	従五位上	『公卿補任』	六位蔵人・近江権少掾・主殿助・大蔵少輔・三河守・丹波守・（内匠頭）・次侍従・美濃権守・大蔵大輔・備前権守・左中弁・主殿頭・大宰大弐・弾正大弼・山城守・勘解由長官・右大弁・参議・讃岐守
25	尹輔〈3〉	天暦三・七・二三	―	『西宮記』一	―
26	算	寛和元・九・一四	―	『小右記』	（内匠頭）・木工権頭
27	輔義	同元・九・一四（任）	―	『小右記』	皇太后宮大進・（内匠頭）
28	源致道	長徳四・一二・八	―	『権記』	―

29	藤原惟通	長保五・四・一一	—	『権記』	小舎人・中宮少進・皇后宮権大進・（内匠頭）・蔵人所雑色・安芸国司
		寛弘元・八・一五	—	『御堂関白記』	
30	藤原理邦〔国〕	同四・四・一七	—	『御堂関白記』	（内匠頭）・右衛門佐代
		長和四・一〇・三	—	『小右記』	
		寛仁元・九・二三	—	『左経記』	
31	藤原経国	同元・九・九	従五位上	『立坊部類記』	（内匠頭）・春宮陣頭
32	（橘カ）兼懐	万寿三・一二・一〇	—	『左経記』	（内匠頭）・伊勢守・斎宮頭
		長元八・五・一七	—		
33	源朝臣兼行	康平二・二・一一	—	『平定家記』	大和守・少内記・大和守・伊勢守・（内匠頭）
		同三・七・八	—		
		同四・一〇・二五	—		
		同五・正・一〇	—		
		治暦四・一〇・三〇	—	『帥記』	
		延久元		『江家次第』一〇	
		同四・四・三	—	『扶桑略記』	
		同四・一一	—	『平安遺文』一〇八九	
		承暦元・一一・三	—	『平安遺文』補二七六	

＊『尊卑文脈』など、正確な年代がわからないものは省いた。
＊槙野廣造編『平安人名辞典―長保二年―』（高科書店、一九九三年）、同『平安人名辞典―康平三年―』上（和泉書院、二〇〇七年）を参照。
〈1〉内匠頭であったと確認できる年月日。

〈2〉六国史、『公卿補任』、坂本太郎・平野邦雄編『日本古代氏族人名辞典』（吉川弘文館、一九九〇年）、古代学協会・古代学研究所編『平安時代史事典』（角川書店、一九九四年）、槙野氏前掲書などを参照した。

〈3〉旧稿で見落としていたため、本章で25を追加した。

内匠頭に任命された人物の官歴をみると、蔵人・春宮坊・中宮職などの天皇やその近親者たちの家政機関の官人に任ぜられた人物が複数みられる。内匠頭とそれらの家政機関の職員とを近い時期に歴任していたと確認できる例をあげると、直世王は弘仁元年（八一〇）に内匠頭に任命され、同七年（八一六）から同一二年（八二一）まで嵯峨天皇の蔵人頭に任ぜられている[26]（表4―6）。在原行平は貞観二年（八六〇）に内匠頭に任ぜられ、同一四年（八七二）から一五年（八七三）まで清和天皇の蔵人頭となっている[27]（表4―18）。源等は寛平九年（八九七）から延喜四年（九〇四）まで醍醐天皇の六位蔵人を務めており、同一六年（九一六）に内匠頭であったことが『公卿補任』にみえる（表4―24）。また、「輔義」は昌子内親王の皇太后宮大進の後、内匠頭を兼ね[28]（表4―27）、藤原惟通は定子の中宮少進・皇后宮大進の後に内匠頭に任ぜられ、また一条天皇の蔵人所雑色にも補せられている[29]（表4―29）。藤原経国は内匠頭在任時に敦良親王の春宮坊の陣頭に命ぜられている[30]（表4―31）。

内匠頭の具体的な職掌についての史料は少ないが、延喜中務省式には、

凡応レ改二鋳諸司諸国印一者、随二太政官符到一即下二符内匠寮一、寮録二用度一申レ省、省申レ官、其字様者、官仰二式部一令二書博士就レ省書一之、即少納言輔及寮助以上共検校令二鋳造一、少納言輔不レ在者、寮頭監鋳、訖即造二奏文一、少納言執進二内侍一

とみえ、印を作るさいは、内匠頭もしくは内匠助が少納言・中務輔とともに検校して鋳造し、少納言と中務輔が不在の時には内匠頭が監鋳するとみえる。また、『左経記』万寿三年（一〇二六）一二月一〇日条には、中宮威子の内親王出産時に、中宮職が内匠頭兼懐（橘カ）を召し、内匠寮に御槽具などを作らせたとみえ（表4―32）、『平定家記』康平三年（一〇六〇）七月八日条には、内匠頭源兼行が、書杖造進を命ぜられ、料物を給わったことがみえる（表4―33）。

2　内匠助

内匠助に補された人物をまとめたものが表5である。大中臣朝臣魚取から橘俊経まで一二人が確認できる。上述したように、内匠助の官位相当は六位であるが、八世紀から天安二年（八五八）の橘良枝（表5―5）までほぼ従五位下での任官である。[31] 藤原氏と橘氏からの任官が多いものの、特定の氏族による世襲は見受けられない。

内匠助に任命された人物の官歴をみると、頭と同じく、蔵人所や皇太后・院・東宮の家政機関の職に就いていた者が目立つ。例えば、藤原貞守は天長二年（八二五）二月から、少なくとも同五年（八二八）まで内匠助を務めていたことが確認できるが、同四年（八二七）から同五年に淳和天皇の蔵人に任ぜられ、また同三年（八二六）から少なくとも同五年まで橘嘉智子の皇太后大進も兼ねている[32]（表5―4）。橘修道は寛弘八年、内匠助の時に三条天皇の蔵人所雑色に補せられている[33]（表5―9）。源季範は長和元年（一〇一二）に内匠権助であり、その後、同二年（一〇一三）二月に三条天皇の蔵人所雑色に補せられ、同四年から同五年（一〇一五―一〇一六）まで六位蔵人を務めている[34]（表5―10）。また藤原成季は同五年一月、内匠助の時に三条院の蔵人に任命されている[35]（表5―11）。橘俊経は寛仁元年（一〇一七）九月に内匠助で東宮（敦良親王）侍者とみえ、また万寿四年（一〇二七）四月には内匠助で東宮蔵人を兼ねている[36]（表5―12）。俊経は後朱雀天皇の近くに仕えていた人物であり、また皇后禎子内親王の乳母子でもあった。[37] 当時の王権の家政について詳しい人物であったと推測される。

内匠助の具体的な役割についても史料が少ない。上述した延喜中務省式にみえる印の作成時に、少納言・中務輔とともに鋳造を検校したことの他には、橘修道が長和二年に三条天皇の一代一度の仁王会で、僧房装束を命じられたことが知られるのみである[38]（表5―9）。なお、内匠助在任時ではないが、長和元年に源朝臣季範が伊勢神宮の遷宮所の奏によって内匠権助に任ぜられている（『大間成文抄』第七所々奏）。季範は長保二年（一〇〇〇）九月一六日に行われた遷宮のために設置された遷宮所において調度品の準備に関わり、その経験を買われて内匠権助に任命されたのだろうか[39]（表5―10）。

表5　内匠助

	氏名	在任時期〈1〉	位階	出典	主な官歴〈2〉
1	大中臣朝臣魚取	延暦二三・二・一八（任）	従五位下	『日本後紀』	（内匠助）・大和介・民部少輔
2	安倍朝臣益成	大同三・六・二五	従五位下	『日本後紀』	（内匠助）・常陸介・雅楽頭
3	文屋真人末嗣	弘仁四・正・二五（任）	従五位下	『日本後紀』	―
4	藤原朝臣貞守	天長二・二（任）	―	『公卿補任』『日本三代実録』	大学大允・（内匠助）・皇太后大進・蔵人・右少弁・式部少輔・讃岐介・春宮亮・豊前守・信濃介・越後権守・備中守・式部少輔・備前介・右中弁・蔵人頭・左中弁・右大弁・参議・下野守・式部大輔
		同四 同五	正六位上	『蔵人補任』	
5	橘朝臣良枝	天安二・正・二三（任）	従五位下	『日本文徳天皇実録』	―
6	藤原朝臣忠直	元慶三・正・七	正六位上	『日本三代実録』	―
7	布勢朝臣園公	同六・正・七	正六位上	『日本三代実録』	（内匠助）・造酒正・筑前守
8	藤原朝臣加年世	昌泰四（任）	正六位上	『大間成文抄』	太皇太后宮大進・（内匠助）
9	橘修道	寛弘八・八・一一 長和二・三・二六	―	『小右記』	（内匠助）・蔵人所雑色
10	源朝臣季範	同元	正六位上	『大間成文抄』	右衛門尉・（内匠権助）・蔵人所雑色・蔵人・式部丞・三条院判官代・相模介
11	藤原成季	同五・正・二九	―	『小右記』	（内匠助）・三条院蔵人・大内記・筑前守・肥前守
12	橘俊経	寛仁元・九・九 万寿四・四・四	正六位上	『立坊部類記』	（内匠助）・東宮侍者・東宮蔵人
		同四・四・二八（停）	―	『小右記』	

＊表4＊参照。
〈1〉内匠助であったと確認できる年月日。
〈2〉表4〈2〉を参照。

3　内匠允

内匠允をまとめたのが表6である。興世朝臣書主から平公親まで一二人が確認できる。官位相当は七位であるが、実際には六位で任命された者が一名、内匠允在任時に六位だった者が二名みられる。内匠允についても、官歴など不明な点が多いものの、天皇や東宮・中宮などと近しい者が確認される。興世朝臣書主は、『日本文徳天皇実録』嘉祥三年（八五〇）一一月己卯条の卒伝に「書主為レ人恭謹、容止可レ観、昔者　嵯峨太上天皇在藩之時、殊憐二其進退一」とあるように、嵯峨天皇との親交があったことがうかがえ、縫殿少允・内匠少允などに任官されている（表6―1）。承和八年（八四一）に内匠允に任官された良岑朝臣清風は、貞観七年から同八年（八六五―八六六）に清和天皇の蔵人頭に任ぜられている[40]（表6―2）。長徳四年（九九八）に内匠允であった菅原永頼は、永祚元年（九八九）二月一三日に宣旨により蔵人所に候している（『小右記』）（表6―11）。『北山抄』巻第三拾遺雑少上除目事にみえる藤原有声は、延喜三年（九〇三）一月に「仁和寺去年京官御給」（宇多上皇）で内匠大允に、平忠明は延喜一九年（九一九）一月に「東宮御給」（保明親王）で、藤原当相は天暦三年（九四九）五月に「中宮当年御給」（太皇太后藤原穏子）でそれぞれ内匠少允に任命されており、上皇・東宮・中宮といった天皇の近親者の年給による任官がみられる（表6―5・7・10）。

内匠允の職掌については、『日本三代実録』元慶元年（八七七）閏二月二三日乙未条に次のような記載がある。

美作国進二銅大十両一、備前国二斤九両、先レ是、従七位上伴宿禰吉備麿言、美作国眞嶋郡加夫良和利山、大庭郡比智奈井山、備前国津高郡佐佐女山、有レ銅、故吉備麿掘採、進二其様銅一、勅遣二内匠大允正六位上布勢朝臣安岑一、与二国宰一臨レ地検校掘採、令下安岑還向進中所レ採之銅上

右の史料により、内匠大允布勢朝臣安岑が銅の採掘のために美作国と備前国に派遣されたことがわかる（表6―4）。内匠寮の職掌には印などの銅の鋳造も含まれているため、内匠寮の官人が派遣されることになったのだろう。延長五年（九二七）六月には断壊した山崎橋の修理のために、内匠允伴彦真が造橋使に任命されてい

表6　内匠允

	氏名	在任時期〈1〉	位階	出典	主な官歴〈2〉
1	興世朝臣書主	弘仁元・正（任）	―	『日本文徳天皇実録』	尾張少目・縫殿少允・（内匠少允）・左兵衛権大尉・左衛門大尉・検非違使・右近衛将監・大歌所別当・織部正・和泉守・備前守・左京亮・筑後守・信濃守・木工頭・治部大輔
2	良岑朝臣清風	承和八（任）	正六位上	『日本三代実録』	内舎人・下野掾・（内匠少允）・伊勢大掾・加賀介・左馬助・左近衛少将・越中権介・美濃介・播磨権介・美作守・近江権守・（蔵人頭か）
3	賀祐臣祖継	貞観九・正・八	正六位上	『日本三代実録』	（内匠大允）
4	布勢朝臣安岑	元慶元・閏二・二三	正六位上	『日本三代実録』	（内匠大允）
5	藤原有声	延喜三・正	―	『北山抄』巻三拾遺雑抄上除目事	（内匠大允）
6	藤原岳宗	同一五	―	『西宮記』	内舎人・（内匠允）
7	平忠明	同一九・正	―	『北山抄』巻三拾遺雑抄上除目事	（内匠少允）
8	伴彦真	延長五・六・四	―	『扶桑略記』	（内匠允）・美野守・播磨守・近江守
9	平立身	天慶元・一〇・一七	―	『本朝世紀』	（内匠少允）
10	藤原当相	天暦三・五・二	―	『北山抄』巻三拾遺雑抄上除目事	（内匠少允）
11	菅原永頼	長徳四・一二・二六 長和二・三・二六	― ―	『北山抄裏文書』 『小右記』	蔵人所に候す・（内匠少允）
12	平公親	治安元・五・一一	―	『左経記』『小記目録』	（内匠允）

＊表4＊参照。
〈1〉内匠允であったと確認できる年月日。
〈2〉表4〈2〉を参照。

る（『扶桑略記』）（表6—8）。また上述した内匠助橘修道が僧房装束を命じられた三条天皇の一代一度の仁王会には、内匠少允菅原永頼も堂の装束の奉仕を命じられている（表6—11）。そして延喜内匠寮式には、五月六日に武徳殿において内匠允以上が番上を率いて毬子を進めるとみえ、儀式時の内匠允の役割を知ることができる。

4　内匠属

内匠属をまとめたものが表7である。民忌寸国成から上野清近まで九人が確認できる。官位相当は従八位であるが、七位で任命された者が二名確認され、七位や六位で在任している者がみられる。造宮所奏で内匠権大属に任命された大秦宿禰忠安（表7—4）、伊勢大神宮正殿金物の功により内匠大属に任命された紀朝臣為季（表7—7）らがおり、伊勢神宮の遷宮の調度製作に携わった者が任官されている（『大間成文抄』）。『西宮記』巻八に、入野宮のさいには「内匠主典」が装束司に任命されるとみえ、斎宮の調度調達に携わったことがうかがえる。また、天暦八年（九五四）には内匠少属丈部滋茂が、村上天皇宸筆経の装潢作業に奉仕して禄を受けた者の一人として、画師の飛鳥部常則らとともにその名が掲げられている[41]（表7—2）。『権記』長保四年（一〇〇二）一〇月三日条には、「早朝、淑光朝臣持二来成字印文一、即差二茂方一遣二内匠属服時方許一、家印未レ鋳、九条殿例、任二宰相一給之後、有二此事一」とあり、藤原行成が参議任命に伴い、家印の鋳造のため、大江淑光がもってきた印の文字を内匠属服時方のところに送ったことがわかる（表7—3）。『大間成文抄』第四所々奏の寛治六年（一〇九二）と嘉保三年（一〇九六）の作物所奏の署所には、作物所預として「内匠属坂上宿禰守忠」と「内匠属上野清近」がみえる（表7—8・9）。作物所預は、作物所の調度製作において、現場統括および事務責任者の役割を果たしていた[42]。上野清近は作物所預としての活動が『中右記』に度々登場する[43]。作物所預のような働きを内匠属としても期待されたのかもしれない。

以上、内匠寮の四等官に任命された官人を検討した。それぞれの職掌の特徴は実例からは明確に区別できないが、九世紀以後もそれぞれ調度製作に関与していたことが確認できた(44)。

頭・助・允には天皇・東宮・皇后などの家政機関の官職を経たり、親交がある者が目立った。蔵人と内廷諸司との関係については、玉井力氏による研究がある。同氏によると、承和頃から蔵人が内蔵寮官人を兼帯しはじめ、一〇世紀前半から中葉にかけては内蔵寮のみならず、木工寮・修理職・主殿寮などの内廷諸司官人も恒常的に兼帯するようになり、蔵人所が太政官を経ずに内廷諸司を直接組織しはじめたという(45)。内匠寮の場合、内匠寮官人と蔵人との同時期の兼帯を確実に確認できるのは、淳和天皇の蔵人であった藤原貞守一名のみである(46)（表5―4）。玉井氏があげられた木工寮・修理職・主殿寮などの内廷諸司に比べると、官人の兼帯関係からは、蔵人所の内匠

表7　内匠属

	氏名	在任時期〈1〉	位階	出典	主な官歴〈2〉
1	民忌寸国成	齊衡三・一一・一	正七位下	『日本文徳天皇実録』	（内匠少属）
2	丈部滋茂	天暦八・一二・一九	—	『村上天皇御記』	（内匠少属）
3	服時方	長保四・一〇・三	—	『権記』	（内匠属）
4	大秦宿禰忠安	寛弘元・秋	従七位上	『大間成文抄』	（内匠権大属）
5	孝任	万寿二・一〇・三〇	—	『小右記』	（内匠属）
6	服宿禰延任	長久四（任）	従七位上	『大間成文抄』	（内匠少属）
7	紀朝臣為季	康平二（任）	従七位上	『大間成文抄』	（内匠大属）
8	坂上宿禰守忠	寛治六・正・一三	正六位上	『大間成文抄』	（内匠属）・作物所預
9	上野清近	嘉保三・正・一七	正六位上	『大間成文抄』	（内匠属）・作物所預

＊表4＊参照。
〈1〉内匠属であったと確認できる年月日。
〈2〉表4〈2〉を参照。

寮に対する直接的な支配はなかったと考えられる。内匠寮からは九世紀末までにその内裏出先機関であった作物所・画所が独立し、蔵人所のもとに再編されたことを考慮すれば、あえて蔵人が内匠寮への支配を強化する必要はなかったのだろう。(47) 内裏で必要とされる調度は別当の蔵人を通じて作物所・画所へ直接依頼されるようになり、内裏から内匠寮へ調度製作を依頼する頻度は以前よりも少なくなったと推測される。木工寮・修理職・主殿寮は、一〇世紀初めに至っても、内裏の出先機関として内候所が維持されており、(48) これらの内廷諸司と内匠寮とは事情が異なるといえる。しかし、先述したように内匠寮は頻度は低くなったとはいえ、一〇世紀も内裏への供奉を行っており、その任務を円滑に行うために、蔵人の兼帯でないにしても蔵人に任ぜられるような内裏の実情に詳しい人物が任官されたのだろう。

内匠寮官人に中宮・東宮などの天皇の近親者の家政機関に詳しい人物が任命されたのは、八世紀からみられる傾向であり、それらの人々が使用する調度の製作を行うという内匠寮の職務を円滑に遂行するためであったと考えられる。(49)『延喜式』の記載から、内匠寮が天皇の供御物や東宮や斎宮に関係した調度を製作していたことが確認でき、一〇世紀以降も中宮・皇太后・東宮・内親王・斎宮の調度を供奉していたことが知られる（表2―19・20・21、表3―4・7・9・11・12・18・24・31）。九世紀以降、律令官人制が変質し、下級官人が諸司・院宮王臣家へ分属していくといわれているが、(50) 内匠寮官人の場合は、それだけでなく、このような職掌の便宜性によった面も大きいと推測される。

なお、一〇世紀頃から、令制官司には長官―年預制が導入されはじめ、四等官制が崩壊すると指摘される。(51)『兵範記』嘉応元年（一一六九）八月二七日条によると、内匠寮にも右大臣の別当が置かれていたという。「内匠寮、右大臣、如レ旧」とみえるので、以前から設置されていたのだろう。年預については、『兵範記』保元二年（一一五七）八月九日条に「内匠寮年預」に「行友」という人物が任命されていたことがみえる。(52) 別当・年預は、具体的な時期は不明だが遅くとも一二世紀までには内匠寮にも追置されたことがうかがえる。

おわりに

本章で検討した平安時代の内匠寮の特徴は以下の二点である。

一、内匠寮は、少なくとも一〇世紀には、『延喜式』段階に比べて製作調度に片寄りがみられるようになり、機能が縮小していたと考えられる。その原因には、九世紀に内匠寮から独立し、蔵人所のもとに再編された作物所・画所の成立が考えられる。その結果、内匠寮は従来から製作してきた物のうち印や簡単な木製品のみを、作物所は細かな作業を伴う調度や銀製品を、画所は作画を供奉するというように調度調達の役割分担がなされるようになった。調度の設営についても、内匠寮が八世紀以来供奉してきた朝堂院などで行われた国家的な行事が衰退し、また内裏においても作物所や画所に職掌を奪われ、機能は縮小したと推測される。儀式への供奉は、九世紀半ば以降、蔵人所の召仰によるものが多くみられるが、それだけでなく装束司などの太政官組織による行事にも引き続き供奉していた。

二、内匠寮の四等官の職掌に関する史料は少ないものの、それぞれ九世紀以降、調度製作に関与していたことが確認できる。これらの官人たちは、八世紀に引き続き、天皇や天皇の近親者の家政機関の実情に詳しい人物が任命された。それはこれらの人々のための調度製作を行うという内匠寮の職務を円滑に遂行するためであったと考えられる。蔵人所との関係においては、内蔵寮などの他の内廷諸司とは異なり、蔵人が内匠寮官人を兼帯した例はほとんど確認できない。それは内裏の出先機関であった作物所・画所が独立し、蔵人所のもとに再編されたことで、内裏の主要な調度調達機能が作物所と画所へ移行し、内裏における内匠寮の重要度が低下したためと考えられる。

奈良時代から朝廷の調度製作を担ってきた内匠寮は、大同の官制改革において機能が整備・充実され、また嵯峨朝の儀式整備なども伴って[53]、九世紀初め、その役割は朝廷にとって重要とされていたと考えられる[54]。しかし、九世紀後半に調庸制の衰退によって律令財源が縮小すると[55]、その役割をある程度は縮小せざるをえなくなったと思われる[56]。そして、九世紀中葉から一〇世紀中葉にかけて、内裏を中心とした政務・儀礼の再編が行われ、太政官がそれに即した行事所・別当制などの新しい統属機能・諸官司統合を編成し、蔵人所が天皇の家政機関として所々や内廷諸司を直接召仰するようになると[57]、内匠寮の活動も新しい体制に対応したものに変化していった。九世紀中葉から末までに、内裏の出先機関であった作物所・画所が独立し、両所が蔵人所のもとに再編されると、朝廷における内匠寮の役割は縮小した。朝廷儀礼の内裏への移行に伴い、内匠寮が従来から供奉してきた朝堂院などで行われた伝統的な儀礼が衰退したことも、その要因になったと考えられる。しかし機能が縮小したものの、内匠寮は独自の職掌をもち、作物所・画所と朝廷の調度調達機能を分担しつつ、蔵人所や太政官組織による召仰を受け、一〇世紀以降も朝廷の調度製作を続けていた。平安時代の内匠寮は、多くの律令官司が衰退していくなか、機能を縮小しつつも、朝廷にとっては必要不可欠な官司として存続したのである。

本章では機構の変遷についてのは基礎的な考察にとどまり、十分な検討はできなかったが、機能の面から内匠寮の画期を設定するとすれば、蔵人所が諸司を直接召仰しはじめ作物所が独立した承和期と、画所が独立し所々が整備拡充された九・一〇世紀の交が、それにあたると考えられる。平安時代における内匠寮の変遷を具体的に捉えることで、新しい国家機構が既存の官司にどのように影響を与え、どう変容させたかという一例を明らかにできたと思われる。今後も平安時代に存続した内廷官司の個々の具体的な事例を検討していくことが、律令官司全体の変遷を解明するにあたって必要と思われる。

注

（1）『類聚三代格』巻四加減諸司官員幷廃置事、神亀五年七月二一日勅。
（2）内匠寮の主な先行研究には、中西康裕「内匠寮考」（『ヒストリア』九八、一九八三年）、仁藤敦史「内匠寮の成立とその性格」（『古代王権と官僚制』臨川書店、二〇〇〇年、初出は一九八五年、a論文とする）がある。なお、中西氏は内匠寮の機能は設置当初から次第に縮小していったとしている。旧稿発表後、上原真人「寺院造営と生産」（鈴木博之他編『記念的建造物の成立』シリーズ都市・建築・歴史一、東京大学出版会、二〇〇六年）、十川陽一「内匠寮について」（『日本古代の国家と造営事業』吉川弘文館、二〇一三年、初出は二〇〇八年）が発表されている。
（3）本書第一章・第二章を参照。
（4）中西氏前掲論文、本書第三章を参照。
（5）宮城栄昌『延喜式の研究』論述編（大修館書店、一九五七年）。
（6）神谷正昌「紫宸殿と節会」（『古代文化』四三―一二、一九九一年）。『儀式』巻六元日御豊楽院儀にも内匠寮の調度設営の記事がみえる。
（7）印については、小林行雄『古代の技術』（塙書房、一九六二年）を参照した。
（8）仁藤敦史「公印鋳造官司の変遷について　鍛冶司・典鋳司・内匠寮」（『国立歴史民俗博物館研究報告』七九、一九九九年、b論文とする）。
（9）鈴木真弓「やないばこ」（鈴木敬三編『有職故実大辞典』吉川弘文館、一九九六年）、奈良国立博物館『第五十五回正倉院展目録』（二〇〇三年）を参照。

（10）「九暦逸文」天暦四年（九五〇）五月二四日条には、憲平親王誕生時について「修理大進源超率二工部一、令レ持二材木一、令レ作二御湯殿雑具家為二職別当一、仍所二召仰一也」とみえ、修理職の官人が御湯殿雑具（「御湯槽」・「床子」・「二階」・「瓫台」）を供奉したことがわかる。割書に、源超は「職別当」であったので召仰したとの記載があり、例外的なことであったと推測される。

（11）『御産部類記』寛弘五年九月一一日条造御湯殿雑具事など。平間充子「平安時代の出産儀礼に関する一考察」（『お茶の水史学』三四、一九九一年）に詳しい。

（12）文刺は「文杖」・「書杖」などとも表記され、黒漆や白木のものであったという（鈴木真弓「ふづえ」（鈴木敬三編『有職故実大辞典』吉川弘文館、一九九六年））。

（13）吉川真司「朝堂と曹司」（『都城における行政機構の成立と展開』奈良国立文化財研究所、一九九七年）。

（14）本書第三章参照。

（15）本書第一章参照。

（16）山中裕『平安朝の年中行事』（塙書房、一九七二年）、橋本義則「平安宮草創期の豊楽院」（『平安宮成立史の研究』塙書房、一九九五年、初出は一九八四年）、神谷氏前掲論文。

（17）玉井力「成立期蔵人所の性格について―補任者の検討を中心として―」、同「九・十世紀の蔵人所に関する一考察―内廷経済の中枢としての側面を中心に―」（『平安時代の貴族と天皇』岩波書店、二〇〇〇年、初出は一九七三年・一九七五年、前者をa論文、後者をb論文とする）、古尾谷知浩「『蔵人所承和例』に関する覚書―九世紀前半の蔵人所の財政機能―」（『史学論叢』一二、一九九三年）。

（18）古尾谷氏前掲論文参照。

（19）吉江崇「平安時代の儀礼運営と装束使」（『ヒストリア』一九二、二〇〇四年）。

（20）中西氏前掲論文、仁藤氏前掲a論文参照。

（21）『類聚三代格』巻四加減諸司官員幷廃置事、大同三年正月二〇日詔、同年一〇月二一日太政官符。雑工の内訳は同四年八月二八日太政官符の記載より知ることができる。

（22）『日本後紀』大同四年三月己未条、『日本三代実録』貞観五年六月二八日己未条、『類聚国史』巻一〇七職官一二内匠寮。

(23)『類聚三代格』巻四加減諸司官員幷廃置事、大同三年一〇月二一日太政官符には、長上工は従八位に準じ、番上工は白丁から任命されるとみえる。『職原抄』には頭は従五位上、助・允は六位とみえる。
(24)中西氏前掲論文、本書第四章参照。
(25)藤原朝臣是雄までは本書第四章の表2と重複する。
(26)『公卿補任』、『続日本後紀』弘仁元年九月一六日条。蔵人については市川久編『蔵人補任』(続群書類従完成会、一九八九年)を参照した。
(27)『日本三代実録』貞観二年六月五日条など。
(28)『小右記』寛和元年(九八五)九月一四日条。
(29)『権記』長保二年(一〇〇〇)二月一一日条、同三年(一〇〇一)一二月四日条、同五年(一〇〇三)四月一一日条、寛弘六年(一〇〇九)正月一〇日条など。
(30)『立坊部類記』寛仁元年(一〇一七)九月九日条。
(31)本書第四章表3参照。
(32)『公卿補任』・『日本三代実録』貞観元年(八五九)五月一日条。
(33)『小右記』同八年八月一一日条。
(34)『大間成文抄』巻七所々奏、『御堂関白記』長和二年二月二日条。
(35)『小右記』同年一月二九日条。
(36)『立坊部類記』寛仁元年九月九日条、『小右記』万寿四年四月四日条。
(37)『小右記』万寿四年四月四日条。
(38)『小右記』長和二年三月二六日条。
(39)『権記』同年九月五日条など。
(40)『日本三代実録』貞観五年四月一五日条卒伝。
(41)『村上天皇御記』同年一二月一九日条。本書第一章参照。

(42) 本書第二章参照。
(43) 同承徳元年（一〇九七）二月三日条、同三月四日条など。
(44) 四等官ではないが、西新井大師総持寺の蔵王権現鏡像の背面に、「長保三年辛丑四月十日辛亥内匠寮史生壬生□□…」と銘が刻まれている。一一世紀初めの内匠寮史生の様子をうかがえる貴重な史料である（金峯山埋蔵経一千年記念特別展覧会『藤原道長極めた栄華・願った浄土』京都国立博物館、二〇〇七年）。
(45) 玉井氏前掲a・b論文。
(46) 内匠助橘修道（表5—9）は蔵人所の雑色であるため省いた。
(47) 本書第一章・第二章・第三章。
(48) 『西宮記』巻八所々事。
(49) 本書第四章。
(50) 吉川真司「院宮王臣家」（吉川真司編『平安京』日本の時代史五、吉川弘文館、二〇〇二年）、中原俊章『中世公家と地下官人』吉川弘文館、一九八七年）などを参照した。
(51) 中原氏前掲書、今正秀「平安中・後期から鎌倉期における官司運営の特質—内蔵寮を中心に—」（『史学雑誌』九九—一、一九九〇年）などを参照した。
(52) 官司別当・年預については中原氏前掲書、今正秀「王朝国家における別当制と政務運営—官司別当を中心に—」（『史学研究』一九九、一九九三年）、玉井力「10—11世紀の日本」（同氏前掲書、初出は一九九五年、c論文とする）などを参照した。
(53) 山中氏前掲書参照。
(54) 注(2)先行研究を参照。
(55) 吉川真司「平安京」（同氏前掲書）。
(56) 内匠寮も他官司と同様に元慶年間には官田が設置されるなどの対応が取られている（『類聚三代格』巻一五諸司田事、元慶五年（八八一）一一月二五日太政官符、同六年（八八二）四月一一日太政官符）。
(57) 今正秀「王朝国家中央機構の構造と特質—太政官と蔵人所—」（『ヒストリア』一四五、一九九四年）などを参照した。

〔補記1〕表については一部修正を加えるとともに、本書の統一を図るため、旧稿から体裁を変更した。

〔補記2〕内匠寮の年預については、旧稿の発表後、中原俊章氏から御教示いただき、本章に反映することができた。心より御礼申し上げる。

第六章　平安時代の内豎所の機構

はじめに

内豎所は平安時代に内裏の生活を支えた所々の一つである。[1]所属する内豎は内裏内外において物品の運搬や情報の伝達といった役割を果たした。[2]

内豎所に所属した内豎の系譜は少なくとも天平年間まで遡る。時勢によってその管轄機構は「豎子所」・「内豎所」・「内豎省」など様々に改編され、平城朝に至ると官司統廃合政策の一環として内豎自体も廃止されるが、嵯峨朝においてすぐに復置され、引き続き内裏において活動を行っていくことになった。[3]本章では平安時代の「内豎所」を考察の対象とし、特にその職員の特徴について明らかにしたいと思う。

内豎所　在二一本御書所東一、内候在二春興殿東一、厨在二大舎人寮南一、以二甲斐・周防一為二衣服料一、以二大臣・中将・六位一為二別当一、有二頭・執事一、有二熟食一、有二年官一、有二奏時・殿上及所々分一（内侍召・作物所・画所・神泉・鳥曹司等）

（『西宮記』巻八所々事）

右の史料は「蔵人所延喜例」と指摘されるものであり、これによると、一〇世紀初め、内豎所には「別当」の他、「頭」・「執事」といった上級職員が所属していたことが判明する。[4]また、内豎所の主要な構成員である内豎は、『延喜式』などによると二〇〇から三〇〇人程度、所属していたという。[5]

このうち「執事」は、次にあげる史料によると承平六年（九三六）以前は「官人代」という名称であった。

内豎所

請下重蒙二処分一因二准進物所・校書殿等例一改二官人代号一為中執事職上状

右謹検二案内一、件所頭・官人代各六員也、其号雖レ異、勤公是同、供二奉節会一、勤二仕殿上役一、又臨時奉二蔵人所仰一、趨二陣頭官中之召一、如レ此之勤、曾無二差別一、而諸司往々以二雑色人等一、私号二官人代一、彼此雖レ異、名号一同、仍不レ案二事情一之輩、以為二卑賤之職一、於レ是競進之輩漸稀、繁劇之勤殆闕、方今所在官人代内蔵遠兼・村主実茂、頃月依レ有二身病一、不レ勤二見仕一、遠兼独兼二仕厨家幷日給事一、一身之勤、已有二両端一、雑役繁多之間、公事可レ怠、是依二人々不レ進職之不満一也、因レ茲注二具由一、言上先了、重望特蒙二鴻恩一、因二准進物所・校書殿等例一、改二官人代号一、為二執事職一、然則出仕之人励二勤王之節一、拝官之輩知二奉公之責一、仍勒二事状一、謹請二処分一、

承平六年四月三日　　官人代村主

内蔵遠兼

頭　上毛野公房

内蔵

為レ備二勘例一所二写留一也

橘　忠胤

嶋田公忠

惟原保尚

別当大蔵大丞吉野滋春

別当中納言兼民部卿中宮大夫平朝臣伊望宣、奉レ勅依レ請者。

同年閏十一月十一日　別当大蔵大丞吉野滋春奉

奉行

別当左近衛少将源朝臣当季

（『類聚符宣抄』第七承平六年四月二日内豎所請奏）

これは、内豎所の職員であった「官人代」の名称を、進物所や校書殿にならって「執事」と改めたいという内容である。「官人代」という名称が「卑賤之職」と誤解され、その職に就くことを望む者がおらず、職務に事欠いたためという。本文や奥書には「官人代」の他に「別当」・「頭」などの職員に関する記述がみえ、一〇世紀半ばの内豎所の機構をうかがうことができ、貴重である。

所々の上級職員については、先行研究により「別当」は公卿・近衛次将や蔵人が兼任する所の最高責任者であり、九・一〇世紀の交までに設置されること、「頭」は殿上での奉仕の監督者であったこと、九世紀半ば以降には経済活動を掌る「預」が各所に設置されるようになったことなどが指摘されている(6)。これらの研究のなかで内豎所の職員についても触れられているが、あまり詳しく言及されておらず、各職員の出自や経歴・具体的な役割については検討の余地が残されているように思う。内豎所は平安時代の宮中所々のなかでも早くから姿をみせる所の一つであり、その内部構造を把握することは、所々の成立や変遷を解明するためにも有益だろう。

本章では、はじめに別当制の導入などの所々の整備拡充が行われたとされる一〇世紀以降の内豎所の職員の特徴を捉え、それを踏まえて九世紀における内豎所の職員についても考えたい。

一　内豎所の職員の概観

はじめに内豎所の各職員について、任命された人物の特徴をみていきたい。

1　別当

平安時代の内豎所の設置は九世紀前半であるが、(7)内豎所別当の初見は九世紀後半の『侍中群要』第二にみえる寛平七年（八九五）の内豎所別当宣である。『西宮記』巻八所々事に、大臣・中将・六位の官人が内豎所の別当を兼務すると記されているように、一〇世紀初めの内豎所別当の構成は、公卿・近衛次将の上級別当と六位の下級別当からなっていた。(8)

所々の別当は、殿上所充や欠員が出た場合の臨時の所充によって任命された。(9)内豎所の別当の任命については、『侍中群要』第一〇所々別当事に次のような記載がある。

『家』上卿奉レ仰、於二御前一定レ之有二闕勘文一、用二所紙・筆等一、但被レ補二陣中所々別当一者、令レ奏二慶由一、陣中謂二近衛陣陣内一、其所、校書殿・内豎所・進物所・御厨子所・薬殿・作物所等也、件度（慶カ）於二射場一令レ奏、地下者於レ腋可レ申欤、又内御書所別当奉レ仰々二彼所一、不レ奏二慶由一、是故実也、(10)

内豎所の内候所は日華門の南にある春興殿の一角に設けられており、右の史料にあるように近衛府の陣中にある所のひとつであったので、別当に任ぜられた者は射場において慶の由を奏すことになっていた。(11)

所々の別当については佐藤全敏氏の研究に詳しい。同氏は、所には別当に王卿・近衛次将が任命される型と、蔵人が任命される型とがあることを示し、所の初見時期と別当の型が連動していることから、九世紀前半までに成立し、王卿や近衛次将が別当に任命された所を旧型、九世紀後半以降に新設され、蔵人の別当が任命された所を新型と位置づけた。そして九世紀前半までは、天皇や天皇と人格的に結びついた皇親や上級官人が一体となって所々を管理していたが、九世紀後半以降は天皇が蔵人を介してより直接的に所々を管理する体制へと変化したと指摘した[12]。このような佐藤氏の別当の型と所の設置の時期を結びつける見解に対しては森田悌氏によって、別当の型の違いは各所の成立時期によるものではなく、その役割の違いからきているとの批判が出されている。森田氏によると、天皇のより個人的生活、営為に関わる所は蔵人の管理下へ、宮廷の公的行事や営為と関連した任務にあたる所は公卿や次将といった表向きの官人が管理したという[13]。先行研究の見解は若干異なるものの、別当に任命された人物の特徴・役割について把握することは所の性質を考える上で、重要な要素の一つであることが明示されたといえる。

以上のような先学の研究を踏まえ、内豎所の別当に任命された人物の特徴について具体的に考察を行いたい。

①公卿別当

内豎所の別当についてまとめたのが表1である。表をみると冒頭に掲げた『西宮記』の記述とは異なり、大臣・中将に限らず、中納言や参議なども任命されたことが判明する[14]。内豎所の公卿別当に任命されたことが確認される最初の人物は、源光である（表1―2）。『小右記』長元四年（一〇三一）九月一七日条によると、左大臣であった源光は延喜九年（九〇九）に内豎所を含む八箇所の別当になった。この人事は左大臣藤原時平が薨じたことによるものであり、時平が兼帯していた八箇所の別当を右大臣源光が譲り受けたと推測される。おそらく藤原時平も内豎所別当だったのだろう[15]（表1―1）。

表1　内豎所別当

	姓名	別当の種類	位階	兼官等	時期	出典
1	藤原時平※	公卿	正二位	左大臣・左大将・蔵人所別当	延喜九年	『小右記』(長元四年九月一七日条より推測)
2	源光	公卿	従二位	右大臣 左大将	同年	同
3	平随時	六位※	―	治部少丞	同一八年正月	『公卿補任』天暦二年
4	藤原忠平※	公卿	正三位	左大臣・左大将・蔵人所別当	延長三年三月二九日	『貞信公記抄』
5	藤原保高	六位※	―	―	同八年正月七日	『西宮記』一
6	平朝臣伊望	公卿	従三位	中納言・民部卿 中宮大夫	承平六年四月三日	『類聚符宣抄』七
7	源朝臣当季	近衛次将	―	左近衛少将	同年四月三日	同
8	吉野滋春	六位※	―	大蔵大丞	同	同
9	藤原元方	公卿	正四位下	参議・左大弁 讃岐権守	天慶四年一二月二七日	『本朝世紀』
10	藤原茂生	六位※	―	―	同六年正月一六日	『吏部王記』『西宮記』二
11	藤原時頼	六位	六位	散位	同七年五月五日	『九条殿記』
			―	大蔵丞	同九年四月二八日	『吏部王記』
			正六位上	任出羽権掾	長徳二年	『大間成文抄』三
12	大江維時※	公卿	従三位	参議・式部権大輔	天暦九年頃	『西宮記』一四・『公卿補任』天暦九年
13	紀有隣	六位※			正暦四年正月七日	『小右記』
			―	兵部允	同年一一月一日	『本朝世紀』
			―	兵部允	長徳三年八月六日	『権記』
14	藤原道長※	公卿	正二位	左大臣・内覧・蔵人所別当	寛弘二年正月二五日	『御堂関白記』・『小右記』
					同三年正月二六・二七日	『御堂関白記』
15	之清	六位※	―		治安三年正月七日	『小右記』
			―		万寿元年正月七日	同
			―		同三年四月一日	同
			―		同四年正月七日	同
			―		長元二年四月一日	同
			―		同四年正月七日	同
16	高明頼	六位	六位	右京進	承徳二年正月二五日	『魚魯愚鈔』文書標目
17	源盛定	六位	六位	治部少丞	永久四年正月	『大間成文抄』三

＊内豎所別当在任時の位階・官職については『公卿補任』一（吉川弘文館、一九八八年）なども参照した。
＊検討により推測される人物・別当の種類には※と記した。
＊参考として『大間成文抄』にみえる一二世紀以降の別当も表に加えた。

源光の後には、藤原忠平が公卿別当に任命されたと考えられる（表1―4）。『貞信公記抄』延長三年（九二五）三月二九日条には「内豎内蔵楚茂・田口高相為二官人代一、仰二頭俊範一、依二挙状一補也」とみえ、忠平が内豎頭「俊範」に仰せて内豎の内蔵楚茂と田口高相を官人代に任命したという記載がみえる。内豎所の職員の任命に関与していることや『西宮記』の内豎所の別当には大臣が任命されるという記載から、当時左大臣であった忠平が内豎所の公卿別当であった可能性は大きい(16)。

藤原道長も内豎所別当であったと考えられる（表1―14）。『御堂関白記』寛弘二年（一〇〇五）正月二五日条などによると、左大臣で内覧であった道長が内豎所の籍簡に署名したことがみえる。これは内豎所別当としての事務処理の一環であったと推測される(17)。

大臣を兼ねていない公卿別当には平伊望と藤原元方が確認できる（表1―6・9）。伊望は承平六年に中納言在任中(18)、元方は天慶四年（九四一）に参議・左大弁在任時に内豎所別当を兼ねた(19)。伊望は醍醐朝に左権少将・左少将を務めた人物である(20)。内豎所別当には近衛次将も任ぜられることから、伊望は左近衛少将の時に内豎所別当を務め、その経験をもとに朱雀朝の内豎所の公卿別当に任ぜられた可能性も考えられる。元方は醍醐朝・朱雀朝に右少弁・左少弁・左大弁を務めている(21)。内豎所は弁官経由で指示を受けることがあったため(22)、弁官の経験を積んだ元方は内豎所別当として適任であったのだろう。また『西宮記』巻一四裏書に引用されている応和三年（九六三）二月二一日の「右大将令レ申云、内豎所レ勘、大江朝臣叙二三位一之後、不レ待二宣旨一、猶為二別当一」という記述にみえる「大江朝臣」も、内豎所の公卿別当であったと考えられる（表1―12）。三位に叙されたさい、内豎所別当に再任されたというので、応和三年頃に大江姓で三位となった公卿というと、天暦九年（九五五）に従三位となった参議大江維時が該当するのではないかと思われる。天慶四年に内豎所の公卿別当であった藤原元方は天暦七年（九五三）に卒しているので、その前後に維時が公卿別当になったのかもしれない。[23]維時も大臣でない公卿別当といえる。

内豎所の公卿別当は藤原時平・源光・藤原忠平・藤原道長など、筆頭公卿が兼ねることが多かったようだが（表1―1・2・4・14）、そうではない平伊望・藤原元方・大江維時の任命の例がみられるように（表1―6・9・12）、必ずしも筆頭公卿が兼ねる必要はなかったと判明する。[24]

②近衛次将別当

『西宮記』巻八所々事によると内豎所には中将の別当が置かれるとみえるが、実例として確認できるのは、承平六年の内豎所請奏の署名にみえる左近衛少将の源当季のみである[25]（表1―7）。実際には近衛府の中将に限らず、次将（中将・少将）の別当が置かれたのだろう。

③六位別当

内豎所の六位別当として最初に確認される人物は、平随時である（表1―3）。随時は、延喜一八年（九一八）に「内豎別当」であった。[26]延長二年（九二四）に叙爵しているため、当時は六位別当であったと推測される。延喜一七年（九一七）に内豎頭の労で美濃権大掾に任命されているように内豎頭の経験者であり、内豎頭と六位別当の両方を務めた職員の例として貴重である。随時の父は従四位下雅望、母は中納言藤原山陰の女である。出自は比較的高く、内豎所の別当を務めた後には正四位下に叙され、蔵人頭・内蔵頭・参議なども務めている。

その他の内豎所の六位別当となった人物の詳細はあまり明らかではないが、藤原保高は、延長八年（九三〇）

の白馬節会の儀式における役割から内豎所の六位別当であったと推測される[27]（表1―5）。内麿の曾孫、藤原長岡の孫である[28]。承平六年の内豎所請奏にみえる吉野滋春は、本官が大蔵大丞であること、同時期に近衛次将別当・公卿別当の存在が確認されることなどから六位別当と考えられる[29]（表1―8）。藤原茂生は内麿の曾孫、藤原福当麻呂の孫である[30]（表1―10）。茂生も藤原保高と同様に儀式における役割の内容から、天慶六年（九四三）に六位別当であったと推測される。藤原時頼は『九条殿記』の天慶七年（九四四）の五月節会の記載に「六位別当散位藤原時頼」とみえる[31]（表1―11）。紀有隣・之清（姓不詳）も本官や儀式中の役割から六位別当であったと考えられる（表1―13・15）。之清は治安三年（一〇二三）から長元四年まで少なくとも八年間、六位別当を務めている。

確認できる内豎所の六位別当の出自・経歴を概観すると、平氏・藤原氏・紀氏など有力氏族を出自とする者も多いが、公卿にまで昇進した者は平随時以外に確認できない。一〇世紀半ば以降は公卿となることを望めない下級官人が就いた職といえるだろう。

六位別当の本官をみると、平随時の治部少丞、吉野滋春・藤原時頼の大蔵丞、紀有隣の兵部允などがみえ、諸司三分官が任命されることが多かったようである[32]（表1―3・8・11・13）。同時期に蔵人であったと確認できる人物はなく、『西宮記』巻八所々事にみえる「六位」とは、「六位蔵人」ではない「六位官人」を示すと考えられる。その他の内豎所の別当についても、筆頭公卿であった藤原時平・忠平・道長などが蔵人所別当を兼ねた例が確認できるのみで（表1―1・4・14）、その他の公卿別当や近衛次将別当が蔵人を兼ねたという例は認められなかった。内豎所は機構的には蔵人所とは関係なく成立していたといえる[33]。

2 内豎頭

内豎頭の初見は六位別当と同じく『西宮記』巻八所々事（「蔵人所延喜例」）と、平随時が延喜一七年に内豎頭労で美濃権大掾に任命されたという『公卿補任』の記載である。内豎頭であることが明らかである人物は少ないが、前掲の承平六年の内豎所請奏には「件所頭・官人代各六員也」とみえ、定員は六名であったことがわかる。同史料にみえる頭の署名は五名分しかないため、定員に満たない場合もあったのだろう。表2は内豎頭に任ぜられた人物をまとめたものである。

内豎頭に任命された人物の氏姓に偏りはなく、世襲化などの特徴は認められない。個々の出自・経歴については前述した平随時（表2―1）以外は詳細は不明であるが、『西宮記』巻三裏書に「臨時小節諸卿出ㇾ馬、（中略）良家子弟及内舎人・内豎頭乗ㇾ之」とみえ、節会において内豎頭が良家の子弟や内舎人とともに諸卿が出した馬に乗ったというので、ある程度は高貴な出自の者が任命されたと推測される。位階をみると六位程度の下級官人が就いた職といえる。

内豎頭は宣旨職であり[34]、内豎頭の労により、四所籍・所々奏などで諸国の三等官などに任官されることがあった。なかでも伊勢掾へ任官される例が多いが、その他の諸司諸国の三等官を兼ねた例も確認できる[35]。

3 執事（官人代）

執事は承平六年に「官人代」から名称が改められた。承平六年の内豎請奏の記述によると、頭と同様定員は六員であったが、「官人代」という名称が好まれなかったこともあり、当時は二員しか任命されていなかったとい

表2　内竪所頭

	姓名	位階	兼官等	時期	出典
1	平随時	—	内竪頭労で任美濃権大掾	延喜一七年正月二九日	『公卿補任』天暦二年
2	俊範	—	—	延長三年三月二九日	『貞信公記』
3	上毛野公房	—	—	承平六年四月三日	『類聚符宣抄』七
4	内蔵	—	—	同	同
5	橘忠胤	—	—	同	同
6	嶋田公忠	—	—	同	同
7	惟原保尚	—	—	同	同
8	義友	—	任伊勢掾・備後警固使	天慶三年二月二六日	『貞信公記抄』
9	安倍	—	—	天暦五年一〇月五日	『吏部王記』
10	大中臣朝臣範政	正六位上	任大宰権大監	長徳二年	『大間成文抄』三
11	伴朝臣武文	正六位上	任伊勢掾	康平六年	同
12	伴朝臣為方	正六位上	任伊勢少掾	嘉保元年	同
13	安倍助清	—	大主鈴	承徳二年正月二五日	『魚魯愚鈔』文書標目
14	丹波宿禰松久	正六位上	任伊勢権掾	長治二年	『大間成文抄』三
15	御野宿禰国次	正六位上	任伊勢少掾	永久四年	同
16	秦宿禰則永	正六位上	任伊勢少掾	久寿二年	同
17	菅野朝臣倫時	正六位上	主税允	同年正月二三日	同
18	藤原朝臣盛安	正六位上	玄蕃允	安元元年一二月六日	同　七
			—	安元二年正月二六日	同　三
			玄蕃允	治承四年正月二四日	同　七
19	藤井宿禰清貞	正六位上	任伊勢少掾	安元二年	同　三
20	日下部宿禰徳安	正六位上	任伊勢掾	—	『江家次第』四

＊参考のため『大間成文抄』にみえる一二世紀の内竪頭も表に加えた。

表3　内竪所執事（官人代）

	姓名	位階	兼官等	時期	出典
1	賀茂善行	—	—	元慶六年	『菅家文草』七
2	内蔵楚茂	—	—	延長三年三月二九日	『貞信公記抄』
3	田口高相	—	—	同年三月二九日	『貞信公記抄』
4	内蔵遠兼	—	—	承平六年四月三日	『類聚符宣抄』七
5	村主実茂	—	—	同	『類聚符宣抄』七
6	藤井有道	—	—	承徳二年正月二五日	『魚魯愚鈔』文書標目

う。[36]「蔵人所延喜例」の転載とされる『西宮記』巻八所々事の記述には、「官人代」ではなく「執事」が掲げられているが、おそらく『西宮記』を編纂するにあたり、引用した「蔵人所延喜例」の「官人代」という記述を「執事」へと修正したのだろう。

執事（官人代）に任命された人物は六名のみ確認できる（表3）。任命の基準などの詳細は不明だが、『貞信公記抄』延長三年三月二九日条から知られるように、内豎から任命されることがあった。官人代は頭と同じく宣旨職であり、また四所籍において諸国司の掾などに任命されている。[37]

4　預

所々のなかには、事務責任者であり、物資調達などを行う預が設置された所がある。所々への預の設置は、承和の頃から始まり、寛平・延喜の頃に一般化したと指摘されている。[38]『西宮記』巻八所々事には内豎所職員として預はあげられていないため、当初は設置されていなかったと推測される。しかし、『御堂関白記』や『小右記』によると、寛弘二年正月二五日の除目の日、「内豎預」が署名を求めて、同所の別当である藤原道長のもとへ籍簡を献上したことがみえ、[39]また『魚魯愚鈔』巻第一外記方上四所任国事にも、治安三年に内豎所の預が尾張掾へ任官されたことがみえるため、内豎所にも一一世紀前半までに追置されたと考えられる。

内豎所には頭や執事といった職員が設置されており、また物資調達が必要な供奉の役割ももたないため、他の所のように当初は預を設置する必要はなかったと推測されるが、所々への預の設置が普及するに伴い、その制度を取り入れるようになったのだろう。内豎所の預については別当や頭などに比べ記述が少なく、数例しか確認できないため、その詳細は不明である。[40]

5　内豎

平安時代の内豎所には、数百人もの内豎が所属し[41]、別当や頭などの上級職員の指示に従って供奉を行った[42]。『侍中群要』第二に引用される内豎所式によると、内豎には「上殿」と「不殿上」とが定められていたという。

表4は九・一〇世紀を中心に内豎所に所属した内豎のうち、頭・預・執事などに分類できない人物をまとめたものである。「内豎」と明記している者のなかにも頭・預・執事であった人物も含まれている可能性もあるが、少なくとも「奏時」・「喚」とみえる人物は、上記の上級職に就いていない内豎であったと考えられる（表4―35・44・47・48・52・53・65・66）。「奏時」内豎は、内裏において時刻を伝える役割を果たした内豎であり、「喚」内豎は公卿や蔵人の召仰により使役された内豎を指すのだろう[43]。

『大間成文抄』などにみえる除目の記述によると、内豎は時奏・喚などの役割ごとに年労が数えられ、それによって諸国の目などへ任官されているため、内豎はそれぞれに固定された役割を長期に渡って供奉していたことがうかがえる[44]。しかし、上述のように内豎が官人代（執事）へ任命された例もあるため、内豎としての経験を買われるなどして管理職へと進む場合もあったのだろう。

また、内豎は内豎所にとどまらず、他の機関に出向することもあった。『西宮記』巻八所々事によると、作物所や画所・神泉苑・鳥曹司などへ分けられるとみえ、実例としても作物所の雑工を務めた内豎がいたことが確認できる（表4―50）。

平安時代の内豎の出自については、浅香年木氏が京およびその周辺地域の富豪層出身の者が多いと指摘している[45]。八世紀には孤児を集めて内豎としたり[46]、高麗朝臣福信のように相撲の強さが評判となり、内豎所へ召された

表4　その他の内豎所職員

	氏名	位	時期	出典	備考（兼官等）
1	橘吉雄	―	天長一〇年四月一九日	『続日本後紀』 『政事要略』二九 『西宮記』六裏書	内豎
2	毘解河継	―	承和二年五月二九日	『続日本後紀』	内豎
3	上毛野公諸兄	従六位上	同一〇月二七日	同	内豎
4	高橋朝臣祖嗣	―	同五年八月三日	『平安遺文』六三	内豎
5	石川朝臣真主	―	同	同	内豎
		正六位上	同七年六月二五日	同　六六	使東大寺別当内豎
			同九年七月二〇日	同　七二	使別当内豎
			同　二四日	同　七四	使寺別当内豎
6	楊津連継吉	無位	同一一年一〇月四日	『続日本後紀』	内豎
7	稲城壬生公綱継	無位	同一四年六月二七日	『平安遺文』八六	内豎
8	民忌寸川守	正七位下	同	同	内豎
9	紀直貞吉	従八位下	貞観五年九月一三日	『日本三代実録』	内豎
10	飛鳥戸造清生	正六位上	同年一〇月一一日	同	内豎
11	伴宿禰世継	―	同六年	『政事要略』九五	内豎・穀倉院交易使
12	斎部宿禰社雄	正八位上	同八年七月六日	『日本三代実録』	内豎
13	淡海真人秋野	―	同一五年五月二九日	同	内豎
14	子部氏雄	―	同一六年一二月二五日	同	内豎
15	秦	―	同一八年三月七日	『平安遺文』一七一	内豎
16	春良高貞	―	同一九年閏二月二八日	『西宮記』一三	内豎・侍従厨預
17	額田連岑直	従六位下	延喜二年	『大間成文抄』四	内豎・神泉預、任上総少目
18	布敷常藤	従七位上	同一二年七月一七日	『平安遺文』二〇七	内豎
19	県使首扶実	従八位上	延長六年三月一七日	同　二二五	内豎
			同年一二月一五日	同　二三〇	
20	大中臣	―	同　一七日	同　二三一	国司代内豎

21	秋篠朝臣直平	正六位上	同七年六月二九日	同　一二二一	内豎
22	安倍有名	—	天暦三年四月九日	『東寺百合文書』 『平安遺文』二五六	内豎
23	紀朝臣氏秀	従七位下	同四年六月一七日	『朝野群載』二一	内豎
24	為房	—	同九年正月七日	『宸筆御八講記』	内豎
25	五百井	—	同一一年一一月二三日	『平安遺文』二六四	内豎
26	高田総蔭	—	康保元年九月二五日	『東大寺文書』 『平安遺文』二七九・二八〇	内豎
27	伴	—	安和二年七月八日	仁和寺文書	内豎
28	文正信	—	同	同	内豎
29	紀良朝	—	同	同	内豎
30	栗前是信	—	同	同	内豎
31	榎本山成	—	同	同	内豎
32	伊福部利光	—	安和二年一一月五日 長徳二年一一月三日	『光明寺旧記』 『平安遺文』二九九 『平安遺文』三六七 『平安遺文』一八六一	内豎
33	大春日秋満	—	貞元三年一一月一三日	『東文書』	内豎
34	藤原朝臣有延	正六位上	長徳二年	『大間成文抄』三	内豎散位労、任常陸権大掾
35	清原真人利明	従八位上	同	同	奏時、任摂津権大目
36	大蔵朝臣為基	従八位上	同	同	内豎大籍、任下総権大掾
37	文屋真人滋兼	正六位上	同	同	内豎天暦籍、任美濃権大目
38	友〔支ヵ〕主弘頼	正六位上	同	同	内豎安和籍、任摂津権大目
39	美努朝臣清延	正六位上	同三年秋	同　七	内豎挙、任大主鈴
40	和晴忠	—	同四年七月二日	『権記』	内豎
41	秦	—	寛弘二年二月四日	『東文書』	内豎
42	小治田	—	同	同	内豎
43	秦	—	同七年二月二〇日	同	内豎
44	有福	—	寛仁元年一一月一九日	『左経記』	奏時

45	物部宗時	―	長元九年正月二一日	『平安遺文』五六八	内豎
46	清原真人則武	正六位上	康平六年	『大間成文抄』三	内豎散位、任大和権少掾
47	美努宿禰信重	正六位上	同	同	喚内豎、任和泉目
48	阿比古宿禰吉則	正六位上	同	同	奏時、任河内大目
49	大中臣朝臣行本	正六位上	同	同	内豎承平籍、任伊賀権掾
50	丸部宿禰信方	正六位上	寛治六年	同	作物所内豎、任越後少掾
51	藤井宿禰信方	正六位上	嘉保元年	同	内豎散位労、任摂津大掾
		―	承徳二年正月二五日	『魚魯愚鈔』文書標目	―
52	伴朝臣成季	正六位上	嘉保元年	『大間成文抄』三	喚内豎、任駿河少目
53	伴朝臣為国	正六位上	同	同	奏時、任伊勢少目
54	越智宿禰経則	正六位上	同	同	内豎天暦籍、任大和少掾
55	林宿禰重経	正六位上	同	同　七	内豎所請、任大主鈴
		―	承徳二年正月二五日	『魚魯愚鈔』文書標目	少主鈴
56	林則重	―	同	同	任大典鎰
57	清原有時	―	同	同	―
58	件国道	―	同	同	―
59	藤井武成	―	同	同	―
60	藤原有次	―	同	同	主税属
61	安倍忠清	―	同	同	主殿少属
62	伴成通	―	同	同	主殿権大属
63	清科近江	―	同	同	主殿大属
64	紀景信	―	同	同	大主鈴
65	近江朝臣元吉	正六位上	―	『江家次第』四	内豎大籍喚、任和泉権目
66	小治田宿禰広兼	正六位上	―	同	内豎大籍奏時、任大和少目
67	私宿禰信元	正六位上	―	同	天暦籍、任相模少目

＊『大間成文抄』『魚魯愚鈔』にみえる一二世紀以降の内豎についての記述は省略した。
＊表1・2・3以外の内豎をまとめた。

という例もあった[47]。平安時代の内豎も様々な理由によって召集されたのだろう。

また、八世紀には淡海真人三船や高麗朝臣福信など高位高官に昇った内豎も確認されるが[48]、平安時代の内豎所には別当などの上級官人を除いて、内豎の身分を有する高位官人はほとんど確認できない。八世紀においては豎子（内豎）には、貴姓身分・蔭子孫出身の者と卑姓身分の下級身分の者とが任用されており、高位の者は天皇の側近にあって政治上の補佐や勅命を宣伝・執行し、下級身分の者は雑務に駆使されるというように役割が異なっていたという[49]。第七章で述べるように平安時代に確認できる内豎所の活動は、節会における供奉や公卿や蔵人の召仰の使役に関するものが大半であり、これらは八世紀には主として下級身分の内豎が果たしていたものと考えられる。内豎所を復置した九世紀初めには、八世紀に貴姓身分の内豎が果たした天皇の侍臣的な役割は期待されず、下級身分の内豎が行う内裏の生活を支える細々とした雑務のみが必要とされたのだろう。

二　各職員の役割

次に内豎所の各職員の役割についてみていきたい。内豎の一般的な役割については本書第七章で触れるため、本章では別当・頭・執事などの上級職員の役割をみていきたい。先行研究では所の職員のうち、別当は所の最高責任者、頭は殿上での奉仕の監督者、預は経済活動を掌る事務責任者といった役割を果たしたとされている[50]。これらの指摘も参照しつつ、具体的な事例の確認を行いたい。はじめに内豎所職員の事務手続きについて、次いで儀式における役割について考察を行う。

1　事務手続きにおける内豎所職員の役割

まず前掲した承平六年の内豎所請奏の記載にみえる事務手続きを確認する。奥書の署名部分によると、頭・官人代からの申し立ては六位別当を介して公卿別当へと伝えられ、公卿別当は天皇の許可を請い、許可が下りると近衛次将の別当の奉行により宣下の内容が執行されたと考えられる。次に内豎所職員の任命手続きについてだが、内豎頭・執事は宣旨職であり、『侍中群要』第一〇などによると任命の宣旨は蔵人を介して内豎所へ伝えられた(51)。しかし、前掲した『貞信公記抄』延長三年三月二九日条によると、内豎所の公卿別当と推測される右大臣の藤原忠平が官人代の補任を内豎頭に仰せたとみえる。佐藤氏によると所職員の任命の宣下は、本来は各所の別当を通じて所へ伝えられたが、一〇世紀頃に別当制の形骸化が始まると、蔵人を通じて各所へ宣下される体制へと変化したという(52)。また除目では、内豎頭以下は四所籍において、労帳に基づいて諸国司や所司に巡任された(53)。上述のように藤原道長は、内豎所の公卿別当であったと推測される寛弘二年正月の除目にさいして内豎所の労帳に加署したことがみえる。除目の日、内豎所の籍簡に別当の署がなく、議所に立てることができなかったため、内豎所預と内豎が陣座にいる道長のもとに籍簡を運び、加署を求めたという(54)。このように労帳には公卿別当の署名が必要であったが、労帳への署名は公卿別当だけでなくその他の職員のものも必要であった。一二世紀の労帳には六位別当・頭・預などの署名が確認できる(55)。なお、内豎所職員は四所籍以外に所々奏においても諸国司に任命されたが(56)、それにも別当以下の署名がみえる。

以上の内豎所の事務手続きからうかがえる各職員の役割をまとめると、別当は事務手続きにおいても内豎所の代表者としての役割を果たしていたといえる。各種別当ごとにみると、公卿別当は内豎所の最高責任者として天皇と内豎所の間を取り次ぐ役割を担当し、近衛次将別当は、承平六年の請奏にみえるように宣旨の内容を「奉行」するという役割や近衛府の内裏を警衛するという職掌から推測して、[57]内裏で活動する内豎を広い意味で監督する責任者であったと考えられる。そして六位別当は頭・執事と上級別当との間を取り次ぎ、公文書を作成する事務責任者であったと思われる。これらの別当のもと、内豎所内の実務を取り仕切り内豎をまとめていたのは、頭であったと推測される。彼らは別当に伝達する情報の取りまとめを行い、内豎所の現場責任者として様々な文書に署名した。執事（官人代）は承平六年の請奏によると、内豎の食事や日給などを担当したとみえるので、所属する内豎を管理する業務を職掌としていたと考えられる。奥書にみえる署名から推測すると、内豎頭の次の地位にあった管理職だったのだろう。

2　儀式における内豎所職員の役割

儀式における内豎所の役割が史料に残される場合、単に「内豎」または「内豎所」とのみ表記がなされ、それぞれの職員の役割については明記されないことが多いが、比較的多く史料に登場し、その役割を知ることができるのは六位別当や頭である。儀式における内豎所の役割としては、上卿や内弁などの公卿・近衛府官人の指示により、官人の儀場への召喚や物品の運搬を行うことなどが掲げられるが、[58]このような役割を果たすさい、内豎所の代表者として内弁などの前へ進み、直接指示を受けるのは六位別当や頭であった。

（上略）于時天皇御二南殿一、内侍臨二東檻一召レ人、親王・公卿着レ靴参上着レ座、次出居次将・侍従等同着レ靴、入レ自二日華門一参上着レ座（中略）、上召二内豎一二声、内豎四人於二日華門外一同音称唯、一人入レ自二日華門一、立二桜樹坤方一、六位別当頭等類、上卿云、喚二博士等一、称唯趍出、博士学生等着レ靴、参三入自二同門一、列二立桜樹東

方一、北面西上、立定、次第昇レ自二東階一着レ座（下略）

（『九条年中行事』（釈奠事）明日経論議事）

右は釈奠の内論議の儀式次第の一部である。内論議の当日、天皇が南殿に出御し、親王や公卿らが殿上の座に着いた後、上卿が博士たちを殿上に召した。その具体的な次第をみると、まず殿上にいる上卿が内豎を召すと、それに応じて日華門の外にいた内豎四人が称唯する。内豎のうち一人が日華門から南庭に参入して殿の前の桜木の南西の位置に立つと、上卿はその内豎に博士を参入させるよう命じる。命を受けた内豎は称唯して南庭から退出し、博士たちにその旨を伝えると、博士たちは日華門から参入して殿上に昇った。本文の割書きによると、内豎所の代表として南庭へ参入し、上卿の命を受けるのは六位別当や頭であるという。このように儀式中に六位別当や頭が内豎所の代表として殿上の上卿などの命を直に受けるということは、『九条年中行事』二孟旬儀や『江家次第』巻第六二孟旬儀などにもみえる(59)。

このような六位別当・頭の役割は実例でも確認できる。例として六位別当であった藤原時頼の儀式中の役割をみていきたい。天慶七年の武徳殿で行われた五月五日節会において、「六位別当散位藤原時頼」は大臣の召しにより武徳殿に昇り、兵部卿・親王を参入させるよう仰せられた。翌六日にも負馬の親王らが献じた銭を受け取るため内豎一人を率いて参上し、銭を受け取り侍従厨家へと運ぶ役割を果たしている(60)。その他にも、時頼は村上天皇の即位の儀において大臣の命を受け、昭訓門外にいる式部・兵部省の官人を召したことが確認される(61)。内豎頭については『小右記』長和五年（一〇一六）正月七日条に、白馬節会において内弁の藤原実資により、内豎頭が式部・兵部省の官人を儀場へ召すよう命じられたことがみえる。

以上のように儀式の場において、内豎所の代表として大臣などの命を受けるのは内豎頭と、内豎所別当のなかでは六位別当であった。この役割を考慮すると、史料において「六位別当」と明記されないものの、同様な役割を果たした「別当」が、「六位別当」であったと推測される。つまり儀式において同様の役割を果たしたことが確認される内豎所「別当」の藤原保高・藤原茂生・紀有隣・之清は、六位の「別当」であったと考えられるのである(62)（表1―5・10・13・15）。時頼と有隣は内豎所別当として役割を果たした時期が重なっているため（表1―11・13）、内豎所の六位別当は同時に複数置かれることがあったようである。

なお、儀式時に内豎所の六位別当・頭へ指示を下したのは、内弁などの大臣だけでなく、旬などでは出居次将も確認できる。(63)内豎所の上級別当は大臣や近衛次将が兼任するものであった。必ずしも儀式において内豎に指示を下した公卿・近衛次将が内豎所別当を兼ねていたとはいえないが、事務手続きと同様に儀式においても大臣・近衛次将から六位別当・頭へという命令の伝達が基本的に取られていたことがうかがえる。

次に内豎頭の儀式時の役割についてもう少し検討したい。承平六年の内豎所請奏には、頭と執事の役割について「供二奉節会一、勤二仕殿上役一、又臨時奉二蔵人所仰一、趨二陣頭官中之召一」とみえる。これは内豎所自体の役割を述べたものと推測されるが、(64)内豎頭は内豎がこのような役割を果たすさい、自らも供奉に加わった。『西宮記』巻六旬には宜陽殿の饗についての記載があるが、それによると内豎頭は内酒正とともに酌を執るとみえる。また季御読経においても内豎所は臣下に振舞う酒を準備し、酌を執った。(65)『左経記』寛仁四年（一〇二〇）五月二日条にみえる季御読経結願の日の記載によると、侍従厨家が例により陣座に饗饌を設けたものの、内豎頭が不参したために酌を執る人がおらず、盃酌が停められたという。内豎頭は自ら饗宴において官人たちへ酌をするという役割を果たしていたのである。また『吏部王記』天暦五年（九五一）一〇月五日条によると、紫宸殿で行われた残菊宴に遅参した重明親王は、その旨を左大臣藤原実頼へ伝えるよう内豎頭「安倍（名不詳）」に頼んだ。安倍は益饌の前には召しがない限り殿に上がることはできないため、すぐに親王の到着を左大臣へ伝えることは難しいと答えている。結局索餅を供奉した後、内豎を介して昇殿の召しが伝えられ、親王は殿上の座に着くことができた。この史料により、内豎頭は殿上に上がり、益饌を行っていたことがうかがえる。内豎が儀式で供奉を行う場合は数人で供奉することが多いため、事務手続きなどからうかがえる所内における頭の位置づけも考慮すると、内豎頭は自ら供奉に参加しつつ、他の内豎の供奉も監督するという、現場責任者としての役割を負っていたと推測される。(66)

以上内豎所職員の役割について検討を行った。公卿別当や近衛次将は事務手続きにおいては内豎所の責任者として文書などに明確に現れるが、儀式時においては内豎所の職員として現れることはなく、六位別当や頭が内豎所の代表者として振舞った。公卿や近衛次将の別当は政務の中枢にいる殿上人であり、天皇が関わる重要な手続きにさいしては内豎所の職員として役割を果たしたのだろう。(67)それに対して六位別当は文書処理などの雑務に時間を割くことも比較的多く、複数の別当のなかでは最も内豎所の動向を把握し、内豎所の実質的な責任者としての役割を果たしていたと推測される。(68)平随時は内豎頭から六位別当へと任命されたが、それは内豎所の供奉責任者であった頭の経験を買われての人事であったのだろう。このような人事は他に確認できないものの、しばしば採用されたのではないだろうか。

なお、六位別当と内豎頭は儀式において同じく内豎所の代表として振舞ったが、内豎頭には六位の位をもつ者が多く任命されているように（表2）、六位別当と内豎頭は内豎所内における立場にはそれほど大きな差はなかったと推測される。ただし六位別当は内豎頭とは異なり、他の内豎とともに自ら内豎としての供奉を行うということは基本的になく、供奉内容にはあまり関与していなかったと考えられる。六位別当は事務責任者、内豎頭は供奉責任者というように職務内容は異なっていたと思われる。しかし、どちらも内豎所の実質的な責任者・代表者であるとみなされていたために、儀場に内豎所の代表者が参上する必要がある場合には、どちらか一方が参上すればよかったのだろう。

三　九世紀の内豎所の機構

前節までで確認したように一〇世紀以降、内豎所には数種の別当や頭・執事などの職員が置かれ、内豎たちは彼らの監督・管理のもと供奉を行っていた。しかし、このような内豎所の機構が整備されるのは、所々の整備が行われた九世紀末から一〇世紀初めの頃と推測される。ではそれ以前の九世紀の内豎所の機構はどのようになっていたのだろうか。

ここで、九世紀に編纂された『内裏式』・『儀式』に記載がみえる「内豎大夫」に注目したい。白馬節会が行われる正月七日には除目のための位記が式部省・兵部省へと給われたが、そのさい、大臣は内豎を介して式部省・兵部省の官人を儀場へと召した。『内裏式』上七日会式の該当箇所の記述には「大臣喚二内豎一、称唯、内豎大夫趨立二左近陣西頭一、大臣宣喚二式部・兵部一、称唯、出喚二一省輔一」とみえ、『儀式』巻第七正月七日儀には「大臣喚二内豎一、内豎称唯、内豎大夫（元為内豎者）趨立二左近陣西頭一、大臣宣喚二式部・兵部一、称唯、出喚二一省輔一」とある。これらの史料によると、内豎所の代表として大臣から宣を承ったのは「内豎大夫」であった。そして『儀式』の割書によると、「内豎大夫」は「元為内豎者」という。『儀式』巻四践祚大嘗祭儀下辰日儀にも同様の場面で内豎「大夫」が大臣の召しによって儀場に参入するとみえるので、白馬節会に限らず、九世紀の儀礼においては「内豎大夫」が内豎所の代表者としてこのような役割を果たしていたと推測される。上述のように一〇世紀以降、このような役割を果たしたのは「六位別当」もしくは「頭」であった。ではいつから、「内豎大夫」のこのような役割が「六位別当」・「頭」へと移行したのだろうか。

『北山抄』巻第五大嘗会事（午日）には次のような記述がある。

大臣召二内豎一、（式云、大夫一人参入、本為内豎者云々、寛平例如レ之、而承平以来、六位別当参入如レ恒）令レ召二一省一賜二下名一如レ常、

割書きによると、寛平と承平の大嘗祭との境で変化があり、承平以降は「大夫」ではなく、「六位別当」が参入するようになったとみえる。つまり「内豎大夫」の役割を「六位別当」が行うようになった時期は九世紀末から一〇世紀前半であったことが判明する。これは所々の整備が行われたと指摘される時期と重なる。内豎所の別当の初見は寛平年間であることや、『内裏式』・『儀式』には「大歌別当」の記載があるのに対して、[69]内豎所別当については記述がみえないことからも、九世紀段階には内豎所には別当制は導入されていなかったと推測される。内豎所に別当が置かれるようになったのは九世紀末から一〇世紀前半であったと考えられる。

ではこの「内豎大夫」とはどのような人物を指すのだろうか。「大夫」は平安時代には一般的に五位もしくは五位以上の官人を指したとされるが、[70]一〇世紀以降の内豎所の職員の官位をみると、別当を除いて五位以上の職員は確認できない。

そこで「内豎大夫」の記載がみえる『内裏式』や『儀式』にみられる、その他の「官名＋大夫」の用例を抽出したところ、「弁大夫」や「中宮大夫」・「春宮大夫」などの職官の長官は省くと、[71]「大歌別当大夫」[72]・「楽所大夫」[73]・「相撲司大夫」[74]などが確認され、この場合の「大夫」とは所や司の別当などの統率者を指していると思われ

る。これから推測すると「内竪所」の「大夫」とは、内竪所の統率者を指すと考えられる。(75)

　おそらく、九世紀末以降に別当が設置される以前から内竪所には頭以下の職員は所属していたと推測される。内竪所が活動するには供奉責任者である頭や内竪の管理を行う執事などは不可欠である。「頭」は蔵人所などの他の所にも九世紀初頭には設置されていたことが確認できるため、(76)内竪所にも早い段階から設置されたとしても支障はないと思われる。

　そこで問題となるのが「内竪大夫」と内竪頭との関係である。九世紀以前の内竪頭は、おそらく実質的な内竪所の責任者であり、統率者であったと考えられる。しかし、『内裏式』や『儀式』にみえる「大夫」は、たとえ「大歌別当大夫」・「楽所大夫」など、所や司の統率者という意味を含むとしても、やはり五位以上の官人を前提としていると思われる。(77)一〇世紀以降、六位の位をもつ者がほとんどであった内竪頭を「大夫」と表記することは考えにくい。(78)

　推測の範囲を出ないが、「内竪大夫」とは五位以上の官人で適切な人物を内竪所の責任者として任命したものではないだろうか。『儀式』にみえる「内竪大夫元為内竪者」という記述は文意が取りにくいが、以前は、内竪のなかから「内竪大夫」が選ばれたということを述べているのだろう。(79)八世紀においては、内竪身分をもつ者で五位以上に昇る上級身分の者が存在していたということは前述した通りである。また内竪省時代においては、五位以上の四等官も置かれていた。(80)しかし、九世紀以降、内竪身分で五位以上の位をもつ者はほとんど確認できず、別当制が導入される以前の内竪所には五位官人が常時所属していなかったと推測される。このため九世紀以降は、内竪所とは直接関係のない五位以上の官人も、内竪所の統率者として任命されるようになったのではないだろうか。「大歌別当大夫」・「楽所大夫」・「相撲司大夫」は儀式のために臨時に任命されるものであったことからすると、(81)

「内豎大夫」も威儀をただす必要がある儀礼などに限り、臨時に任命された可能性も考えられる。

推測を重ねることになったが、以上の検討をまとめると、九世紀の内豎所には内豎頭以下が日常の供奉を行っていたが、儀式など威儀をただす必要がある場合には五位以上の官人が臨時に「内豎大夫」として任命され、内豎所の代表者として振舞ったと考えたい。「内豎大夫」の役割は、おそらく八世紀の段階では五位以上の位を有する内豎や内豎省の四等官などがその役割を果たしたと推測されるが、平安時代に入り、五位以上の位をもつ上級身分の内豎が減少すると、内豎に限らない五位以上の官人が臨時に任命されるようになったと思われる。そして九世紀末に別当制が導入されると、儀式ごとに五位官人を「内豎大夫」に命じるのではなく、内豎所の六位別当がその役割を果たすようになり、そのうち供奉責任者である内豎頭も同様な役割を果たすようになったのではないだろうか。

おわりに

最後に本章で述べたことを整理したい。

一、内豎所には、公卿・近衛次将・六位が兼ねる別当、頭、執事などの上級職員が所属し、内豎を率いて供奉を行っていた。これらの職員は蔵人の兼任を前提とするものではなく、内豎所は機構的には蔵人所とは関係なく機能していた。公卿・近衛次将を除いて、六位別当・頭・執事などの出自・経歴の詳細は明らかでないが、内豎所における労によって除目で諸司の三等官などへ任官されることはあるものの、基本的に公卿などへの出世が望めない下級官人が務めた職であったと考えられる。

二、別当は先学の指摘にあるように所の責任者として内豎所の活動を支えた。内豎所の最高責任者である公卿別当や近衛次将は朝廷運営の中枢にある立場を活かして、天皇と内豎所との間の橋渡しや内豎所の監督を行う役割を果たし、六位別当は上級別当のもと、主に事務処理の責任者として供奉を行った。これらの別当に対し、内豎所内において直接的に内豎たちをまとめていたのは頭・執事であった。頭は内豎所の現場の責任者・代表者として振舞い、自ら供奉に参加することもあった。執事は内豎頭のもと、所属する内豎の管理を担当した。

三、内豎所を実質的に運営する頭・官人代は、別当制の導入以前の早い段階から設置されていたと推測される。九世紀においては内豎所には五位以上の官人が常時所属していなかったため、『内裏式』や『儀式』などの儀式書にみえるように、威儀をただす必要がある儀式にさいしては、臨時に五位以上の官人が「内豎大夫」として任命され、内豎所の代表として内豎たちを統率したと考えられる。九世紀末に別当制が導入されると、儀式ごとに五位官人を「内豎大夫」として命じるのではなく、内豎所の六位別当や内豎頭がその役割を果たすようになったと考えられる。

本章では、主に一〇世紀以後の史料をもとに、内豎所の職員の基礎的な考察を行った。内豎所は九世紀前半に設置され、所々のなかでも成立が古いものである。しかし、機構は旧来のままではなく、別当制の導入や預の追置など、常にその時代の状況に対応し、改編された。内裏の運営において必要不可欠な機関であったために、度々機構を変化させながらも長く継承されたのだろう。

所々の研究は一〇世紀以降の状況については検討が重ねられ、理解が深められつつあるが、九世紀以前についてはあまり実態が明らかになっていないといえる。本章では九世紀の内豎所の機構について見通しを述べるにとどまったが、今後も他の所とともに引き続き検討していく必要があるだろう。

注

（1）平安時代の所々については、所京子「「所」の成立と展開」（『平安朝「所・後院・俗別当」の研究』勉誠出版、二〇〇四年、初出は一九六八年）、玉井力「九・十世紀の蔵人所に関する一考察―内廷経済の中枢としての側面を中心に―」（『平安時代の貴族と天皇』岩波書店、二〇〇〇年、初出は一九七五年）、佐藤全敏「宮中の「所」と所々別当制」（『平安時代の天皇と官僚制』東京大学出版会、二〇〇八年、初出は一九九七年、a論文とする）、同「所々別当制の展開過程」（『東京大学日本史学研究室紀要』五、二〇〇一年、b論文とする）などの研究がある。

（2）内豎所の職掌については、本書第七章を参照。

（3）奈良時代の内豎については、山本信吉「内豎省の研究」（『摂関政治史論考』吉川弘文館、二〇〇三年、初出は一九五九年、a論文とする）、井山温子「施薬院と悲田院について―豎子（内豎）との関係から―」（薗田香融編『日本古代社会の史的展開』塙書房、一九九九年）がある。嵯峨朝までの内豎所の変遷については本書第七章でも触れる。

（4）西本昌弘「「蔵人式」と「蔵人所例」の再検討―『新撰年中行事』所引の「蔵人式」新出逸文をめぐって―」（『日本古代の年中行事書と新史料』吉川弘文館、二〇一二年、初出は一九九八年）、佐藤氏前掲b論文。

（5）延喜大炊寮式、『倭名類聚抄』巻五。

（6）渡辺直彦「蔵人所別当について」（『日本古代官位制度の基礎的研究』増訂版、吉川弘文館、一九七八年）、所・玉井氏前掲論文、佐藤氏前掲a・b論文、森田悌「佐藤全敏著「所々別当制の特質」」（『史学雑誌』一〇六編四号）」（『法制史研究』四八、一九九八年、a論文とする）、同「宮廷所考」（『王朝政治と在地社会』吉川弘文館、二〇〇五年、初出は一九九九年、b論文とする）。

（7）本書第七章参照。

（8）山本信吉「穀倉院の機能と職員」（同氏前掲書、初出は一九七三年、b論文とする）、佐藤氏前掲a論文など。

（9）所々別当の補任については、古瀬奈津子「「殿上所充」小考―摂関期から院政期へ―」（『日本古代王権と儀式』吉川弘文館、一九九八年、初出は一九九二年）、岡野浩二「所充の研究」（渡辺直彦編『古代史論叢』続群書類従完成会、一九九四年）、佐藤氏前掲b論文などを参照した。

(10)『西宮記』巻八所々事。
(11)壬生本『西宮記』巻一〇軸宣旨事・諸司諸寺所々事、『親信卿記』天延二年（九七四）五月二四日条にみえる故実にも同様の記載がある。
(12)佐藤氏前掲a・b論文参照。
(13)森田氏前掲a・b論文参照。
(14)なお、時代が下った嘉応元年（一一六九）の殿上所宛の記述によると、内豎所別当には摂政と権右中弁が任命されており、一〇世紀頃とは内豎所別当の兼帯する官職が変化したことがうかがえる（『兵範記』同年八月二七日条）。
(15)岡野氏前掲論文・佐藤氏前掲a論文においてすでに指摘がなされている。
(16)佐藤氏も同様に忠平が内豎所別当であったと推測している（前掲a論文）。
(17)『小右記』同日条。『御堂関白記』同三年（一〇〇六）正月二六・二七日条。佐藤氏前掲a論文参照。
(18)『類聚符宣抄』第七同年四月三日内豎所請奏。
(19)『本朝世紀』同年一二月二七日条。
(20)『公卿補任』巻一篇、延長五年（九二七）。
(21)『公卿補任』巻一篇、天慶二年（九三九）・天慶四年など。
(22)本書第七章参照。
(23)『公卿補任』巻一篇、天暦七年・同九年。
(24)岡野氏は、内豎所別当には一〇世紀以降筆頭公卿が任命されたと指摘している（岡野氏前掲論文）。ちなみに藤原忠平は太政大臣に任ぜられる承平六年八月まで筆頭公卿であったが、同年四月には、平伊望が内豎所の公卿別当であったことが確認できるため、筆頭公卿在任中にも内豎所別当を兼ねていない時期があったことが判明する。
(25)『類聚符宣抄』第七承平六年四月三日内豎所請奏。
(26)平随時の経歴については『公卿補任』第一編天暦二年を参照した。
(27)『西宮記』巻一七日節会。六位別当の役割については後述。

(28)『尊卑分脈』第一編。
(29)『類聚符宣抄』第七。
(30)『尊卑分脈』第一編。
(31)『尊卑分脈』第二編にみえる藤原貞嗣の子孫「従五位下伊豆守時頼」か。
(32)山本氏前掲b論文参照。
(33)ただし、特に一〇世紀以降、蔵人の指示を受けて内豎が活動する例は多くみられるようになる（本書第七章参照）。
(34)『侍中群要』第一〇、『西宮記』巻一三諸宣旨、同一五内豎頭執事事など。
(35)表2。『西宮記』巻二除目、『江家次第』巻四除目など、『魚魯愚鈔』によると、内豎頭は伊勢や美濃の他、播磨・摂津などの国司にも任命されたとみえる。
(36)『類聚符宣抄』第七同六年四月三日内豎所請奏。
(37)注(34)、『江家次第』巻四除目などを参照。
(38)所・玉井氏前掲論文・佐藤氏前掲a論文参照。
(39)写本を調査したところ、少なくとも『御堂関白記』に関しては、当該史料の前後において「預」と「頭」との書き分けが明確ではないことが判明した（陽明文庫編『御堂関白記』一、思文閣出版、一九八三年）。しかし、『小右記』の記述については、東京大学史料編纂所において前田育徳会尊経閣文庫本の写真帳を用いて調査を行ったところ、当該条前後の「頭」と「預」の書き分けはなされていると思われるため、本章では「頭」ではなく「預」と考えることにした。
「頭」と「預」の字体は類似しており、『西宮記』巻四神今食にみえる天慶元年（九三八）一二月一六日の記述などでも「頭」を「預」と誤記している例もある。この記述では、儀式において手長を供奉しているという役割から、「預」ではなく「頭」が正しいと推測される（本章第二節参照）。『小右記』の記述は誤記の可能性も考えられるが、『魚魯愚鈔』や『大間成文抄』といった後世の史料に内豎所への預の記述が散見するため、遅かれ早かれ設置されたと考えられる。内豎所への預の追置については、佐藤氏が前掲a・b論文においてすでに指摘している。
(40)その他、内豎預の記述がみえる史料には、『大間成文抄』第三四所籍があり、安元二年（一一七六）正月二六日に「預正六位上伴朝臣為安」という人物がいたことが確認される。

(41) 注(5)参照。

(42) 本章第二節を参照。

(43) 本書第七・八章参照。

(44) 四所籍・所々奏については黒板伸夫「四所籍小考—律令官制形骸化の一側面—」(『摂関時代史論集』吉川弘文館、一九八〇年、初出は一九七二年)、佐藤氏前掲b論文を参照した。

(45) 浅香年木「官営工房の解体と私営工房の構造」(『日本古代手工業史の研究』法政大学出版局、一九七一年、初出は一九六四年)。

(46) 井山氏前掲論文参照。

(47) 『続日本紀』延暦八年(七八九)一〇月乙酉条高倉朝臣福信薨伝。

(48) 淡海三船については、『続日本紀』天平勝宝八歳(七五六)五月癸亥条。高麗福信については注(47)を参照。

(49) 山本氏前掲a論文。

(50) 所・玉井氏前掲論文、佐藤氏前掲a・b論文参照。

(51) 『西宮記』巻一五内竪頭・執事等事、同巻一三諸宣旨などにも同様の記載がある。

(52) 佐藤氏前掲a論文参照。

(53) 『西宮記』巻二除目、『江家次第』巻第四除目など。

(54) 『小右記』『御堂関白記』同年二五日条。翌年にも道長は、内竪所の籍簡に加署している(『御堂関白記』同三年正月二六日・二七日条)。

(55) 『大間成文抄』・『魚魯愚鈔』。佐藤氏によると、労帳には本来最終責任者として別当が加署していたが、一二世紀前半までに別当の署名がなくなり、代わりに預・頭・執事などが署名するようになるという。内竪所の労帳についても一二世紀初め頃を境に六位別当の署名がなくなると指摘している(佐藤氏前掲b論文表Ⅰ参照)。

(56) 佐藤氏前掲b論文表Ⅱ。

(57) 近衛府の機能については、笹山晴生「平安前期の左右近衛府に関する考察」(『日本古代衛府制度の研究』東京大学出版会、一九八五年、初出は一九六二年)を参照した。
(58) 本書第七章参照。
(59) その他、『江家次第』巻一元日節会にも内豎頭の同様な役割の記述がみられる。
(60) 『九条殿記』同年五月五日・六日条。
(61) 『吏部王記』天慶九年(九四六)四月二八日条。
(62) 藤原保高については『西宮記』巻一七日節会。藤原茂生は『吏部王記』天慶六年正月一〇日条。紀有隣は『小右記』正暦四年(九九三)正月七日条、『本朝世紀』同四年一一月一日条、『権記』長徳三年(九九七)八月六日条。之清は『小右記』治安三年正月七日条、同万寿四年(一〇二七)正月七日条、同長元四年(一〇三一)正月七日条などを参照。
(63) 『江家次第』巻第六二孟旬など、本書第七章参照。
(64) 本書第七章参照。
(65) 『西宮記』巻五季御読経事、『江家次第』巻第五季御読経事。
(66) 殿上の供奉については、内豎数人が殿に上がり、臣下が使用した台盤を片付けたという記述がある(『西宮記』巻六旬)。益饌なども数人で供奉したのだろう。その他、庭中においても複数の内豎が供奉を行ったことが各儀式で確認される(本書第七章表1・2)。玉井氏は所々に置かれた頭について、殿上での供奉の責任者であろうと指摘している(玉井氏前掲論文参照)。確かに内豎の主要な役割の一つには殿上での供奉があり、内豎頭がその責任者を務めたであろうことは上述の通りである。しかし内豎所の役割には、殿上での奉仕の他、殿下・庭中などにおいても情報の伝達や物品の運搬・官人の召喚を行っており、また内裏外への使者といった役割も果たしている。官人の召喚においては、内豎頭は庭中でも内豎所の代表者・統率者として役割を果たすこともあった。内豎頭は内豎所の殿上での奉仕の責任者に限らず、内豎所が担う供奉全体の実質的な責任者であったと考えられる。
(67) 佐藤氏は、所の別当は天皇に直接関わる部分において所の最高責任者として振舞うものの、所内部の日常の活動にはほとんど関与しなかったと指摘している(佐藤氏前掲a・b論文)。

(68) 山本氏は穀倉院の機構について検討し、そのなかで穀倉院の二重別当について論じている。それによると上級別当は内裏運営の当事者が兼ね、内裏の様々な行事を円滑に運営するために所の指揮、連絡にあたり、下級別当は事務を担当したと指摘している。そして穀倉院と同様に二重別当を置く所司として内豎所をあげている（山本氏前掲b論文）。
(69)『内裏式』上元正受群臣朝賀式幷会、同中一一月新嘗会式、『儀式』巻第五新嘗会儀など。
(70) 橋本義彦「蔵人五位と五位蔵人」（『平安貴族』平凡社、一九八六年）。
(71) 橋本氏前掲論文（附記）を参照。
(72) 注(69)を参照。
(73)『儀式』巻第八相撲節儀。
(74)『内裏式』中七月七日相撲式、『儀式』巻第八相撲節儀。
(75) 平安時代の官名とともに使用される「大夫」については橋本氏の研究があり、平安中期以降には「官名+大夫」の順で記述される場合、官名は前官を指すと指摘している（橋本氏前掲論文参照）。しかし、『儀式』などにみえる「大歌別当大夫」や「相撲司大夫」などについては、儀式にさいして任命されるものであるため、当てはまらないといえる。内豎大夫についても同様であったと思われる。
(76) 蔵人所については渡辺氏前掲書を参照した。
(77) 例えば大歌の大夫は五位の者が任命されるとみえる（『儀式』巻第七正月七日儀）。また所司の大夫ではないが、奏事大夫なども四位と五位の者が務める（同巻第八五月五日節儀）。
(78) 奈良時代においては、五位未満の「所」の長官が「大夫」と称された例もあるが（十川陽一「奈良時代の「所」と「大夫」─工人集団展開の一断面─」（『日本古代の国家と造営事業』吉川弘文館、二〇一二年、初出は二〇〇七年））、奈良時代の正倉院文書などにみえる記述と、平安時代の『内裏式』・『儀式』などの儀式書の記述とを同一に扱うことはできないように思われる。
(79) この割書の文意は、儀式書における「内豎大夫」や「内豎」の表記に関するものとも考えられる。『内裏儀式』をみると同様の役割を果たすのは「内豎」と記されているが（同七日宴会式・賀茂祭日警固式・五月五日観馬射式）、『内裏式』や『儀式』

においては同様の場面で「内豎」と記されることもあるものの、「内豎大夫」という表記もみえるようになる（『内裏式』上七日会式、『儀式』巻第七正月七日儀など）。『内裏儀式』では「内豎」と記述されていたものが、『内裏式』や『儀式』では「内豎大夫」という表記に変更されたということを述べているのかもしれない。この場合、『内裏儀式』では儀式で責任者を務める内豎は五位以上に限られていなかった可能性もあるが、『内裏式』・『儀式』では五位以上の「大夫」という規定が加えられたと考えられる。

（80）山本氏前掲a論文表9参照。

（81）所氏前掲論文、有吉恭子「楽所の成立と展開」（『史窓』二九、一九七一年）などを参照。

第七章　平安時代の内豎所の職掌

はじめに

平安時代には多くの所が内裏に置かれ、儀式や日常生活に対して様々な奉仕を行っていた(1)。内豎所もこうした所の一つであり、九世紀初めに成立して以来、主に内裏において役割を果たした。延喜年間の記載である『西宮記』巻八所々事には内豎所について下記のような記載がある(2)。

内豎所　在二一本御書所東一、内候在二春興殿東一、厨在二大舎人寮南一、以二甲斐・周防一為二衣服料一、以二大臣・中将・六位一為二別当一、有二頭・執事一、有二熟食一、有二年官一、有二奏時・殿上及所々分一内侍召・作物所・画所・神泉・鳥曹司等

史料によれば、延喜年間には一本御書所の東に曹司が、大舎人寮の南に厨が設置され、内裏の春興殿の東に内候所を置いていたことがわかる。内裏で供奉する内豎が内候所に出向し、その他は曹司に控えて諸務を行ったのだろう。主な構成員である内豎の他に別当や頭・執事などの職員が所属していること、内豎の衣服料や年官が用意されていることなどから、機構として整備されていた様子がうかがえる。内豎の職掌は、時刻を天皇に奏す時奏や殿上における奉仕の他、内侍所・作物所・画所など他の機関へ派遣されて雑事にあたることであった。

平安時代の内豎所については所京子氏の研究がある。所氏は所々の変遷を論じるなかで、内豎所についても職掌・職員などの概要を明らかにした(3)。しかし、内豎の具体的な役割など、未だ明らかとなっていない点もあり、検討の余地が残されているといえる。また、従来、所々は蔵人所との関係に注目して論じられることが多く、

九・一〇世紀の交に天皇の家産機関の中心である蔵人所が機能を拡大するに伴い、所々も整備され蔵人所の統轄を受けるようになったと考えられてきた[4]。しかし、近年では別当制などの内裏における政務・儀式運営に関する研究が進展し、蔵人所による所々の統轄のあり方や、太政官組織と所々との関係についても新たな指摘がなされ、今後も引き続き議論を行う必要が出てきている[5]。内豎所についても再考が必要と思われる。

本章では平安時代の内豎所の職掌について具体的に検討を行い、太政官組織・蔵人所との関係を考慮しながら、内豎が内裏においてどのような役割を果たしたのかを明らかにしたい。

一　内豎所の職掌

職掌の検討の前に、平安時代の内豎所の成立過程について確認したい。平安宮の内豎所は、弘仁年間に成立したと考えられるが、その構成員である内豎はすでに天平年間には存在していた。もとは「豎子」と表記されていたが[6]、天平宝字六年（七六二）の末までに「内豎」と名称が改められている[7]。その所属機構として「豎子所」・「内豎所」が設置されていたことが平城京出土木簡や正倉院文書などから判明する[8]。山本信吉氏によると、奈良時代の内豎は天皇・皇太后・皇后に直属し、勅命に伴って宮中と外司との間を連絡し、雑使を務め、宮中で天皇側近の警護を行うものであった。特に称徳朝に重視され、内豎所は内豎省へと格上げされてその機能は拡大したという[9]。内豎省は称徳天皇崩御直後の宝亀三年（七七二）に廃止されたが[10]、その後、宝亀七年（七七六）に「内豎曹司」が残されていたことが確認でき[11]、延暦年間には内豎の存在も認められる[12]。職掌は内豎省時代に比べ縮小したと考えられるが、内豎の身分は消失することなく奉仕を続けていたのである。しかし、平城朝の大同二年（八〇七）一〇月一六日に内豎は廃止される。内豎は一〇〇名ずつ左右大舎人寮へ分けられ、「内豎」の名称は消失した[13]。廃止の理由は定かではないが、平城朝の官司統廃合政策の一環と推測される[14]。内豎と大舎人は天皇に近侍して宿直・遣使を行うトネリという点で職掌が類似していること[15]、延暦一三年（七九四）の段階で少なくとも二六〇人いた内豎が（『弘仁格抄』）、左右大舎人寮へ分配された時には二〇〇名と減員されていることから、職掌が類似する機構を減員の上、統合した処置といえる。

嵯峨朝に入ると内豎はすぐに復置された。嵯峨天皇は弘仁二年（八一一）に大舎人寮の「上殿舎人」一二〇人を旧名の内豎に戻し[16]、弘仁一〇年（八一九）には、内豎を大舎人寮から独立させた[17]。大舎人寮へ併合されている間にも、内豎は「上殿舎人」と称されており、大舎人とは区別されていたことがうかがえる[18]。大舎人寮から別置された直後の内豎の所属機構がどのようなものであったのかは不明だが、「寮」や「司」などといった令制に準じた官司として整備されたという記載はみえないことから、「所」の形式をとっていたと推測される。平安時代の「内豎所」の成立は弘仁年間と考えてよいだろう[19]。内裏に出入りする内豎の役割を考慮すると、延喜年間に確認できる内候所も比較的早い段階から設置されていたのではないだろうか。

以上を踏まえ、平安時代の内豎所の職掌について考察を行いたい。前掲した『西宮記』巻八所々事によると、その職掌は他所へ派遣される他は、時奏や殿上での奉仕を行うことであったという。また『類聚符宣抄』第七承平六年（九三六）四月三日内豎所請奏には、「供二奉節会一」、「勤二仕殿上役一」、「又臨時奉二蔵人所仰一」、「趨二陣頭官中之召一」との記載がみえる。これらの二つの史料から内豎所の職掌を大まかに捉えることができるが、以下具体的に確認していきたい。

内豎の職掌については、詳しい記載がみられる儀式書を中心に考察を行った。主な儀式書にみえる内豎の役割を表1・2としてまとめた。本章では各所へ派遣された内豎については省き、内豎所における内豎の役割に限って検討を行った。

1　物品の運搬・食事の役送

内豎の儀式時の職掌として顕著なものに、調度などの物品の儀場への搬入・搬出がある。具体的には以下のものが確認できる。御暦・頒暦・奏文などを運ぶための机や櫃（表1―1・23・30・32）、大歌所が使用する鐘鼓台（表1―1）、負馬王卿以下が献じた銭（表1―22）、御畳（表1―24）、幣物（表1―35）、山城国献物（表2―1）、時簡（表2―9）、太刀（表2―4・5）、下名・位記（表2―10・17）などである。また行幸時には、取物内豎は御笏や鞋などをもって従った[20]（表1―33、表2―2・7・10）。その他、諸司が儀式で使用する物品を運搬するさい、人手が不足した場合は内豎がその補助を行った（表1―3・5・37）[21]。

具体的にどのように内豎が調度などの物品を運搬したのか、一一月の御暦奏の儀式を参考に確認したい（表1―30）。御暦奏は陰陽寮が作成した暦を天皇に進上する儀式である。一一月一日の平旦、闈司奏を経て庭中へ参入した中務省・陰陽寮の官人は、御暦の函をのせた机と頒暦の櫃を南庭に立てる。闈司が御暦を机ごと殿上に運び、内侍が御暦を受け取って天皇に奏上すると、机のみが庭中に返される。日華門から少納言が内豎六人を率いて庭中に入り、内豎二人が机を、四人が頒暦の櫃を舁いで同門から退出する。頒暦は太政官に与えられ、内外諸司に頒布された[22]。このように、内豎は日華門と南庭の間の御暦の机・頒暦の櫃の運搬を行い、女官や諸司に取り次いだ。

このような物品運搬の役割は、内裏の紫宸殿の他に豊楽殿・武徳殿・大極殿・神嘉殿・建礼門前などの儀式でも行っている[23]。『内裏儀式』にも確認されるため、少なくとも弘仁年間には行っていたことがわかる（表1―1）。

表1　年中行事にみえる内豎の職掌

	儀式	職掌	供奉する場	出典
1	元日節会	御暦・頒暦（机・櫃）の運搬	紫宸殿（『内』・『儀』は豊楽殿）	内儀・内・儀・西・北
		酒部		内・儀・西・江
		臣下の餛飩・汁物・飯等の役送		西・北・江
		大歌所が使用する鐘鼓台の運搬		内
		遅参した王卿の到着を知らせる		西・北
2	五日叙位儀	台盤の運搬	宜陽殿	西
		瓶子を取る		江
3	正月七日節会	舞台の設営　※内蔵寮の補助	紫宸殿 宜陽殿（『内』・『儀』は豊楽殿）	内・儀
		式部省・兵部省を召す		内儀・内・儀・西・北・江
		内蔵寮を召す		内儀・内
		御弓の運搬　※内蔵寮の補助		内
		膳部・酒部		内・儀・江
4	正月八日叙内親王以下儀	中務省を召す	紫宸殿	儀
5	卯杖	卯杖の運搬　※内蔵寮の補助	紫宸殿	内・儀
6	踏歌	酒部	紫宸殿	江
		臣下の餛飩・汁物・飯等の役送		江
7	後宴	棖・簡を立てる	射場	西
8	射礼	王卿の粉熟飯等の役送	建礼門前	西・江
		幡を執る		北
9	射遺	参議を催す	—	江
10	賭射	当日官人を催す	—	江
11	内宴	文人を催す	—	北
12	釈奠内論義	博士等を召す	紫宸殿	西・北
13	円宗寺最勝会	公卿を催す	—	江
14	祈年穀奉幣	内豎音奏せず	—	江
15	薬師寺最勝会	堂童子に差す	—	西
16	旬	臣下の台盤・筋匕・四種・索餅・下物等の運搬・弁備	紫宸殿 宜陽殿	西・北・江
		臣下に氷魚を賜う		西・北
		侍従厨御贄の運搬		西・江
		酌を執る		西
17	平野祭	上卿を催す	—	江
18	賀茂祭日警固	六衛府佐以上等の喚集	紫宸殿 陣	内儀・内・儀・西・北・江
		解陣のため諸衛を召す		内
19	御灌仏会	納言・参議を催す　※御物忌	—	江
20	四月二八日牽駒	臣下に膳を賜う	武徳殿	西
		王卿以下出居以上に盃を献ず		西
		馬の生牧・毛色等の伝奏		儀・西
21	五月五日節	諸寺へ薬玉を献じる使者	武徳殿	西
		兵部卿を召す		西
		内蔵寮を召す		内儀・内・儀
		左右次将を召す		西
		馬を進めた者の名等の伝奏		内儀・内・儀・西

22	五月六日儀	臣下に饌を賜う	武徳殿	西
		負馬王卿以下が献じた銭の運搬		西
		侍従等を召す		西
		試射		内
		馬の生牧・毛色等の伝奏		儀・西
23	御体御卜	奏文（机）の運搬　※穢時	紫宸殿	西
24	神今食	御畳の運搬	神嘉殿	北・江
25	相撲節	王卿以下の饌の役送	紫宸殿	西・北・江
26	相撲仁寿殿東庭例	饌の役送	仁寿殿	西・江
27	九月九日節	氷魚を賜う	紫宸殿	西
28	季御読経	陣饗の役送	陣	西
		瓶を分け執り、酒樽を陣内に立てる		西・江
29	射場始	垪・簡を立てる	射場	西・江
		矢取内豎		西・北・江
30	十一月進御暦	少納言を召す	紫宸殿	内
		御暦・頒暦（机・櫃）の運搬		内・儀・西・北・江
31	朔旦冬至	臣下に四種・下物等を賜う	紫宸殿	西・江
32	十一月奏御宅田稲数	奏文を置いた机の運搬	紫宸殿	内・儀
33	新嘗祭	取物内豎	神嘉殿	西・江
34	豊明節会	酒部	紫宸殿（『内』・『儀』は豊楽殿）	西・江
		所司に仰せて床子を移動させる　※雨儀		江
		大歌人を移動させる		江
		小忌台盤の運搬		西・江
		禄を取る		江
35	荷前	幣物の運搬	建礼門前	西・北・江
		幣物を取り出し焼く		西
		荷前使		西
36	御仏名	諸卿を催す	—	江
37	十二月進御薬	薬の運搬　※医生等の補助	紫宸殿	内・儀

＊勘物・引用等の記載は省き、本文中の記載のみ反映した。
＊内豎が供奉する場は、供奉の中心となる殿舎等を表記した。
＊出典は『内裏儀式』：内儀、『内裏式』：内、『儀式』：儀、『西宮記』：西、『北山抄』：北、『江家次第』：江と表記した。

表2　臨時儀式にみえる内豎の職掌

	儀式	職掌	供奉する場	出典
1	大嘗会御禊	山城国献物の運搬	河原	江
2	践祚大嘗祭	御帳帷幷に御鏡の緒等を縫う	大極殿 豊楽殿	儀
		田舞		儀・西・北
		取物内豎		儀
		臣下の膳の役送		西・北
		式部省・兵部省を召す		儀・北・江
		小忌台盤を下げる		江
3	飛駅儀	少納言を召す	陣	儀・北
		時刻を申す		儀
4	内侍所御神奉遷他所事	太刀櫃の運搬	内侍所	西
5	賜将軍節刀事	節刀の運搬	陣	北
6	進節刀事	少納言を召す	紫宸殿	西・北
7	行幸（中院）	取物内豎	神嘉殿	西
8	行幸（京内）	先１日、六衛府等を召す	陣	西・北
9	譲位	時簡を移し時刻を申す	新帝御在所	西・江
10	即位	式部省・兵部省を召す	大極殿	西・江
		下名・位記の運搬		北・江
		取物内豎		江
11	御元服	式部省・兵部省を召す	宜陽殿	江
12	皇太子元服	王卿に饌を賜う	紫宸殿	北
		朱台盤５脚・四尺八尺１脚等を立てる		江
13	親王元服	屯食を分ける	春興殿西庭	西
14	凶事	親王への連絡	—	西
15	天皇崩御	葬列に従う	—	西
16	太子葬事	毎七日御誦経の使者	—	西
17	薨奏事	位記を柳箱に納める	敷政門	北
18	固関	諸衛を召す	陣	西・江
		少納言・中務輔・内記・主鈴等を召す		儀・西・北・江
		時刻を申す		儀・西・北・江
		左右馬寮を召す		儀・西・北・江
		固関使を召す		儀・西
		左右馬寮・兵庫寮の使を召す		儀・西・北・江
19	開関	少納言・中務輔・内記・主鈴等を召す	陣	西・北
		時刻を申す		西・北
		左右馬寮を召す		西・北
		開関使を召す		西・北
		左右馬寮・兵庫寮の使を召す		西・北
		諸衛を召す		西
20	殿上賭射	矢取内豎	射場	江
		栫・簡を立てる		
21	臨時競馬	王卿の饌の役送	武徳殿	江

＊勘物・引用等の記載は省き、本文中の記載のみ反映した。
＊内豎が供奉する場は、供奉の中心となる殿舎等を表記した。
＊出典は『内裏儀式』：内儀、『内裏式』：内、『儀式』：儀、『西宮記』：西、『北山抄』：北、『江家次第』：江と表記した。

また、内豎の儀場における物品の運搬の役割の一つとして、節会などで臣下に与えられた食事の準備・片付けもあげられる。臣下が食事に使用した台盤・衝重の設営・撤去や、飯・餛飩・汁物・酒などの食事の役送などが確認される（表1―1・2・3・6・8・16・20・22・25・26・27・28・31・34、表2―2・12・21）。

紫宸殿で行われた旬の儀式での役割についてみていきたい（表1―16）。旬では、御鎰奏と官奏が終わると臣下らに宴が賜与された。日華門外に控えていた内豎は、出居次将の「給二御飯一」という指示により、王卿以下の台盤を日華門から運び入れて殿上に昇り、臣下の前に立て、それぞれに箸・匙を置き、四種を配膳する。(24)また別の内豎四人が朱盤にそれぞれ朱垸四口を置いたものをもって日華門から進物所へ向かい、同所で索餅を受け取ると、再び日華門を経て内豎所に戻り、そこで索餅を盃に盛り分けてから殿上の王卿や出居に受け渡した。下物は内豎四人が紫宸殿の西階で釆女から受け取り、東階から殿上に運ぶと、王卿や出居によって臣下に取り分けられた。宴が終わると内豎は台盤を下げ、内豎所に保管したと考えられる。(25)臣下の膳はひとつひとつ下げるのではなく、台盤ごと下げる作法であったようである。(26)

このような臣下の食事に対する内豎の供奉は、節会などが行われる紫宸殿の他、宜陽殿・陣・仁寿殿における饗宴でも行われている。(27)また内裏の閤門内以外に豊楽殿・武徳殿・建礼門前などで行われる儀式でも同様の役割を果たした。

内豎の臣下の食事に対する供奉は、『内裏式』にも確認され（表1―1・3）、少なくとも九世紀前半にはこのような役割を果たしていたことが判明する。早い実例としては、『日本三代実録』貞観二年（八六〇）一一月一日条に朔旦冬至のために内裏前殿において宴が催されたさい、校書殿・内豎などの見直の者を録して奏したことがみえる。内豎は侍臣の食事などに対して供奉を行ったのだろう。

2　儀場への官人の召喚

内竪の儀式における役割のなかで重要なものに、内弁などの公卿の指示によって官人を儀場へ召喚する役割がある（表1―3・4・12・18・21・22・30、表2―2・3・6・8・10・11・18・19）。例えば、南殿で行われた正月七日節会では、内弁は下名や位記を給うために式部省と兵部省の官人を召すさい、下名を給う時は宜陽殿の兀子から、位記を給う時には紫宸殿の殿上から、日華門外に控えている内竪を召し、両省の官人を召すよう指示した。内竪が日華門を出て両省の官人に召しを告げると、両省の官人は同門から南庭に入り、殿に昇って内弁から下名や位記を受け取った(28)。

この官人の召喚は紫宸殿・宜陽殿だけでなく、大極殿・豊楽殿・武徳殿の儀式においても内竪が担当した。『内裏儀式』の記載でも確認されるため、少なくとも弘仁年間には行っていたことがわかる（表1―3・18・21）。『内裏式』下には、詔書を下す時にも内竪が殿上の官人の指示により中務省の官人を入閤させるという記載がみえるので(29)、日常政務においても同様な役割を果たしていたようである。

また節会に遅参した親王や官人の到着を内弁に知らせ、参入させるのも内竪の役割であった（表1―1）。実例では『九暦』天慶七年（九四四）正月七日条に、白馬節会に遅参した成明親王が陣に控えていることを知った藤原忠平が天皇の許可をとり、内竪を遣わして親王に参上すべきの由を伝えたことがみえる。

3　矢取内竪・伝奏

次に武徳殿で行われた四月二八日駒牽・五月五日節・同六日儀や、内裏の射場で行われた射場始・殿上賭弓などの武芸が行われた儀式での内豎の役割についてみていきたい。

四月二八日駒牽・五月五日節・同六日儀では、庭中にいる兵部省や左右馬寮の官人が馬の牧・毛色などを奏した内容を、内豎が武徳殿の前まで走り来て伝奏した（表1―20・21・22）。射場始や殿上賭弓では、矢取内豎として十数人の内豎が供奉した。内豎は簡を紫宸殿の大床柱に、桙を堋の西に立て、安福殿東庇の座に控える。公卿や侍臣が矢を射ると、その矢を拾って殿上へ奉った（表1―7・29、表2―20）。『江家次第』巻第九射場始や『吏部王記』延長四年（九二六）一〇月五日条の殿上弓庭始などの記載によると、射られた矢は、内豎から殿上六位や殿上童に授けられ、射人に分けられたという。

伝奏の早い例は『内裏儀式』に五月五日節会に記載がみえ（表1―21）、矢取内豎の早い例は『続日本後紀』承和二年（八三五）正月二三日条に御箭を取った内豎・大舎人が布を賜ったことがみえるので、九世紀前半にはこのような役割を果たしていたことが判明する。

4 時奏

時奏も内豎の役割である。飛駅・譲位・固関・開関などの儀式において時刻を奏したことがみえる（表2―3・9・18・19）。飛駅儀や固関・開関の儀においては、大臣が少納言を介して内豎に時刻を問い、内豎が知らせた時刻を内記が勅符に記した。譲位の儀式では、内豎は譲位した天皇の居所から毎日の時奏に使う時簡を新天皇の居所へと運び、そこで時を奏した。譲位の実例では天慶九年（九四六）四月二〇日に、朱雀天皇の譲位にさいし、内豎が新帝の居る梅壷へ向かい、時奏を行ったことがみえる（「九暦逸文」）。内豎の時奏は儀式時に限らず、清涼殿の小庭で毎日毎刻行うものでもあった[30]。内豎の時奏の早い例は、『儀式』巻第一〇にのせる飛駅儀・固関の儀の記載（表2―3・18）や『日本三代実録』貞観八年（八六六）七月一三日乙卯条にみえ、九世紀半ばには行っていたことが確認できる。

5　内裏からの使

以上は内裏を中心とした宮廷内の内豎の役割であるが、内豎は内裏の使として宮の外へも遣わされた。その一つには諸寺・陵墓などへの使がある（表1―21・35、表2―16）。例えば荷前では、内豎は官人・職事各々一人と内舎人・大舎人とともに陵墓へ遣わされ、幣物を奉った(31)。五月五日節では、薬玉を諸寺へ送る使となっている。表に上げた儀式時以外にも、天皇の不予などにより誦経を行うために諸寺へ遣わされたり(32)、応天門の火事を伊勢大神宮に伝える使に定められるなど(33)、内豎が臨時に内裏の使として他所へ遣わされたという記載は多く確認される。

また内裏からの召喚などの連絡を自邸などに居る親王や官人に伝える使としての役割も日々果たしている（表1―9・10・11・13・17・19・36、表2―14）。このような例は古記録に頻出し、内豎の主要な役割の一つであったことがうかがえる。『吏部王記』天慶九年五月一三日条によると、内豎は「可レ奉二仕明後日八省行幸一」という右大臣藤原実頼の宣を重明親王に伝えている。また同天暦元年（九四七）一二月二六日条には「内豎来云、宣旨云、右大臣宣、自今以後、諸節被二参内一諸親王可レ参二刻限以前一由、宜丁差二内豎一令丙普知乙家司甲、若違失者、召二勘家司一者、即問二刻限一、内豎云、巳四点以前也」とみえ、内豎が重明親王のところに節会へは刻限以前に参内するようにという右大臣の宣を伝えている。このように内豎は内裏からの様々な連絡を重明親王へ伝えていた。『権記』長徳四年（九九八）一二月一〇日条には大雪により結政に官人たちが集まらなかったため、藤原行成がその旨を天皇に奏上し、内豎を官人たちのもとへ使に出したことがみえる。戻ってきた内豎は諸卿が皆障があると申したと伝えているので、内豎は使に行った先からの伝言ももち帰ったことがわかる。内裏の使としての役割は奈良時代においても確認され[34]、平安時代に引き継がれた役割の一つであった。

以上、平安時代の儀式書にみえる内豎の職掌を五つに分類した。さらに大きく特徴をまとめれば、内裏内外における物品の運搬や連絡を行うことが内豎の役割であったといえる。これらの役割は、内豎所の成立時期である九世紀前半には確認され、平安時代を通じて行われていたことがわかる（表1・2）。また内豎は儀式時に行う時奏や内裏内外の使といった役割を日常でも行っており、あまり史料には現れないものの、物品の運搬など、儀式中で行ったその他の役割も日常から果たしていたと推測される。

内豎は内候所をもつことから内裏での供奉が最も重要な役割であったと考えられる。内豎の内裏における供奉は『内裏儀式』にみえ、内豎所の成立当初の弘仁期からのものであった（表1―1・3・18）。しかし、内豎は豊楽殿・武徳殿などの内裏外の儀式でも内裏と同様な役割を果たしている[35]。『吏部王記』延長八年（九三〇）正月八日条によると、この日大極殿で行われた御斎会では、尋常と異なり天皇が出御したために内豎も殿上雑役などの供奉を行ったという。奉仕する対象である天皇などの人々の移動に従い、内豎は内裏外においても内裏内と同様な役割を果たしたのである。内裏からの物品・情報を内裏の外へ運ぶ使としての役割も、内裏における供奉の延長上のものといえる。

では内豎はこのような役割をいつから果たしていたのだろうか。八世紀に確認できる内豎の職掌は内裏の使のみだが[36]、九世紀以降にみられるようなその他の役割も果たしていたのではないだろうか。内豎の内裏における物品の運搬・儀場への官人の召喚といった役割を載せる『内裏儀式』は、奈良時代以来の伝統を残していると指摘されるものであり、八世紀には節会などの儀式が内裏においても行われている[37]。天皇に時刻を知らせる時奏は日常生活に不可欠であり、内裏内における物品の運搬も同様である。平安時代の内豎の職掌をそのまま奈良時代へと遡らせることはできないが、内豎が九世紀以降行っていた職掌は、八世紀に行っていたものが下地となっていたのではないだろうか。『類聚国史』巻三二帝王一二天皇遊宴の記載によると、延暦二二年（八〇三）五月一六日に行われた曲宴では侍臣・近衛とともに内豎が布を賜っている。これは内豎が儀式に奉仕したことに対するものと考えられ、弘仁二年の内豎所の設置以前に、内豎が宮廷儀礼へ奉仕していたことをうかがわせる。

平城朝に大舎人寮に併合された内豎を、嵯峨天皇はすぐに復置した。嵯峨朝は宮廷儀式が整備され、殿上人・蔵人の制や皇后宮の奉仕体制が整えられるなど、内裏の機能が強化された時期である[38]。内裏の儀式・日常生活に供奉する内豎を令制の寮クラスの大舎人寮に所属させていることは、手続きの面などで様々な不都合が生じたのだろう。内裏の整備を進める嵯峨天皇は、平城朝以前のように内豎を一個の機構として独立させ、内裏において円滑に供奉ができるよう、令制とは別に「内豎所」として再編したのではないだろうか。

二　内豎所の特徴

第一節で検討した内豎所の職掌を踏まえ、本節では内豎所の特徴について考えたい。

1　内豎が供奉する場

第一節で確認したように内豎が供奉する主な場は、寺院・陵墓や公卿の邸宅などの平安宮の外への使者を除くと、内裏の閤門内と豊楽殿・武徳殿などの儀場であり、なかでも内裏における役割が内豎の根本的なものであったと考えられる。ここで内豎が奉仕した内裏内の場についてさらに詳しく検討したい。内豎の内裏での主な活動場所は、紫宸殿・南庭・宜陽殿・陣・日華門である。

日華門は通用門とされた門である(39)。内豎は、紫宸殿で行われた節会などの儀式において日華門の外に控え、紫宸殿や宜陽殿に居る公卿の指示に従って官人を南庭へ参入させたり、調度などの搬入・搬出を行った。内豎の内候所は日華門の南の春興殿に置かれており（『西宮記』巻八所々事）、内豎は通常ここに控えて供奉を行ったと考えられる。内豎の職掌からこの場所に内候所が置かれることになったのだろう。大極殿・豊楽殿の儀式においても内豎は東にある昭訓門・逢春門から出入りし、官人や物品の出入りに関わっている。

内豎の内裏における活動範囲は、そのほとんどが殿下・庭中における供奉であったと考えられるが、節会などで臣下に食事が振舞われるさいには、殿舎に上って奉仕した。紫宸殿を使用する儀式では、殿上に座を設けられた官人の食事の役送・撤去を行い、宜陽殿・陣で設けられる宴においても同様に食事に対する奉仕を行っている。豊楽殿や武徳殿の儀でも同様である。内豎のなかに殿上で供奉する者がいたことは、内豎が大舎人寮へ吸収されている間「上殿舎人」と称されていたこと(40)、内豎には「上殿」と「不殿上」とがいたことなどからもうかがえる(41)。ただし、内豎が儀式において紫宸殿・宜陽殿などの殿舎の上で供奉した記載は多くみられるものの、天皇の居所であった仁寿殿・清涼殿の殿上で供奉したという記載は管見の限り確認できなかった。仁寿殿での供奉については、『西宮記』巻四相撲召仁寿殿東庭例の記載に内豎が食事の役送を行ったことがみえるが（表1―26）、「不レ居下候二御前一上卿前上」という割書から仁寿殿上の上卿の食事には奉仕しなかったことがわかる。『江家次第』巻第八仁寿殿東庭相撲にみえる「内豎居レ饌〈穀倉院〉、執柄料蔵司献レ之、候二御前一之大臣料蔵人」という記載によると、殿上に座がある執柄や大臣の食事は蔵司や蔵人が供奉した。内豎は露台など仁寿殿上以外に座が設けられた公卿などの食事を役送したのだろう[42]。また『西宮記』巻二内宴所引の延喜一三年（九一三）正月二一日に行われた内宴の記載には「女蔵人取二若菜羹一、度二御前簀子一、給二王以下参議已上一、親王等下座跪受」とみえ、臣下などの食事は女蔵人が奉仕しており、内豎については記載がみられない。『北山抄』巻第三内宴事にも臣下の四種餛飩索餅などは女蔵人が供すとある。日中行事である内豎による時奏も清涼殿の殿上ではなく、殿舎の南にある小庭において行われた。内豎が供奉した殿上とは、仁寿殿・清涼殿といった天皇の居所である殿舎の「殿上」は含まず、内裏の紫宸殿・宜陽殿と豊楽殿・武徳殿などの殿舎の殿上を主として指していると考えられる。天皇が出御する紫宸殿などの殿舎に上がる場合には殿上を監督する近衛次将の指示を受け、それらに率いられていること[43]、天皇ではなく臣下の食事に供奉していることなどから、内豎は内裏閤門内という天皇の近辺で供奉していたものの、厳密には女官や蔵人のように天皇に常に近侍する存在ではなかったといえる。

2　命令系統

冒頭で述べたように所々は、九・一〇世紀の交以降、蔵人所の統轄を受けるようになるといわれている。内豎所は蔵人が機能を拡大させる九世紀半ば以前に成立し、一〇世紀初めまでに設置された別当には大臣・中将・六位官人が任ぜられ（『西宮記』巻八所々事）、蔵人の別当が任命されない所である。次に内豎所が役割を果たすさいの命令系統を検討し、蔵人所との関係について考えたい。

延喜太政官式の「凡校書殿及内豎所並聴二太政官幷弁官所レ仰之事一」という記載から、内豎所は太政官や弁官の仰せを受けていたことが判明する。実例でも『吏部王記』天慶九年一〇月一二日条に、内豎が重明親王に翌日の八省行幸に奉仕すべしという外記の仰せを伝えたことがみえ、同天暦五年（九五一）一〇月三日条にも内豎が左大史の「右大臣宣、花宴今年以後可下以二十月五日一聞食上、彼日可レ参」という仰せを伝えたことがみえる。その他、天禄元年（九七〇）三月二八日には大外記が日食による廃務の連絡を内豎に命じて親王へ伝えさせている。諸卿に同様の連絡を伝えるさいには召使を遣わしており、連絡を伝える先の人物によって内豎・召使のどちらを使とするか使い分けがあったようである（『西宮記』巻一二裏書）。このように太政官の官人が内豎に指示を与えた事例は多くみられる。儀式中においても内豎が大臣・近衛次将などの指示により供奉を行ったことは前述した通りである。

以上のように、内豎が供奉を行う場合、大臣やその命を伝える弁官・外記などの太政官の官人や近衛次将の指示を受けていた。大臣や近衛次将は天皇に近侍し、宮廷儀礼や政務運営の中心となる内裏侍候者であり、内豎所別当を兼任した人々である。内豎所別当の初見は延喜年間であり、具体的な設置の時期は不明だが、少なくとも九世紀の初めには内豎は大臣の指示を受けていたことが確認される[44]。従来から内豎に指示を与えていた官人たちが内豎所別当に選任されることになったのだろう[45]。

次に九・一〇世紀に機能を拡大し、所々を統轄したといわれる蔵人との関係についてみていきたい。蔵人が官人を召喚するさいには内豎を遣わした。『侍中群要』第四召上達部には「召二上達部一時、遣二内豎一、但至二于大臣一、遣二所衆一、無二所衆一時間之〔ミカ〕用二出納一、至二于殿上人一、遣二小舎人一」とみえ、同第二下宣旨、同第八諸使事・議所召事、同第九召仮文事などにも同様の記載がある。実例でも『九条殿記』天慶七年（九四四）正月二四日条に、内豎が藤原師輔に蔵人藤原仲陳からの「只今可二参入一」という仰せを伝えたことがみえるなど、古記録には蔵人の使として公卿へ連絡を伝えた内豎の記載が頻出する。臨時御読経・内宴・御仏名などの蔵人が行事する儀式においても蔵人は予め内豎に命じて上卿らを召喚し[46]、行幸時には取物内豎を催して儀場まで天皇の御物を運ばせた(47)。このように内豎が蔵人の指示を受けた例は一〇世紀の半ば以降、頻繁に確認される。『続日本後紀』承和一〇年（八四三）一二月丙子条には、内豎の召しにより文屋宮田麻呂が蔵人所へ参ったことがみえる。承和年間には蔵人による諸司の召仰が始まっており(48)、蔵人が宮田麻呂を蔵人所へ召すよう内豎に指示を出した可能性もあるが、内豎所が日常的に蔵人の指示を受けるようになるのは、やはり蔵人所の機能が拡大し整備された一〇世紀以降だろう。

　しかし前掲した『類聚符宣抄』第七承平六年の内豎所請奏にみえる「臨時奉二蔵人所仰一、趨二陣頭官中之召一」という内豎の職掌の記載によると、一〇世紀半ばにおいても蔵人の仰せを受けることはあくまでも「臨時」のものと捉えられていたようである。それは、一〇世紀以降も内豎所を監督する別当に大臣などの公卿や近衛次将が任命されたことや、次に説明する儀式における内豎と蔵人との関わり方からもうかがえる。

　平安時代には、宮廷儀礼は官方行事と蔵人方行事とに大別され、両者が相補いあって運営を行った(49)。内豎と官方・蔵人方行事の関係について考察すると、紫宸殿での儀式では、内豎は大臣や近衛次将の指示・監督のもと南庭や殿上で供奉した。蔵人も紫宸殿上で天皇に対する供奉を行ったが、内豎が殿上で臣下の食事に奉仕する場合は蔵人ではなく近衛次将の監督を受けている。陣・宜陽殿の場合も同様であり、そこで内豎を差配したのは大臣などの太政官の官人であった。古瀬奈津子氏は、蔵人の職掌は天皇に関することであり、天皇の御座所に近づくに従い、その職掌の範囲は拡大すると指摘したが(50)、蔵人が沙汰する仁寿殿や清涼殿の儀式における内豎の供奉はあまり確認できず、これらの儀式で内豎が蔵人に召し使われたのは儀式の準備段階のみであった。内豎は基本的に蔵人ではなく太政官の官人や近衛次将が使役するものであったのである。それは蔵人所が機能を拡大させ、それに伴って所々が整備されたとされる一〇世紀以降も変わらなかった。

官方は公的な行事を主に運営したとされる。内豎の活動の中心である紫宸殿・南庭・陣・宜陽殿は、仁寿殿・清涼殿などの天皇の私的空間に対し、天皇の公的空間と指摘される場である。[51] 内豎の役割はどちらかといえば天皇に対する奉仕というよりは、内裏に侍る官人への対応が多く、内裏においては外向きの公的な役割を負っていたといえるだろう。

以上、内豎所の職掌について検討を行った。内豎は内豎所で以上のような役割を果たす他、内侍所の召を受け、また作物所・進物所・画所・神泉苑・鳥曹司・校書殿・贄殿などへも派遣され、それぞれの場所で適宜供奉を行った。[52]『大間成文抄』には内豎が作物所で数十年働いた労によって諸国司へ任官された例がみえ、『叙除拾要』には「内侍召内豎」の任官の記載がある。[53] 内侍召については、延喜式部省式太政官召条の割書きに「大臣遣二召使一、内侍遣二内豎一、官及省台皆遣二使部一喚」とあるように、内侍が官人を召す場合には内豎が使となっていたことがわかる。奈良時代においても内豎が女官の宣を伝える使の役目を果たしており、[54] 九世紀以降ほど男性官人の内裏侍候が進んでいなかった八世紀においては、[55] 女官の指示を受けて内豎が内裏の雑事を行うことが多かったと推察される。

おわりに

平安時代の内豎の役割について述べたことを以下の三点にまとめた。

一、平安時代の儀式書にみえる内豎所の主要な役割は、内裏内外における物品の運搬や連絡を行うことであった。このような役割は、内豎所の成立時期である九世紀前半には確認され、以後平安時代を通じて行われていた。

また、内豎は時奏や内裏の使といった役割を日常でも行っていることから、物品の運搬なども含め、儀式で行うような役割を日常においても果たしていたと考えられる。このような平安時代にみられる内豎の役割の多くは八世紀の段階から行っていたものであったと推測される。内豎は平城朝の官制改革の一環で大舎人寮へ併合されたものの、内裏の儀礼や日常の生活に必要な存在であったために、内裏の機能強化をめざした嵯峨天皇によって内裏での奉仕を円滑に行えるよう、令制とは別の「所」として再編されたと考えられる。

二、内豎が供奉する場は、寺院や公卿の邸宅などの平安宮の外への使となる場合を除くと、内裏の閤門内と豊楽殿・武徳殿などの儀場が主であった。なかでも内裏での供奉が中心であり、紫宸殿・南庭・宜陽殿・陣・日華門といった天皇の公的な空間とされる場で役割を果たした。内豎には「上殿」と「不殿上」の者とがいたが、内豎の活動の場は、殿下・庭中が中心であったと推測される。殿舎に上って奉仕するのは、儀式中、紫宸殿・宜陽殿・豊楽殿・武徳殿などの殿上の座に侍る臣下の食事に供奉する場合などに限られ、内豎は常に天皇に近侍する存在ではなかった。

三、内豎は内裏侍候者であり、宮廷の政務・儀礼を運営した太政官の官人や近衛次将の指示のもとに奉仕を行った。このような供奉のあり方は内豎所設置当初の九世紀の早い段階からのものと推測される。一〇世紀初頭までに所々の整備が進められると、内豎所別当にはかねてから内豎に指示を与えていた太政官の官人や中将が任命された。しかし、九世紀半ば以降、蔵人所がその役割を拡大していくにつれ、蔵人の召仰も受けるようになり、一〇世紀半ばには「臨時」という形をとるものの頻繁に指示を受けるようになったことが確認できる。

平安時代の内豎所の変遷の画期は、内裏の強化を進めた嵯峨天皇によって内豎が大舎人寮から分置され「内豎所」が成立した弘仁年間、所々の整備に伴い太政官人・中将の別当が置かれた九・一〇世紀の交、「臨時」ではあるが蔵人の使者としての役割も頻繁に果たすようになった一〇世紀半ばと設定できる。内豎は八世紀以来内裏に伺候した存在であり、内裏の政務・儀礼の変化に柔軟に対応して奉仕を続けた人々であった。このような内豎の変遷を追うことで、内裏の変遷の一端を捉えることができるのではないかと思う。本章では平安時代の内豎の職掌を中心に考察し、奈良時代における活動などについては検討ができなかったが、それらは今後の課題としたい。

注

（1）所京子「「所」の成立と展開」（『平安朝「所・後院・俗別当」の研究』勉誠出版、二〇〇四年、初出は一九六八年）、玉井力「九・十世紀の蔵人所に関する一考察—内廷経済の中枢としての側面を中心に—」（『平安時代の貴族と天皇』岩波書店、二〇〇〇年、初出は一九七五年）、佐藤全敏「宮中の「所」と所々別当制」（『平安時代の天皇と官僚制』東京大学出版会、二〇〇八年、初出は一九九七年、a論文とする）、同「所々別当制の展開過程」（『東京大学日本史学研究室紀要』五、二〇〇一年、b論文とする）。

（2）『西宮記』巻八所々事の記載は「蔵人所延喜例」の転載である（西本昌弘「「蔵人式」と「蔵人所例」の再検討—『新撰年中行事』所引の「蔵人式」新出逸文をめぐって—」（『日本古代の年中行事書と新史料』吉川弘文館、二〇一二年、初出は一九九八年）、佐藤氏前掲b論文。

（3）所氏前掲論文。その他、四所籍や官制改革などの研究から内豎に触れるものもある（黒板伸夫「四所籍小考—律令官制形骸化の一側面—」（『摂関時代史論集』吉川弘文館、一九八〇年、初出は一九七二年）、春名宏昭『平城天皇』（吉川弘文館、二〇〇九年）。

（4）所・玉井氏前掲論文。

（5）佐藤氏は別当制の検討から、各所を統轄していたのは各所に置かれた別当であったとし、蔵人所が所々を統轄していたとはいえないと指摘した。そして所は新旧に分けられ、九世紀前半までに成立した旧型には殿上侍臣や近衛次将の別当が置かれ、天皇は家政機関である所々を殿上侍臣や近衛次将を用いて統轄していたが、九世紀後半以降新設された新型には別当には蔵人が置かれるようになり、天皇が蔵人を介して直接所を統轄する体制が取られるようになったと述べた（佐藤氏前掲a論文）。これに対し森田悌氏は、所の別当の違いは時期の差ではなく、それぞれの所の機能の違いであると批判した。森田氏は、天皇のより個人的生活営為に関わる所は蔵人の管轄下に置かれ、宮廷の公的行事や営為と関連した任務にあたる所は公卿や次将といった表向きの官人が管理したと述べている（同「佐藤全敏著「所々別当制の特質」」（『史学雑誌』一〇六編四号）」（『法制史研究』四八、一九九八年）、同「宮廷所考」（『王朝政治と在地社会』吉川弘文館、二〇〇五年、初出は一九九九年））。

（6）天平年間のものと推測される平城京出土木簡に「豎子」と記載されたものがある（『木簡研究』一二、一九九〇年、一七頁）。

（7）天平宝字六年閏一二月一四日御執経所請経文（『大日本古文書』一六―一七〇）。

（8）天平期のものと推定される平城京出土木簡に「豎子所」と記載されたものがあり（『木簡研究』一二、一九九〇年、一七頁など）、所という機構が整備されていたことが判明する。「内豎所」の初見は、天平宝字八年（七六四）一〇月三日である（『大日本古文書』五―四九四）。

（9）山本信吉「内豎省の研究」（『摂関政治史論考』吉川弘文館、二〇〇三年、初出は一九五九年）。内豎省の設置は『続日本紀』神護景雲元年（七六七）七月丁巳条にみえる。奈良時代の内豎については、井山温子「施薬院と悲田院について―豎子（内豎）との関係から―」（薗田香融編『日本古代社会の史的展開』塙書房、一九九九年）もある。

（10）『続日本紀』同年二月丁卯条。

（11）『続日本紀』同年九月是月条。

（12）例えば『弘仁格抄』によれば、延暦一三年（七九四）に考に預かる内豎が二六〇人いたことが確認され、『類聚国史』巻三二帝王一二天皇遊宴には延暦二二年（八〇三）五月一六日には、曲宴において内豎が侍臣や近衛とともに布を賜ったことがみえる。

（13）『類聚国史』巻一〇七職官一二大舎人寮　同年一〇月己巳条。

（14）大同の官制改革については、橋本義則「掃部寮の成立」（奈良国立文化財研究所創立40周年記念論文集刊行会編『文化財論叢』Ⅱ、同朋舎出版、一九九五年）、春名氏前掲書を参照した。

(15)大舎人の職掌については井上薫「トネリ制度の一考察―大舎人・坊舎人・宮舎人・職舎人―」(『日本古代の政治と宗教』吉川弘文館、一九六一年、初出は一九六〇年)を参照した。大舎人と内豎が近似した存在であったことは、山本氏も触れられている(山本氏前掲論文)。
(16)『日本後紀』同年正月庚子条。『類聚符宣抄』第一〇可給上日人々、大舎人寮には「殿上大舎人」とみえる。大同三年(八〇八)には左右大舎人寮が大舎人寮へと統合されている(『日本後紀』同年八月庚戌朔条)。左右大舎人寮に分けられた二〇〇人の「上殿舎人」はさらに減員されたのだろう。
(17)『類聚三代格』巻四弘仁一一年四月二一日太政官符。この日付は弘仁格撰進のもので、官符の年紀は弘仁一〇年八月二六日が正しい(関晃監修・熊田亮介校注解説『狩野文庫本類聚三代格』吉川弘文館、一九八九年、一五四頁頭注を参照)。
(18)内豎と大舎人の職掌は厳密には違いがある。内豎は日常的に内裏に侍候する「閤門内的存在」だったのに対し、大舎人は「閤門外的存在」であった(吉川真司「律令国家の女官」〈『律令官僚制の研究』塙書房、一九九八年、初出は一九九〇年、a論文とする〉)。
(19)「内豎所」の平安時代の初見は、『儀式』巻四践祚大嘗祭儀下である。
(20)『西宮記』巻六新嘗祭事、同巻一〇侍中事。
(21)古記録などにも儀式中内豎が運搬したものの記載があるが、ここでは表にまとめた儀式書にみえるもののみ例として示した。
(22)『儀式』第一〇一一月一日進御暦儀、『江家次第』巻一〇朔旦旬などを参照した。
(23)節会の場の変遷については、加藤友康「平安遷都と平安宮の政務」(西山良平・鈴木久男編『古代の都3恒久の都平安京』吉川弘文館、二〇一〇年)も参照した。
(24)『政事要略』巻二五年中行事一〇月旬事によると、延喜一七年(九一七)の旬では内豎は殿上に台盤を立て、諸司が宜陽殿・春興殿に台盤を立てたとみえる。
(25)『小右記』天元五年(九八二)五月八日条から、内豎所に台盤が保管されていたことがうかがえる。
(26)『貞信公記抄』天慶九年(九四六)六月二一日条。
(27)宜陽殿については、旬や九月九日節などの平座の儀で供奉している(表1―16・『西宮記』巻五九日宴所引安和元年(九六八）の記載など）。

（28）表1―3。『西宮記』巻二・『江家次第』巻二にみえる紫宸殿の儀を参照した。

（29）延喜中務省式にも「凡奉二詔書一者、使三内竪喚二省輔一、輔称唯入二閤門一」とみえる。

（30）東山御文庫本『日中行事』など。内竪の時奏については本書第八章を参照。内竪の日々の役割としては、時奏の他に亥一刻に行う宿奏もある（『侍中群要』第二内竪所式）。

（31）『類聚符宣抄』第四帝皇（荷前）安和元年（九六八）一〇月一一日太政官請荷前使出立之日令官人職事各一人率内舎人大舎人内竪随召仰頒進状など。

（32）『続日本後紀』承和一五年（八四八）四月甲辰条、同嘉祥二年（八四九）三月戊辰条など。

（33）『日本三代実録』貞観八年七月六日戊申条。

（34）山本氏前掲論文。

（35）例えば、正月節会は、『内裏儀式』では紫宸殿、『内裏式』・『儀式』では豊楽殿、『西宮記』以下は再び紫宸殿というように儀式の場は変化するものの、内竪の役割はほぼ同様である。その他の儀場においても、物品の運搬や連絡係といった基本的な役割には変わりない。平安宮内裏と豊楽院の門の用法については、飯淵康一・永井康雄・吉田歓「平安宮内裏及び豊楽院の門の用法について―正月節会に関する研究―」（『日本建築学会東北支部研究報告集』六二、一九九九年）なども参照した。

（36）山本氏は、内竪が天皇の近辺を警護する役割も負っていたと指摘しているが、平安時代の内竪所の職掌としては確認できなかった。

（37）西本昌弘「奈良時代の正月節会について」（『日本古代儀礼成立史の研究』塙書房、一九九七年、初出は一九九四年）。

（38）吉川真司「王宮と官人社会」（『社会集団と政治組織』列島の古代史ひと・もの・こと3、岩波書店、二〇〇五年、b論文とする）、同『聖武天皇と仏都平城京』（天皇の歴史2、講談社、二〇一一年、c論文とする）。

（39）朧谷寿「にっかもん　日華門」（『有識故実大辞典』吉川弘文館、一九九六年）。日華門については、飯淵康一「平安宮内裏、承明門・日華門の儀式時に於ける性格」（『平安時代貴族住宅の研究』中央公論美術出版、二〇〇四年、初出は二〇〇〇年）。

（40）『日本後紀』弘仁二年正月庚子条など。

(41)『侍中群要』第二所引内豎所式。

(42)仁寿殿の儀の官人の座については、満田さおり「仁寿殿・紫宸殿・清涼殿の空間構成と儀式―平安宮内裏の空間構成と儀式に関する歴史的研究1―」(『日本建築学会計画系論文集』六三四、二〇〇八年)を参照した。

(43)表1―16。実例では『貞信公記』延喜七年(九〇七)八月一日条に旬の儀式が終わると、近衛少将が内豎を召して台盤を下げさせたという記載がある。紫宸殿上が近衛府の管轄であったことは佐藤氏前掲a論文註(13)、古瀬奈津子「昇殿制の成立」(『日本古代王権と儀式』吉川弘文館、一九九八年、初出は一九八七年)註(97)を参照した。また武徳殿で行われた四月二八日駒牽や五月節会においても、内豎が殿上の臣下の食事を供奉する場合は近衛府の官人が監督・指示している(表1―20、『九条殿記』天慶七年(九四四)五月節会)。

(44)『内裏儀式』に記載がみえる(表1―1・3・18・21)。

(45)山本氏は、内裏運営の当事者である殿上人が宮廷儀礼を円滑に運営するため、別当として関係官司を掌握し、その指揮・連絡にあたるようになったと述べている(山本信吉「穀倉院の機能と職員」(同氏前掲書、初出は一九七三年))。

(46)『侍中群要』第七御読経、『小野宮年中行事』正月廿日内宴事、『江家次第』巻第一一御仏名など。実例では、『親信卿記』天禄三年(九七二)四月八日条、天延二年(九七四)八月二一日条など。

(47)表1―33、表2―7、『西宮記』巻一〇侍中事。

(48)古尾谷知浩「『蔵人所承和例』に関する覚書―九世紀前半の蔵人所の財政機能―」(『史学論叢』一二、一九九三年)。

(49)今正秀「王朝国家中央機構の構造と特質―太政官と蔵人所―」(『ヒストリア』一四五、一九九四年)。

(50)古瀬奈津子「行事蔵人について―摂関期を中心に―」(同氏前掲書、初出は一九八九年)。

(51)内裏の空間構造については、橋本義則「平安宮内裏の成立過程」(『平安宮成立史の研究』塙書房、一九九五年)を参照した。

(52)『西宮記』巻八所々事、延喜大炊寮式など。

(53)『大間成文抄』巻第四所々奏。『叙除拾要』は西本昌弘編『新撰年中行事』(八木書店、二〇一〇年)を参照した。

(54)『大日本古文書』五―三〇八、天平宝字六年(七六二)一二月二一日奉写御執経所請経文など。

(55)吉川氏前掲a論文。

第八章　平安時代の内豎時奏

——東山御文庫本『日中行事』の検討を中心に——

はじめに

日中行事とは、内裏の一日の行事をまとめたものである。日中行事を記すものとしては、『西宮記』巻一〇所引「日中行事文」や「天暦蔵人式」、後醍醐天皇撰の『日中行事』などが知られているが、近年、西本昌弘氏により東山御文庫所蔵の『日中行事』が一一世紀前半の摂関期における日中行事を伝えた書物であろうという指摘がなされた(1)。西本氏が指摘しているように、東山御文庫本『日中行事』は、他の日中行事書に比べ、記載が詳細でまとまっており、新出記事も多くみられ、これまで明らかではなかった平安時代の内裏の日常の様子について具体的に知ることができる貴重な史料である。本章では、東山御文庫本『日中行事』の内容の分析を行うとともに、本文の翻刻を付し、本史料の簡単な紹介を行いたい。

東山御文庫本『日中行事』と日中行事を記述する他の史料との記載内容の比較については、西本氏の研究に詳しい。西本氏は、①東山御文庫本『日中行事』の項目名や時刻は全体的に『西宮記』巻一〇所引「日中行事文」や「天暦蔵人式」に近いものの、「寛平蔵人式(2)」に通じる古い要素も部分的に残していること、②いくつかの点で「天暦蔵人式」などとも相違する独自の記載があること、③御念誦事・封殿上簡事・内豎奏時事など、東山御文庫本にしかみえない項目もあること、④「天暦蔵人式」などに項目名のみ掲げられている行事について、その具体的な内容も知ることができ、その点で『侍中群要』所載の記文と通じるところがあることなどを指摘している。本章では、以上のような特徴をもつ東山御文庫本『日中行事』の記載のうち、項目自体も他の日中行事史料にみえない新出記事である「内豎奏時事」と、項目は他の日中行事史料にもみられるが、内容がより詳しい「近衛陣夜行事」について検討を行いたい。

一　内豎奏時事

東山御文庫本『日中行事』にみえる内豎時奏の検討を行う前に、古代の時刻制度について簡単に述べたい。時刻制度は七世紀半ばまでに日本に導入され、時刻は主に陰陽寮によって管理されていた。陰陽寮では漏刻によって時刻を測定し、その時刻は同寮にある鼓や鐘を打つ数によって宮中に報じられた。時刻に従って諸門の開閉が行われるなど、時刻は古代官人社会に深く関わっていたことが先行研究によって指摘されている[3]。平安時代には、陰陽寮による時報に加え、内裏において内豎などによる時奏が行われていたことが知られる。『西宮記』巻八所々事には以下のような記載がある。

内豎所　在二一本御書所東一、内候在二春興殿東一、厨在二大舎人寮南一、以二甲斐・周防一為二衣服料一、以二大臣・中将・六位一為二別当一、有二頭・執事一、有二熟食一、有二年官一、有二奏時・殿上及所々分一（下略）

これによると、内豎は内裏の春興殿東に内候をもち、時奏を行うことが役割の一つであったと確認できる。内豎の時奏については、橋本万平氏や所京子氏らの先行研究があり[4]、内豎は分番で昼夜一時ずつ時奏を行ったこと（『延喜雑式』）、時奏を懈怠すれば先労を奪われるなどの厳罰に処されたこと[5]、時奏のさいには、内裏の清涼殿の南の小庭にあった時簡に時杭を打って時刻を知らせたことなどが指摘されている。[6]
しかし、内豎の時奏が具体的にどのように行われたのか不明な点が多く、そのため、東山御文庫本『日中行事』の詳細な記載は大変重要なものといえる。また、先行研究は主に時刻制や内豎所の検討のなかで内豎の時奏についても触れたという状況であり、内豎の時奏そのものについては十分な考察がなされていないように思われる。そこで本章では、東山御文庫本『日中行事』にみえる「内豎奏時事」の記載内容を中心に、平安時代の内豎時奏について再検討を行いたい。

はじめに、東山御文庫本『日中行事』に記載される「内豎奏時事」の項目の前後にみえる行事を確認し、内豎の時奏がどのような時間帯にどのような行事の流れのなかに位置づけられていたのか把握したい。ちなみに、日本古代の宮中で採用された時法は、『延喜式』にみられるような定時法であり、一日は一二辰刻、一辰刻は四刻（現在の二時間）、一刻は一〇分（現在の三〇分）とした。辰刻は十二支名で記し、刻は一刻から四刻と称した。奈良時代は辰刻を「時」、刻を「点」と表記し、平安時代では辰刻を「刻」とし、「辰一刻二分」というように表記した。[7]東山御文庫本『日中行事』は、一日のうち、卯刻から亥刻（午前五時―午後一一時頃）までに行われる行事をほぼ時刻順に掲載している。「内豎奏時事」は戌刻の行事として掲げられており、同時刻には「下格子事」の記載もみえる。「内豎奏時事」・「下格子事」の次には、戌二刻（午後七時三〇分）の行事として「瀧口名謁事」の記載があるので、「内豎奏時事」・「下格子事」はおそらく戌一刻（午後七時）の項目として記載されたと推測される。戌刻の前の酉刻（午後五時）には「供御殿燈事」・「及暗燃火於炬屋事」の項目があり、亥二刻（午後九時三〇分）には「殿上名対面事」・「撤殿上台盤事」・「問諸陣見参事」・「近衛陣夜行事」の記載がある。つまり、御殿に火を燈し、格子を下げるなど、内裏において夜へ向けた準備が始まった頃に内豎の時奏の項目が据えられていることが判明する。はじめに述べたように、内豎時奏の記載は他の日中行事史料にはみられないものであり、例えば『西宮記』巻一〇所引「日中行事文」では、戌一刻に「蔵人下格子事」の項目はみえるものの、内豎時奏の項目はみられない(8)。

東山御文庫本『日中行事』内豎奏時事の記載は以下の通りである。

戌剋、内豎奏レ時事、

先奏レ時内豎聞二陰陽寮鐘声一、於二無名門外一、称二姓名・時剋一、入レ自二件門一、抜レ杭翻レ簡而立、取レ杭挿二於戌字下之右一穴一、但毎剋限称二姓名・時剋一挿レ之如レ初、自二卯剋一後、不レ称二姓名・時剋一而挿、

右の記載から、(i)戌刻に内豎が陰陽寮の時刻を知らせる鐘の声を聞き、無名門の外で姓名・時刻を称して門の内に入り、時簡の杭を挿し替えて時刻を知らせたこと、(ii)戌一刻を時簡によって示すため、時簡の（それまで挿してあった）杭を抜き、簡に書かれた「戌」の字の下の右一穴に新たに杭を挿したこと、(iii)刻限ごとに姓名・時刻を口頭で称し、時簡に杭を挿したが、卯刻以降は姓名・時刻は称さず、時簡に杭を挿して時刻を示すのみであったことがわかる。以下、詳しく検討を行いたい。

1　時奏の流れ

先に述べたように、古代においては陰陽寮が鼓や鐘の音によって時刻を知らせていた(9)。東山御文庫本『日中行事』により、一一世紀前半においても陰陽寮の鐘が使用されており、内裏の内豎がそれを利用して時奏を行っていたことが判明する(10)。また、時奏内豎は無名門の前で姓名と時刻を奏してから同門を通過し、時簡の杭を挿し替えたとある。これから内豎の時奏には、無名門において口頭で時刻を奏することと、時簡を使用して時刻を示すこ

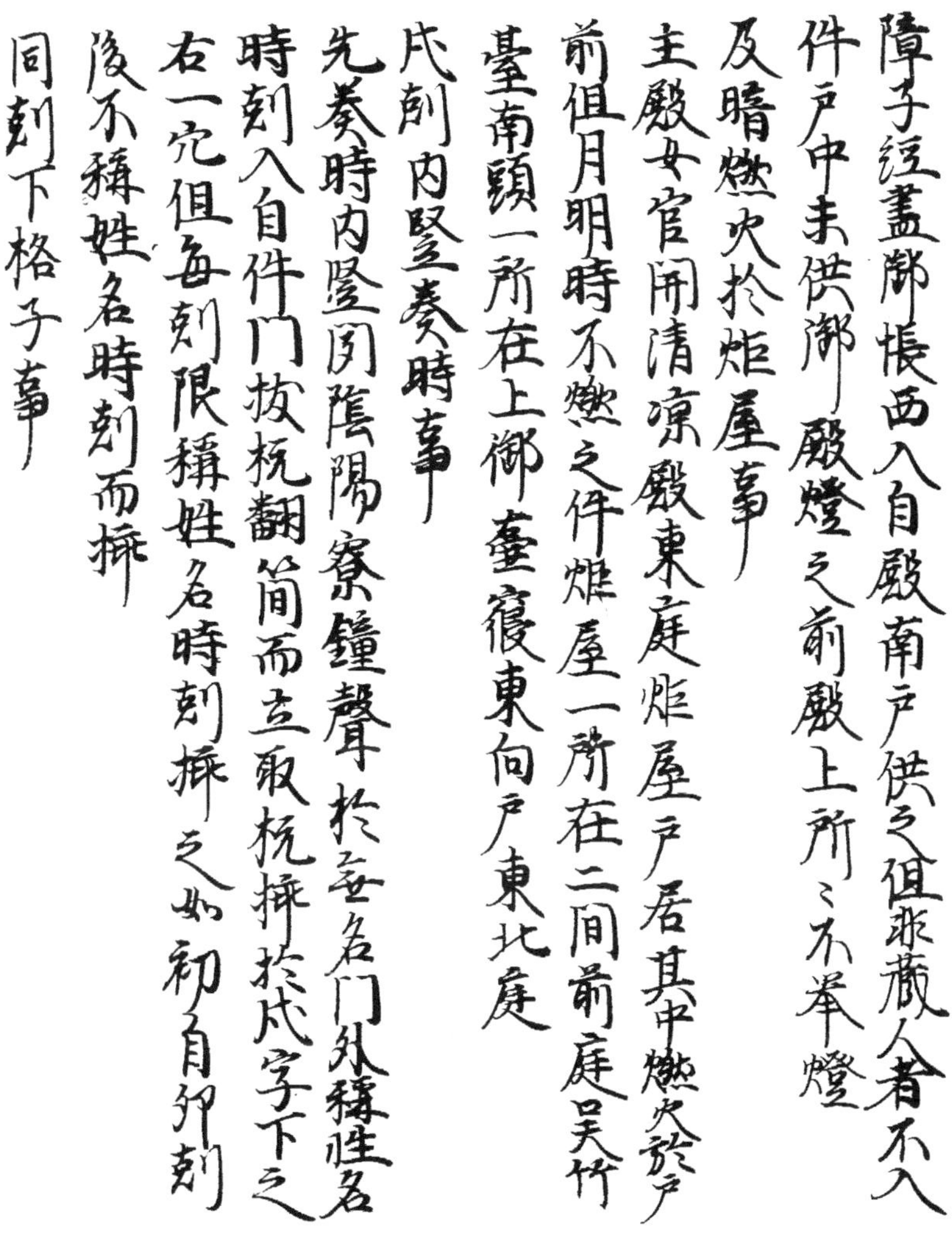

障子経畫御帳西入自殿南戸供之但非蔵人者不入
件戸中未供御殿燈之前殿上所々不挙燈
及晴燃火於炬屋事
主殿女官開清涼殿東庭炬屋戸居其中燃火於戸
前但月明時不燃之件炬屋一所在二間前庭呉竹
臺南頭一所在上御臺寢東向戸東北庭
戌刻内竪奏時事
先奏時内竪同陰陽寮鐘聲於無名門外稱姓名
時刻入自件門抜杭翻簡而立取杭挿於戌字下之
右一亥但毎刻限稱姓名時刻挿之如初自卯刻
後不稱姓名時刻而挿
同刻下格子事

※東山御文庫本『日中行事』第六丁オモテ（宮内庁蔵　勅封番号144―16）

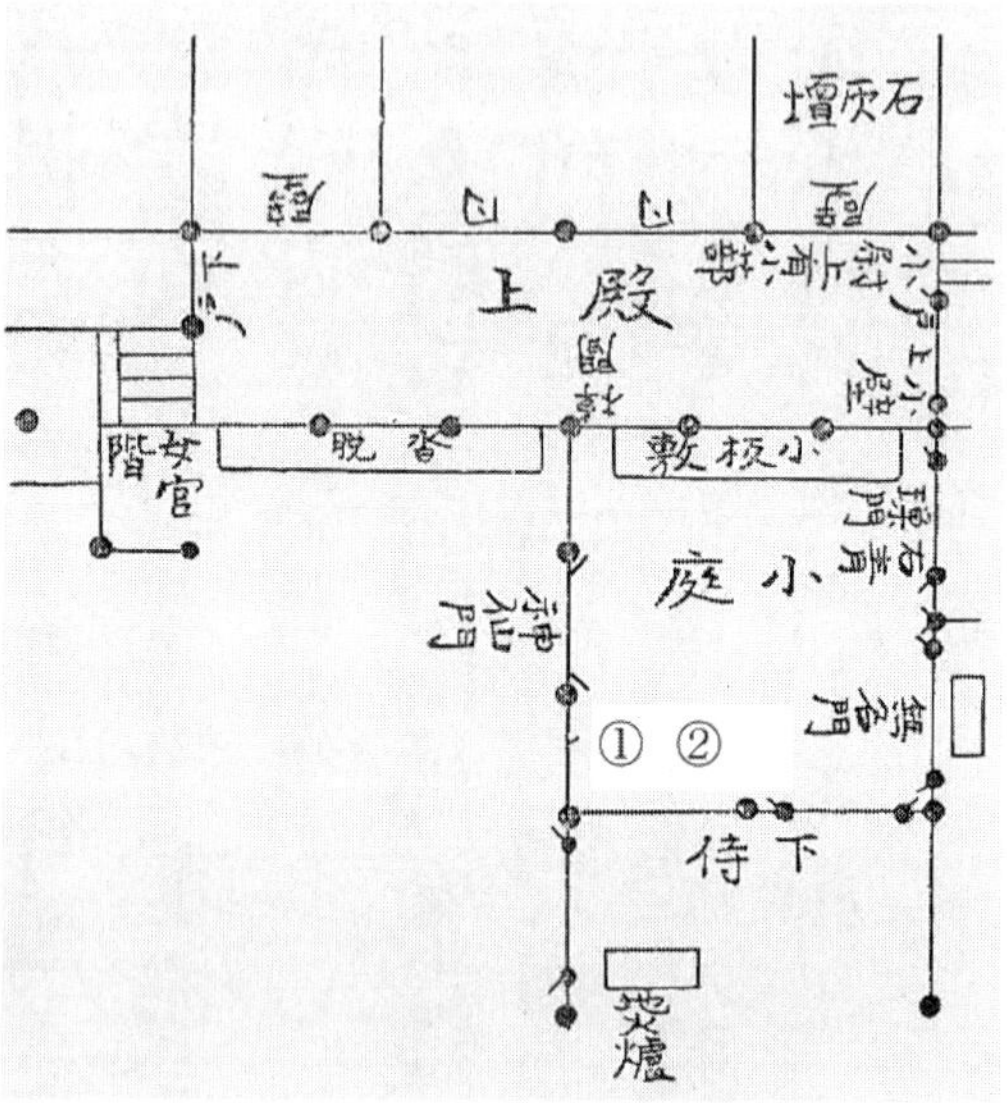

清涼殿小庭　①御物棚　②時簡
※贈訂故実叢書『大内裏図考証』第二（吉川弘文館、1929年）所収
拠禁腋秘抄図神仙門内外図に加筆した。

との二段階があったことがわかる。無名門とは、清涼殿の南にある小庭の東にある門であり、殿上口とも呼ばれた。儀式などで殿上から南庭へ移るさいはよく利用され、諸々の奏や公卿の慶奏なども行われた門である。(11) 時簡は、『禁腋秘抄』に「小板敷ニ向テ下侍二間アリ、東ハ妻戸ナリ、次一間シトミ也、二ニワリテ、西ハ下テ御物棚ヲ其前ニ立、傍ニ時ノ札立タリ」とみえるように、清涼殿前の小庭に設置されていた。(12)

時奏を行う内豎の内候所は、『西宮記』巻八所々事によると、紫宸殿の東南に位置していた春興殿にあった。『小右記』寛仁二年（一〇一八）六月二九日条には、時奏内豎が春興殿のすぐ北の日華門の辺りで宣陽門に雷が落ちるのを目撃したことがみえるが、それは時奏内豎が春興殿の内候所に出入りしていた時のことと推測される。時奏内豎は時奏以外の時間帯は内候所に控えていたのだろう。つまり時奏内豎は、時奏の時刻になると春興殿の内候所から西へ向い、諸々の奏が行われる無名門において姓名と時刻を奏し、清涼殿前の小庭に入って時簡の杭を挿し替えたのである。

2　時簡

内竪が時簡に杭を打ち込む音は内裏に響き渡ったようであり、内裏に伺候していた女官たちによる文学作品にも登場する。例えば、『枕草子』二七一段には「時の杭さす音など、いみじうおかし」とみえ、『讃岐典侍日記』下（一六）にも「時の簡に杭さす音す」という記載がみられる。[13]

　時簡の具体的な構造については不明であったが、東山御文庫本『日中行事』の記載からある程度知ることができる。それによると、時簡には「戌」などの十二支の文字が書かれていて、その下には穴が空けられており、そこに杭を打ち込んで時刻を示したことがわかる。十二支の文字が辰刻を表しているならば、その下の穴は刻数を表すためのものと推測される。穴がどのように空けられていたかは、「戌字下之右一穴」という記載からうかがうことができる。

　前述のように東山御文庫本『日中行事』の記載によると、内竪時奏は戌一刻に項目が掲げられていると考えられるため、「戌字下之右一穴」とは、戌一刻を表す穴を指しているのだろう。「右一穴」とあることから、戌の字の下の刻数を示す穴は左右に分かれて複数あったことがうかがえる。時奏は毎刻行ったと記載にみえるので、一辰刻＝四刻であった当時の時刻制からすると、時簡に杭を打ち込む作業は一辰刻の間に四回行ったと推測される。各十二支の文字の下の穴も一辰刻あたりの刻限の数ずつ、つまり四つずつ空けられていたのではないだろうか。しかし、それらの四つの穴が具体的に左右にどのように並んで空けられていたのかは不明である。例えば左右二列に分けて縦に二穴ずつ、または四つの穴すべてが左右に横一列に並ぶなど様々な可能性が考えられる。

　時杭については『左経記』寛仁元年（一〇一七）一一月一九日条に「時杭二枚已以紛失」とみえ、『日本紀略』延喜六年（九〇六）一〇月八日戊子条には「烏咋二抜奏時之籤一」とみえることから、複数の比較的小さなものであったと考えられる。[14]また『小右記』長元三年（一〇三〇）九月一六日条に引用されている天慶三年（九四〇）一〇月二三日の記載には「奏時内豎申云、今日辰一剋許酉一刻杭紛失」とみえる。辰一刻頃に「酉一刻杭」がなくなったということから、時杭はどれも同じであったのではなく、各刻ごとに専用の杭が用意されていたことがわかる。

3　音奏

延喜雑式には次のような記載がある。

　凡内豎分番奏伝漏昼夜各一時、〈仮令奏㆓午時㆒者、伝㆓奏子時㆒、奏㆓未時㆒者、伝㆓奏丑時㆒之類、〉

内豎は分番して昼夜一時（一辰刻）ずつ時奏を担当したとあるので、時奏は昼夜行われていたことは明らかである。しかし、東山御文庫本『日中行事』によると、内豎は卯刻からは姓名・時刻を口頭で奏さず、時杭のみ挿したとあるので、口頭の時奏は一日中行われたのではないと判明する。口頭の時奏を開始する時刻が戌一刻であったのだろう。つまり、時奏内豎が無名門で行う口頭の時奏は戌刻から寅刻の間（午後七時―午前五時）の夜間のみであり、日が明るい卯刻から酉刻の間（午前五時―午後七時）は姓名と時刻を口頭で奏さず、ただ時簡の杭を挿し替えるだけだったのである。口頭による時奏の記載は平安時代の物語などにもみえるが、例えば『大和物語』一六八には、「目をさまして、『夜やふけぬらん』と思うほどに、時申（す）音のしければきくに、『丑三つ』と申しけるを聞きて」とみえ、『大鏡』巻五道長に「『子四』と奏してかくおほせられ議するほどに、うしにもなりにけん」とあるように、夜間のものが多い[15]。東山御文庫本『日中行事』の記載により、それは偶然ではなく、口頭の時奏は通常は夜間のみに行われていたからであると判明するのである。

なぜ夜間にのみ口頭の時奏が行われたのだろうか。まず考えられる理由は、夜間は暗闇のため、時簡を確認することが難しかったためではないかということである。内豎の口頭による時奏を加えて行うことで、時簡を確認しなくても時刻を把握できるようにしたのではないだろうか。

延喜陰陽寮式諸時鼓条に「子午各九下、丑未八下、寅申七下、卯酉六下、辰戌五下、巳亥四下、並平声、鐘依㆓刻数㆒」とみえるように、陰陽寮の鼓・鐘による時報は昼夜を問わず一日中行われており、内裏の人々は時簡に頼らずとも陰陽寮の時報によっても時刻を確認することができた。しかし、陰陽寮による時報は、鼓や鐘を打つ数によって時刻を知らせるものであり、人々がそれぞれ毎回のように鼓や鐘の数を数えて時刻を確認するには手間がかかったと思われる。わざわざ鼓・鐘の音を数えずとも常に視覚的に時刻を表示していた時簡は、内裏の人々にとって大変便利なものだっただろう。このような役割を果たした時簡が確認しづらい夜の間は、内豎の口頭による時奏が内裏の人々によって重宝されたと推測される。

4　その他の史料にみえる内豎時奏

以上東山御文庫本『日中行事』の考察から明らかとなった内豎時奏の内容を踏まえ、他の史料も用いてさらに検討を行いたい。

実際に内裏にいる官人が時簡・時杭をみて時刻を確認していたことは、『小右記』からうかがえる。長和四年（一〇一五）一〇月二三日条には、「午剋打㆑鐘、実時剋申剋許欤、籌㆓午時杭㆒、太奇事也」とみえ、実資は実際は申刻頃（午後三時）であるはずなのに、鐘を打つ音も時杭も午刻を示していて奇異であると述べている。鐘とは陰陽寮の鐘を指すのだろう。実資の認識と、陰陽寮の鐘と時簡の示す時刻が異なっていたため、日記に記されたと推測される。実資が何によってその時刻が申刻頃であると推測したのかは不明である。しかし、鐘や時簡が示していた午刻は、現在の午前一一時から午後一時頃、つまり正午前後にあたる。太陽の傾き具合などからでもおおよその予測はつけられる時刻であり、午刻かそうでないかという程度の判断は容易にできたと思われる。おそらく実資の推測が正しく、陰陽寮の鐘と時簡の時報が誤っていたのだろう。

このように実資は時刻を知るために陰陽寮の鐘や時簡を確認していたが、それらが示した時刻は必ずしも正確ではなかったことがわかる。これは内裏における時刻制度の形骸化の一端を示していると考えられる。平安時代前半の宮中の時刻管理が杜撰なものであったことは、時奏内豎の闕怠に対する罰則規定が残されていることからもうかがえる。例えば寛平七年一〇月二八日別当宣（『侍中群要』巻二）には次のような記載がみえる。

又寛平七年十月廿八日、別当宣云、時奏内豎有二一剋之闕怠一者、奪二先労五日一之例、載在二所式一、而不レ守二式例一、重致二闕怠一、自今以後、闕二一剋一者、即停二日給一、令レ候二十日一、闕二二剋一者、除二時奏帳一、闕二三剋一者、削二上殿之名一、闕二一時一者、永従二解却一、若有下不レ奏二当剋一、後奏二剋外一者上、奪二先労十日一、立為二恒例一云々、今案、先奏二中務省一、奏二宮内之間〔簡カ〕一、後奏二本所簡一、

右の史料により、すでに寛平年間には時奏内豎の闕怠が問題化しており、その程度によって罰則が決められていたことがわかる。一一世紀に至っても時奏内豎が時奏を怠ったり、誤った時刻を奏したりすることは止まなかったのだろう。[16] 実資は時奏内豎の闕怠の可能性も念頭において時簡を眺めていたのではないだろうか。

なお、『小右記』万寿四年（一〇二七）六月二〇日条の割書には次のような記述がみえる。

巳三剋参入、同時退出、無二時杭一、以二随身府生扶武一令レ見、無レ杭之上棚杭者臥、是下棚巳三剋者、乍レ驚尋問、無二奏時内豎一者、問大弁、々々云、先日風吹顚之間所レ損也、召二仰所司一、告曰、可レ令二修理一歟、但申二関白一、随二彼命一可二左右一之由仰レ之

この日、実資が巳三刻に時簡を確認したところ、時杭が見当たらなかった。[17] 理由を大弁に問い合わせると、先日の風により時杭が破損していたという。実資は時杭が破損しているにもかかわらず、巳三刻という時刻を把握している。厚谷和雄氏によると、平安時代の貴族たちは、太陽や月の位置から時刻を判断したり、日時計も利用していた可能性があるという。[18] 実資はそのような別の方法によって時刻を確認していたのかもしれない。

以上の『小右記』の二つの記事は、時簡・時杭に異変があったために記されることになったと考えられるが、これらの異変に気がつくほど、実資は常に時刻に注意を払っていたといえる。『日中行事』の記載からも明らかなように、平安時代の内裏生活における時刻の役割は大きく、実資のように常に時刻を把握しようとする習慣は内裏に出入りするすべての人々に共通のものであっただろう。時刻制度が形骸化するなかでも、時簡・時杭は、陰陽寮の鐘とともに、内裏の人々にとって時刻を確認するための重要な調度であったのである。

その他、平安時代には時杭が紛失したという記事がいくつかみえる。例えば『左経記』寛仁元年一一月一九日条には、次のような記載がある。

十九日、癸丑、候レ内、卯剋許、奏時有福申云、時杭二枚已以紛失者、則参二摂政殿御宿所一申二其由一、被レ仰云、先例烏・狐等咋抜之時、有二御占一、於此度者、無レ故紛失、為二之如何一、早参二大殿一可レ申二此由一、随仰重〔量カ〕行矣、即参入申二云々仰旨一、仰云、又々令レ求、遂不二出来一者、早可レ令二卜申一也者、帰参申二仰旨一、仰云、召二陰陽寮一可二占申一者、即召二主計頭吉平於蔵人所一、令申推之、無レ咎者、即奏二占方一、

源経頼は時奏内豎の有福から時杭二枚が紛失したという知らせを受け、すぐに摂政藤原頼通に知らせた。先例では烏や狐が時杭を抜いた時は御占を行っていたが、今回は紛失した理由が明らかでなく、どうすべきか判断し難かったため、さらに藤原道長に意見を求めたところ、探して杭がみつからなければ御占すべきであるとの仰せ

があった。そこで陰陽寮の安倍吉平を蔵人所に召し、占わせると「無レ咎」ということであった。経頼はこの時五位蔵人であったので、時杭の紛失の知らせがやってきたのだろう。[19]同二二日条に、

可レ令レ作二時杭一日時、仰二上卿一令二勘申一者、即下二中宮権大夫一、即奉レ之、仰二陰陽寮一令レ勘レ之

とみえるように、時杭は一旦新しく作り直されることになったが、結局は二三日になって右兵衛陣前の引砂のなかに埋まっていたのを、右近府生によって見つけ出されている。[20]

このように、時杭が烏や狐などによって抜かれたり、紛失した場合、蔵人所において陰陽寮が御占を行ったことがわかる。時杭がふいに動物に触れられたり、紛失したりすることは縁起が悪いことと認識されていたのである。烏が時杭を抜いたという記載は、『日本紀略』延喜六年一〇月八日戊子条や『貞信公記抄』承平二年（九三二）九月二六・二八日条や天慶二年（九三九）八月八日条などにもみえる。その他、紛失により陰陽寮に占いをさせた例は、延喜二二年（九二二）や天慶三年にもみえる。[21]

時簡・時杭の紛失や破損が占いの対象にもなったということは、それだけ時簡・時杭が重要なものとして考えられていたからである。実際、時簡は内裏において時刻を知らせるだけの単なる道具ではなく、天皇の所有する重物として常に天皇の御在所に置かれ、大切に管理されていた。

例えば譲位のさいには、時簡は剣璽や累代の御物とともに新帝の居所へと運ばれた。[22]『西宮記』巻一一天皇譲位事には紫宸殿の儀の後、「以二内侍一被レ奉二御衣笏一入レ筥居レ机、女官等舁之、有レ覆、少納言二人大舎人持二伝国璽櫃一追従、少納言・大舎人・闈司持二鈴印一、進二今上御在所一、少将持二供御雑器一進レ之、近衛始警蹕、内豎移レ簡申レ時」とみえ、時簡は鈴印や御雑器とともに前帝から今上へと伝えられている。内豎が時簡を運んでいることから、時簡そのものの管理も内豎の役割であったことがうかがえる。また、『江家次第』巻第一四譲位にはより詳しい記載があり、

新帝に渡される「殿上雑物等」として、「日記御厨子二脚」・「大床子三脚」・「同御厨子二脚」・「獅子形二」・「琵琶一面」・「和琴一面」・「笛筥一合」・「横笛二管」・「殿上御倚子一脚」と並んで「時簡一枚在レ杭」が掲げられている。運び込まれた御物は蔵人によって所定の位置に設置されると、内豎による時奏が行われ、蔵人日給、瀧口名謁などの日中行事が新帝の下で開始された。実例では、三条天皇から後一条天皇への譲位時に、「宝剣」・「璽筥」や「鈴印鎰等櫃」とともに、陰陽寮が「漏剋具」を、内豎が「時簡・机〔杭カ〕等」を新帝のもと（土御門第）へ運んだことが確認できる。(23)

このように譲位のさいには、時簡は天皇の御物として新帝に伝えられたが、旧帝から新帝へ時簡を運ぶ役割が内豎のものであったことから、内豎は時奏だけでなく時簡の管理も請け負っていたと推測される。また、内豎の時奏によって新帝のもとで日中行事が開始されたことは、内豎時奏が天皇の交代を象徴づける重要な役割を果たしていたということを示しているといえるだろう。

「殿上雑物」の一つであった時簡は、内裏が火災になった時などにはいち早く取り出された。『古今著聞集』一四一には、村上天皇の時代、天徳四年九月に内裏が炎上したさい、(24)内裏から運び出された物について、「代々の御わたりもの・御倚子・時簡・玄象・鈴鹿以下もてまいりたるを御覧じて」という記載がみえる。また『中右記』嘉保元年（一〇九四）一〇月二四日条によると、皇居堀河院が火事になった時には、「鈴・印・辛櫃七合・殿上御椅子・時簡・管絃具等」が取り出されている。この火災では、「陣時杭」が一つ失われ、作り直されることになった。新しい時杭は時奏内豎に付されており、このことからも内豎が時杭の管理を行っていたことがわかる。(25)その他、内裏の火災ではないが、『平家物語』巻七主上都落によると、天皇が都落ちしたさいにも、「印鑰、時の札、玄上、鈴鹿なゝどもとり具せよ」とみえるように、時簡は内裏からもち出されている。(26)時簡は殿上雑物の一つとして、天皇の御在所で時奏内豎によって大切に保管・管理されていたのである[27]。

以上、東山御文庫本『日中行事』の記載を中心に平安時代の内豎時奏について検討を行った。時奏内豎は、夜間の無名門での口頭による時奏と、時簡・時杭による時奏と二通りの時奏を行い、時簡・時杭の管理も行った。内豎が管理する時簡・時杭は、単に内裏の人々に時刻を知らせるだけのものでなく、代々の天皇に伝えられる御物の一つとして大切に扱われており、その点においても時奏内豎の役割は、大変重要なものであったといえる。

ところで内裏における時奏は、内豎以外に近衛も行っていたことが知られている。しかし、両者の関係についてはこれまで曖昧なまま、明らかにされてこなかった。東山御文庫本『日中行事』近衛陣夜行事には近衛の時奏についての記載もみえるため、以下はこれを中心に検討を行いたい。

二　近衛陣夜行事

東山御文庫本『日中行事』には、近衛の夜行についての詳しい記述がある。近衛夜行とは、近衛が夜間に宮中などの警衛にあたることである[28]。この行事については、他の日中行事史料や『侍中群要』などにも記載はみえるものの、あまり詳しいものはなく、詳細は不明であった。ここでは、東山御文庫本『日中行事』近衛陣夜行事の記載内容を紹介し、上述した内豎時奏との関連から、夜行の一環として行われた近衛時奏を中心に検討したい[29]。

東山御文庫本『日中行事』において、「近衛陣夜行事」の項目は、戌刻の内豎の時奏の開始から少し遅れた亥二刻（午後九時半）のものとして掲げられている。同刻には「殿上名対面事」、「撤殿上台盤事」、「問諸陣見参事」も行われ、「近衛陣夜行事」は亥二刻の行事のなかでも最後に記載されている。「毎月事」の記載を除くと、日中行事の最後の項目である。他の日中行事史料では『西宮記』巻一〇所引「日中行事文」、「天暦蔵人式」にも近衛夜行の項目がみえるが、東山御文庫本とは記載される時刻が若干異なり、内容は簡潔である。

東山御文庫本『日中行事』近衛陣夜行事の記載は以下の通りである。

同剋(亥二)、近衛陣夜行事、自二亥二剋一至二子四剋一左近、自二丑一剋一至二寅三剋一右近、
左近将曹以下一人帯二弓箭一、率二吉上一人一、到二於無名門外一、先鳴弦二度、次称二姓名・時剋一、入レ自二同門一、経二殿上前一廻二御殿幷所々一、但吉上相従称二火危一、毎一剋、勤レ之、或於二瀧之口陣屋前一鳴弦、随二吉上問一称二姓名一、被レ停二音奏一之時、無二此事一、年首不レ称二火危一

右の記載から、(i)亥二刻から子四刻までは左近衛、丑一刻から寅三刻は右近衛が夜行を担当したこと、(ii)毎刻、弓矢を帯びた近衛将曹以下一人が吉上一人を率い、無名門の外で二度鳴弦し、姓名・時刻を称した後に門内に入り、殿上前を経て御殿・所々を見廻ったが、その間、吉上は「火危」と称したということ、(iii)瀧口陣屋前で鳴弦する場合には、近衛は吉上の問いに従って姓名のみを称したこと、(iv)音奏が停められている時にはこれらを行わず、年初めは吉上は「火危」と称さないことなどが知られる。

1　夜行の時間帯

東山御文庫本『日中行事』問諸陣見参事によると、近衛官人は亥二刻に蔵人によって陣への見参を確認されてから宮中の夜行へ向った。[30]宮中の夜行は、左近衛が亥二刻から子四刻（午後九時三〇分—午前一時）、右近衛が丑一刻から寅三刻（午前一時—午前四時三〇分）、それぞれ七刻分ずつ分担して担当した。夜行の時間帯については、史料によって多少のずれがある。『西宮記』巻一〇所引「日中行事文」では、左近衛が亥一刻から子四刻（午後九時—

午前一時）まで、右近衛が丑一刻から寅四刻（午前一時—午前五時）まで夜行を行ったとみえ、各八刻分ずつ夜行を行ったとみえる。延喜左右近衛府式行夜条にみえる時間帯も同様である。『侍中群要』巻四夜行事には、「諸陣夜行見参等、蔵人及二亥二剋一、以二舎人一令レ問二見参一、催二仰夜行一、是毎夜之事也」とみえ、亥二刻から左近衛の夜行が行われたとあるので、東山御文庫本『日中行事』の記載に近い時間帯である。史料の成立年代から判断すれば、一〇世紀頃には左近衛が亥一刻から子四刻まで、右近衛が丑一刻から寅四刻まで各八刻ずつ夜行を行っていたのが、一一世紀初め頃には一刻短くなり、各七刻ずつ夜行を行うようになったと推測される。一〇世紀以降、近衛府は天皇近侍の官としての地位を独占し、栄誉職として重きを加えていく反面、本来の軍事的・警察的機能を次第に失っていき、京中の夜行にも加わらなくなったことが指摘されている[31]。宮中の夜行についても、『禁秘抄』近衛夜行事に、「此事近代大略如レ無、時々奉二仕之一」とみえるように、一三世紀初めには毎夜のようには行われなくなったことがうかがえる。東山御文庫本『日中行事』が伝える一一世紀前半の頃までには近衛の宮中の夜行も当初より重要視されなくなり、時間が短縮されたのかもしれない。

なお、『西宮記』巻一〇所引「日中行事文」によれば、左右近衛官人はそれぞれの夜行終了後、丑一刻と卯一刻に宿申を行ったという。

2　夜行の内容——時奏を中心に——

東山御文庫本『日中行事』の記載によると、弓矢を帯びた近衛将曹以下一人とそれに従う吉上一人は、無名門の外において二度鳴弦し、姓名・時刻を称して門内に入り、殿上前を経て御殿・所々を廻った。この時、吉上は「火危」と称し、このような警衛は毎刻行われたという。注目したいのは夜行の近衛が無名門を通過するさい、一刻ごとに姓名とともに時刻を奏していたことである。一刻ごとの時奏は時奏内豎と同様である。

上述したように時奏内豎の無名門での口頭による時奏は戌刻から寅刻の間に行われ、亥二刻から寅三刻の間に行われる近衛の時奏と若干の差はあるものの、ほぼ時間帯が重なる。つまり近衛による夜行が行われた亥二刻から寅三刻の間は、夜行近衛・時奏内豎の両者により一刻ごとに無名門で時奏が行われていたのである。

姓名を称すのは、無名門を通過し、天皇の居所に近い空間である小庭に入るさいの身分確認の手続きとして行われたと推測されるが、なぜ近衛は内豎と同様に口頭の時奏を行うようになったのだろうか。上述したように内裏における時の管理は内豎の職掌であったことを考えると、無名門での口頭による時奏は本来的には時奏内豎が負うべき役割であったと推測される。夜行近衛は時奏内豎と同時に無名門を通過することになったため、時奏内豎に付随する形で時奏を行ったのだろう。

しかし内裏の人々は、無名門において口頭で時奏を行うのが内豎であるのか近衛であるのか、取り立てて分けて認識していなかったようである。『枕草子』二七一段には次のような記載がある。

時奏する、いみじうおかし。いみじうさむき夜中ばかりなど、こほ〳〵とこほめき沓すり来て、弦うちならして、「なんなのなにがし、時丑三つ、子四つ」など、はるかなる声にいひて、時の杭さす音など、いみじうおかし。子九つ、丑八つなどぞ里びたる人はいふ。すべてなにも〳〵たゞ四つのみぞ杭にはさしける。

清少納言が夜間の時奏について記載したものである。近衛の鳴弦の音、姓名と時を告げる声、内豎が時杭を挿す音が一セットとして描写されている。また、『讃岐典侍日記』下〔二六〕にも時奏と夜行の記載がみえる。

左の府生、時奏して、「尋ぬべし。心みねば」といひて、時の簡に杭さす音す。左近の陣の夜行、てんめきたる、歩くも、昔にも変はることなし。

これも近衛の夜行と時奏、内豎の時杭を挿す音が一セットとして記述されている。むしろこの二つの史料からは、内裏の人々は夜間の口頭での時奏は内豎ではなく近衛が主となって行うものと認識していたように感じられる。その傾向は『侍中群要』や他の日中行事史料にも内豎時奏の記載がなく、近衛の時奏の項目のみが立てられていることにも表れているといえる。しかし、内豎による時奏は一一世紀後半にも確認でき、内豎に代わって近衛が時奏を行うようになったのではない[32]。実際は東山御文庫本『日中行事』にみえるように、両者がともに無名門での時奏を行っていたのである。

また夜行近衛の本来の役割である内裏の巡察については、無名門において鳴弦を行っていること、巡察に従う吉上が「火危」ということから、単に内裏の見回りを行っていたのではなく、邪気払いや火災防止の役割も担っていたことがうかがえる。

3　音奏

東山御文庫本『日中行事』近衛陣夜行事には、音奏が停められた時には「無此事」とみえる。「無此事」とは、夜行の内容の何を具体的に指すのか判断し難いが、おそらく鳴弦や姓名・時を奏すこと、吉上が「火危」と称すことなど声や音を出すことを停めただけであり、夜行自体は行ったと考えられる。

音奏停止時の近衛の時奏についての記述が『小右記』寛弘八年（一〇一一）一二月一九日条にみえる。一条上皇崩御による諒闇中の御仏名についての記載である。

十九日戊午、（中略）余申二左府一云、近衛府奏時、又上達部名対面如何、相府答云、不レ知二案内一、可［マヽ］彼是被レ命者、余云、諒闇間、無二奏時・名謁等一欤、見二延長例一、御仏名三箇夜有二奏時・名対面等一、故殿御記、第

四日又被レ止二奏時・名謁等一、相府云、可レ依二彼例一、松〔招カ〕二頭弁一云、可レ奏二此由一者、亥三刻〔マヽ〕著レ座、次上達部参上、名対面如レ例、（中略）、今夜許近衛府可レ奏レ時事、頭弁奉仰召、仍仰二左右近衛一〔マヽ〕剋奏レ時、

（下略）

この日、実資は諒闇中の御仏名時における近衛府の時奏や上達部の名対面などの音奏の有無について左大臣藤原道長に相談した。先例を調べて検討したところ、結局、御仏名の初めの三日間は音奏を行い、第四日のみ停止したという延長の例にならい、この日は通常通り音奏を行うことにした。実際に名対面とともに近衛の時奏も行われている。

なお音奏が停められたさいは、内豎の時奏も同様に停止された。堀河天皇の曾祖母である陽明門女院禎子の崩御により御物忌中であった嘉保元年二月一〇日の『中右記』の記載には、「従二□〔今〕夜一止二音奏等一、内豎不レ奏レ時、瀧口止二門〔問〕籍一」とみえ、内豎の時奏も音奏の一つとして御物忌の時には停められていたことが確認できる。永長元年（一〇九六）には、八月七日に堀河天皇の同胞の姉である郁芳門院媞子が薨じたため、翌八日に「御膳・奏時・名謁等」が停められ（『後二条師通記』）、一二日になって、「内豎奏時」や「瀧口中問籍」といった音奏が再開されている（『中右記』）。詳細は不明であるが、これらの停止された内豎の時奏とはおそらく口頭の時奏のみを指し、時簡の杭の挿し替えは行っていたのではないだろうか。

以上、東山御文庫本『日中行事』近衛陣夜行事について主に時奏を中心に検討した。夜行近衛と時奏内豎は、夜行と時簡の杭の挿し替えというそれぞれ別の役割を果たすため、ともに夜間一刻ごとに無名門を通過した。そのさい、夜行近衛は時奏を行う内豎に付随する形で、口頭で時刻を奏すことになったと考えられる。しかし、内豎・近衛の時奏・夜行は同時刻に行われたこともあり、内裏の人々には両者の区別はあまり意識されず、時奏と

夜行は一セットの行事として、時には時奏は内豎の職掌というより近衛が主となって行うものとして認識された。また諒闇中など音奏が停められた時には、近衛時奏・内豎時奏は行われなかった。東山御文庫本『日中行事』の記載により、内豎と近衛の時奏の実態についてかなり具体的に知ることができるようになったといえるだろう。

おわりに

本章では、東山御文庫本『日中行事』の記載を中心に内豎時奏・近衛陣夜行について考察を行った。明らかにした点をまとめると、以下の二点となる。

一、内豎は夜間の無名門での口頭による時奏と、時簡・時杭による時奏と二通りの時奏を行い、内裏における時の管理を担っていた。時簡・時杭は単に内裏の人々に時刻を知らせるだけのものでなく、代々の天皇に伝えられた御物の一つであり、時奏内豎によって大切に保管・管理されていた。

二、夜行近衛は亥刻から寅刻の間、毎刻、邪気払いや火災防止などを行いつつ、宮中を巡察した。そのさい、無名門を通過する度に時奏を行ったが、それは同時刻に無名門を通過した時奏内豎の職掌に付随した形で行われたと考えられる。このような近衛・内豎の無名門における口頭の時奏は、諒闇時などに、音奏が停止された時には行われなかった。

本章では東山御文庫本『日中行事』の記載のうち、内豎時奏と近衛夜行という一部の内容についてしか検討することができなかったが、同史料の他にみられない詳細な記載が平安時代の内裏研究にとって、貴重なものであることを示すことができたと思われる。これらの新出史料は、それ自体が明らかとする新事実を示すだけでなく、これまで知られていた史料の新たな解釈も可能とするものである。本史料には本章で紹介した他にも多くの貴重な記述があり、例えば朝餉の記載は近年研究が進んでいる天皇の食事のあり方の解明に役立つものである[33]。東山御文庫本『日中行事』の全体的な検討が進めば、平安時代の内裏運営の実態がいっそう明らかとなり、平安時代史研究がさらに進展するだろう。

注

（1）西本昌弘「東山御文庫本『日中行事』について」（『日本古代の年中行事書と新史料』吉川弘文館、二〇一二年、初出は二〇〇八年）。西本氏の見解はすべてこれによる。

（2）『西宮記』巻一〇侍中事所引「日行事如左」を、佐藤全敏氏は各行事の時刻や古写本の形態と成立過程から、「延喜蔵人式」とするが、西本氏は、『侍中群要』所引「寛平小式」や「小式」の逸文と合致する部分を含むことなどから、「寛平蔵人式」の引用文としている（佐藤全敏「古代天皇の食事と贄」（『平安時代の天皇と官僚制』東京大学出版会、二〇〇八年、初出は二〇〇四年））。

（3）日本古代の朝廷の時刻制度については、橋本万平『日本の時刻制度』増補版（塙書房、一九七八年）、同『計測の文化史』（朝日新聞社、一九八二年）、広瀬秀雄「平安朝の時刻制度について」（『日本歴史』三四〇、一九七六年）、岸俊男「倭京から平城京へ―生活空間としての「京」―」（『日本古代宮都の研究』岩波書店、一九八八年、初出は一九八二年）、同「漏刻余論」（『古代宮都の探究』塙書房、一九八四年、初出は一九八二年）、厚谷和雄「奈良・平安時代に於ける漏刻と昼夜四十八刻制」（『東京大学史料編纂所研究紀』四、一九九三年、a論文とする）、同「平安時代古記録と時刻について」（『日本歴史』五四三、一九九三年、b論文とする）、今泉隆雄「飛鳥の漏刻臺と時刻制の成立」（『古代宮都の研究』吉川弘文館、一九九三年）、増田修「倭国の暦法と時刻制度」（『市民の古代』一六、一九九四年）、奈良国立文化財研究所学報第五五冊『飛鳥・藤原宮発掘調査報告Ⅳ―飛鳥水落遺跡の調査―』（奈良国立文化財研究所、一九九五年）、斉藤国治『日本・中国・朝鮮古代の時刻制度―古天文学による検証―』（雄山閣出版、一九九五年）、鎌田元一「暦と時間」（『律令国家史の研究』塙書房、二〇〇八年、初出は二〇〇六年）などの研究がある。また、旧稿発表後、細井浩志「平安時代儀式書における主要年中行事の時刻史料（抄）」（『活水論文集』人間関係学科編五四、二〇一一年）が発表されている。

（4）橋本氏前掲書、所京子「「所」の成立と展開」（『平安朝「所・後院・俗別当」の研究』勉誠出版、二〇〇四年、初出は一九六八年）。その他、岡田芳朗「時奏（ときのそう）」（角田文衛監修『平安時代史事典』下、角川書店、一九九四年）、田島公「ときのふだ（時簡）」（鈴木敬三編『有識故実大辞典』吉川弘文館、一九九六年）なども参照した。

（5）『西宮記』巻一〇侍中事所引内豎所式・同寛平七年一〇月二八日別当宣。『侍中群要』巻二にも同様の記載がみえる。

（6）『禁腋秘抄』により、時簡が小庭に立てられていたことがわかる。時簡に杭を打って時刻を知らせたことは、『枕草子』二七一段（渡辺実校注『枕草子』新日本古典文学大系二五、岩波書店、一九九一年）、藤岡忠美校注・訳『和泉式部日記・紫式部日記・更級日記・讃岐典侍日記』（新編日本古典文学全集二六、小学館、一九九四年）などにみえる。内豎が時簡を管理したことは、すでに田島氏も指摘している（田島氏前掲書）。

（7）日本古代の宮中の時刻制度は、定時法が採用されていたと考えられている（橋本氏前掲書などを参照）。なお、不定時法を採用していたとするものに、広瀬氏の研究がある（同氏前掲論文）。
　東山御文庫本『日中行事』をみると、一日を一二辰刻で分けており、具注暦にみられるような「初刻」の記載は確認できない。「近衛陣夜行事」の左右近衛の時刻の分担についての割書きの表記をみると、『延喜式』と同様に一辰刻を一刻から四刻に分けている。

（8）同「日中行事文」亥一刻内豎奏宿簡事には、内豎所式や寛平七年一〇月二八日別当宣が引用されており、それには内豎が宿奏や時奏を闕怠した時の罰則についての記載がみえる。しかし、内豎時奏自体の項目は立てられておらず、その内容・時刻についての記載はない。『禁秘抄』には時奏の項目があるが、内豎については触れていない。

（9）陰陽寮の時報の鼓・鐘については、岸・今泉・鎌田氏前掲論文などに詳しい。

（10）所氏は、『日本紀略』天徳四年（九六〇）一二月二五日条に、内裏焼亡により天皇が冷泉院に遷御するさい、「冷泉院内内豎候所西壇下」に「漏刻金鼓等」が移されたとあることから、内裏の内豎候所（春興殿）にも「漏刻金鼓」が設置されていたのではないかと推測した（所氏前掲論文）。また、厚谷・今泉氏により、天皇の行幸時などに使用された携帯用の漏刻があったことが指摘されており（厚谷氏前掲a論文、今泉氏前掲論文）、今泉氏は同史料の漏刻は陰陽寮内に設置されていたものとは別の携帯用のものであり、金鼓はそれに付属していた鐘の代用品であったとしている。

旧稿では、東山御文庫本『日中行事』の記述を、陰陽寮の曹司にある鐘の音を内裏に候す内豎が聞きつけ、時奏を行ったと解釈し、少なくとも一一世紀までは陰陽寮の曹司のものとは別に、内裏にも漏刻と金鼓が常置されていたとは考えにくいと述べた。しかし一一世紀初めには、譲位時に宝剣などの御物とともに陰陽寮が漏刻具を新帝のもとへ運んだことがみえることや（『小右記』長和五年（一〇一六）正月二九日条・『御堂関白記』同日条など）、『禁秘抄』奏時事に「上古随㆓陰陽寮漏刻㆒奏㆑之、近時指計蔵人仰㆑之」とみえるように、後世では天皇の御在所に侍っていた蔵人がなんらかの方法で時を計っていたということを考慮すると、内裏にも陰陽寮や蔵人が管理する漏刻などの時刻を計るものが常置されていたと考える方がよいと思われる。天徳四年の「漏刻金鼓」とは、所氏が指摘するように本来は内裏に常置されていたものであったのかもしれない。

しかし、この内裏に置かれた「漏刻金鼓」が日常使用されたものであったのかは不明である。

ちなみに陰陽寮の鐘を聞いて時刻を判断したことは、『中右記』嘉保元年（一〇九四）一一月一一日条などにもみえ、一一世紀末までは同寮の鐘が使用されていたことがうかがえる。

（11）朧谷寿「むめいもん（无名門）」（『国史大辞典』一三、吉川弘文館、一九九二年）、伊藤延男「無明門（むめいもん）」（前掲『平安時代史事典』下）。

（12）『古今著聞集』六三五新蔵人邦時分配次第を行ふ事からも、清涼殿の殿上間の南にある下侍付近に時簡があったことがうかがえる。永積安明校注『古今著聞集』（日本古典文学大系八四、岩波書店、一九六六年）を参照した。

（13）『枕草子』・『讃岐典侍日記』は注（6）を参照。

（14）橋本氏前掲書参照。

（15）平安時代の文学作品のなかに夜の時奏の記載が多いことは、橋本氏も指摘している（橋本氏前掲書参照）。阪倉篤義他校注『竹取物語・伊勢物語・大和物語』（日本古典文学大系九、岩波書店、一九五七年）、松村博司校注『大鏡』（日本古典文学大系二一、岩波書店、一九六〇年）を参照。

（16）その他『小右記』長和二年（一〇一三）七月一〇日条には「資―〔平〕自㆑内退出云、昨日奏時内豎以㆓申刻㆒奏㆓酉剋㆒、仍被㆑下

レ獄、左府不二甘心一、然而不二聞食一者、蔵人敦親有二誹謗之聞一、被レ勘二其由一、令レ処二勘責一給云々」とみえ、実際に時奏内竪が時刻を誤って奏したために獄に下されたという記載がある。

(17) 文意がとりにくく、「上棚」・「下棚」とは何を指すのか不明である。御膳棚の棚のことか。

(18) 厚谷氏前掲b論文を参照。

(19) 市川久編『蔵人補任』(続群書類従完成会、一九八九年)を参照した。

(20) 『左経記』同年一一月二三日条、『小右記』同年一一月一七日条・一九日条。

(21) 『小右記』長元三年(一〇三〇)九月一六日条。

(22) 「時簡(ときのふだ)」(永原慶二監修『岩波日本史辞典』岩波書店、一九九九年)。

(23) 『小右記』長和五年正月二九日条、『御堂関白記』同日条など。

(24) 『日本紀略』天徳四年九月二三日庚申条。

(25) 同嘉保元年一〇月二六日条。後世では陣にも時簡が置かれていたのだろうか。

(26) 梶原正昭他校注『平家物語』下(新日本古典文学大系四五、岩波書店、一九九三年)を参照。

(27) 天皇のものとは別に、中宮御所にも時簡が置かれていたようである。寛治七年(一〇九三)に立后した媞子内親王の中宮御所となった高陽院には、時簡が庭の東露巽角の柱下に新たに寄せ立てられている(『後二条師通記』同年二月二二日条裏書、『中右記』同日条)。

(28) 笹山晴生「平安前期の左右近衛府に関する考察」(『日本古代衛府制度の研究』東京大学出版会、一九八五年、初出は一九六二年)。

(29) 近衛の時奏については、「九暦逸文」天暦九年(九五五)正月二八日条や『小右記』寛弘八年(一〇一一)一二月一九日条などにみえる。

(30) 『侍中群要』巻四夜行事などによると、近衛は宮中を、左右兵衛は中重を、左右衛門は八省の夜行を担当している。

(31) 笹山氏前掲書。

(32) 一一世紀の例としては、『中右記』嘉保元年二月一〇日条、同永長元年(一〇九六)八月二二日条などがある。なお、古記録にみえる時奏については、東京大学史料編纂所公開用データベースを利用した。

（33）東山御文庫本『日中行事』にみえる朝餉の記載は、他の史料にみられない内容を含み、貴重なものである。同史料では、朝餉は『西宮記』巻一〇侍中事所引「日中行事文」と同様に、巳刻（午前九時）の行事となっている。辰刻（午前七時）に行われる「御念誦事」の次、午刻（午前一一時）に行われる「供昼御膳事」の前に記載がみえる。

東山御文庫本『日中行事』供朝餉事の内容を簡単にまとめると以下の八つとなる。（ⅰ）朝餉は朝餉御座において準備され、陪膳女房と役供女房が供奉する。（ⅱ）御台は二つ用意される。一の御台は朝餉御座西方に設置され、二の御台は一の御台の北に設置される。（ⅲ）一の御台には、御四種二口、銀箸匙・木箸二双を置いた御箸台一口、小土器が置かれており、陪膳が木御箸一双と小土器を取って二の御台の上に移す。（ⅳ）次に陪膳が一の御台の御四種の東に御飯を据え、御厨子所の御菜（八杯）と同所の別の御菜を供す。（ⅴ）陪膳が二の御台に置いた木製の御箸を取り、御飯から御菜、酢・塩まで御三把を取り、小土器に盛る。供御の物は御厨子所の刀自が据わりながら皆先に三把を取る。（ⅵ）御膳が終われば、御酒を供す。菓盤・蓋なども準備される。（ⅶ）陪膳は天皇が使用した一の御台の木製の御箸を取って上の方を折り、一の御台の上の御箸台に置く。次に二の御台の木製の御箸を取り、御飯の上に立てて撤す。御飯から始めて御菜まで同じく撤す。（ⅷ）月事がある女房はこの役を奉仕しない。近習公卿・四位・五位以上が陪膳を奉仕する場合もある。

以上のように、東山御文庫本『日中行事』の朝餉についての記載は大変具体的である。同史料については、佐藤氏が前掲論文の改稿のさい、その次第を紹介している。

〔補記〕旧稿を本書に収録するにあたり、注（3）では、筆者の不注意により見落としていた参考文献を補うとともに、旧稿発表後新たに発表された文献などを増補した。また本文を一部改め、注（18）を追加した。注（10）についても旧稿から考えを改めた点があるため、内容を修正した。

付　東山御文庫本『日中行事』（勅封番号一四四―一六）翻刻

【凡例】

一、本書の底本は、宮内庁蔵の東山御文庫本『日中行事』（勅封番号一四四―一六）である。
一、翻刻にあたっては、底本の体裁をできるだけ尊重した。
一、文中に読点（、）・並列点（・）を適宜加えた。
一、校訂注は、底本の誤字などについては〔　〕、参考・説明のためのものは（　）で示した。
一、字体は原則として現在通行のものに改め、新字体があるものはそれを用いたが、一部正字や底本の字体を採用した場合もある。

【翻刻】

（外題）日中行事　」

日中行事

卯剋、主殿寮奉仕朝清事、
官人以下、束帯僚下褐衣、率僚下、払清南殿庭幷清涼殿
東庭・朝餉壷・台盤所壷及所々、朝餉壷者昇自御湯殿戸、経後涼殿東
縁、参入、台盤所壷者昇自高遣戸、参入、僚下者不入、上古頭以下供奉、近代者
官人一人率僚下六人・執物下部二人、供奉、
辰剋、殿上日給事、自三月至八月辰、自九月至二月巳、
蔵人先取簡、抜出自袋、件袋随抜出、怙置於日記辛櫃東、取硯、而給宿
侍人々夜、昨日子・丑等字傍注夕字也、若昨昼不参入者、不字傍注也、次給今日、注若子・丑
等字也、畢立簡於袋上、次主殿司立殿上台盤、上帟布、
但夏時無件幕、

同剋、上格子事、
蔵人一人入自鬼間、放昼御座御格子沾木、他蔵人等出
自殿上東戸、始自南第二間、次第北行上之、更帰、上南
第一間格子、次徹〔撤〕燈楼、給主殿女孺、件燈楼置於長橋下、次返第一
三五間釣金小綱、次引返昼御座上御茵、次取大床子上
御厨子上所置之御釼、而置御座上御茵南、西柄南刃、次取
御硯筥、而置御座下東辺、寄南置之、但先可開見、其後如本掩置之、次上殿
上々小蔀、次取御倚子覆、而懸小板敷西長押上小棹、

出納取之、次令主殿女孺払拭御物幷板敷等、但油守者、不昇長押上、
但御物忌時者、先下御簾、付御物忌、件御物忌出納書之、早旦挿於殿上小壁、
不上小蔀、不取御座覆、不立殿上小大盤、若大臣宿侍時、立之、
朝餉幷台盤所上格子者、掃部女官上之、撤燈楼、置
馬形障子後、」
同剋、四衛府供御贄事、子辰申左兵衛、丑巳酉右兵衛、寅午戌左衛門、卯未亥右衛門、
早旦、当府々生一人、褐衣、盛魚類於樏子、捧之、入自殿上口、
置御膳棚、而抜笏、左廻退出、次御厨子所番衆一人、束帯、
入自同路、取之、付彼所、
同剋、供御手水事、
主水司官人四人、冠、舁御手水台、自御湯殿、迫（本マ、）付女官、
御手水頭幷女官等舁之、入自同戸、経後涼殿東縁幷
御湯殿南縁、入自清涼殿西面北第二間、居之於同間大床
子南頭、先敷打敷、其上立之、北立御手洗台、其上置御手洗一口、其上開置抽簀、其上置盤一枚、其上居金銅器二口、各有菓垸蓋等、一口盛塩、一口盛澡豆、又有金銅箸台一枚、其上有金銅匙一枚、同箸一双・楊枝一双南立棙台、其中央居黒漆大壷一口、而盛水、其左右居御棙各一口、又有黒漆円杓一口、次陪膳女房一人・役供女房一人候其南頭、役
供女房者取御盤、而候、各挿鈫〔釵カ〕子、次　主上着御於大床子上」
円座、陪膳先取楊枝、而献之、次献御塩、次献澡豆、以上、以匙、酌之、

御手水畢、献御手巾、事畢、還御、或件役、殿上
四位五位六位各一人奉仕之、
次石灰壇御拝事、（先是無御念誦事、又僧尼不参於御前、）
御手水畢後、着御直衣、経朝餉幷台盤所障子戸
昼御帳西大床子南、出自母屋南第二間、於石灰壇南間
向辰巳方、奉拝伊勢大神宮、（両段再拝、但合御掌奉拝、）若宮中有
穢幷御身不浄之時、無御拝、又昼御座有仏事等
時亦如此、但有穢時、有御拝由、見二代御記、若是依
穢被停神事之時、被祈申其由歟、
次御念誦事、
御拝畢後、入自二間南御障子、向御本尊、（御半帖、）
読経・念誦多小〔少〕随時、先是供閼伽、蔵人取閼伽器、置折
敷、経長橋幷仁寿殿西簀子、到承香殿御読経所、
盛調供之、
巳剋、供朝餉事、
先陪膳女房候御座西畳、役供女房二人候障子外、（女房不上
髪、）取御台一本、立於朝餉御座西方、（有御四種二口、御箸台一口、其上置銀箸
匙・木箸二双・小土器一口、）次取御台一本、立其北、次陪膳取一御台

上所置之木御箸一双幷小土器一口、置於御台上、次供御飯、〈居中盤〉、陪膳取之、居於御四種東、次供御厨子所御菜、〈八坏〉、次供同所別御菜、次陪膳取二御台上所置之御箸、始自御飯至干御菜幷酢塩、取御三把盛小土器、〈凡供御之物、皆先取三把如之、件三把刀自取之、奉供於坐、御厨子所之比々祭謂之、御食津〉御膳畢供御酒、〈盛御酒盞、有菓盤幷盞等、但不居於御盤〉、次陪膳取所召之御箸、折其上方、置於御箸台、更取所置於第二御台之御箸、立於御飯上、撤之、始自御飯至于御菜、次第撤同供時、女房中有月事之人不奉仕此役、或近習公卿幷四位以上奉仕陪膳、

午剋、供昼御膳事、

先釆女二人舁御台盤、出自御膳宿、立於鬼間南間格子西辺、次舁二御台盤〈立〉其南、次蔵人仰於御膳宿云、御膳宿蓋盤未以礼、釆女取馬頭盤、居於北御台盤之中央、〈件馬頭盤上、置銀箸・木箸各二双・銀匙二枚〉、次陪膳幷役供人等出自殿上下戸、〈蔵人頭候於殿上之時、六位蔵人不用此道〉、入御膳宿、先洗手、次陪膳以下二人舁一御台盤、入自鬼間障子、〈此間、陪膳称警蹕、但伊勢奉幣日、不称警蹕、御国忌日又同〉、立於大床子東、〈南北行〉、次役供

二人舁二御台盤、立於一御台盤南、（東西行、但不称警蹕、）次供御四種、（居於馬頭盤北、）次供御飯、（居於四種西鰭、居中盤、有蓋、）次供内膳御菜（窪坏二坏二御台盤西頭相並居之、次盤六坏居於同台盤中央二行相並居之、次御汁物二坏居於同台盤之北鰭、）次供御湯、（居於一御台盤北鰭、相加小土器一枚、居於馬頭盤西鰭、以上居中盤、）次供御酒盞、（居於二御台盤東鰭、不居於盤、有草盤幷蓋、）次供御厨子所御菜、（居於馬頭盤南、十坏、）次供同所御汁物等、（汁物二坏者居於御菜西鰭、焼物二坏者居於同南鰭、）次陪膳起座、着於母屋南第一間四季御屛風西円座、次取最後御盤之六位奏御膳供畢由、（其詞曰、御膳万以奴、於台盤所南間西縁高欄下、高声奏之、）主上経台盤所上障子戸幷昼御帳西辺、着御於大床子上円座、（着御之間、直居御、不登立、給退御時亦如此、）次取木御箸一双、取御飯三把、置於小土器給、次以御箸立於御飯上、入御、次陪膳進、取所立給之御箸、折上方、置於馬頭盤上、亦以他木御箸立於御飯上、召男共、（或未進御台下之前、召之、）蔵人一人進、候於鬼間障子口、陪膳仰云、撤、（万加利、）蔵人称唯、（微音、）退出跪於殿上下戸西、仰云、撤、次立還、向御膳宿方、仰曰、御膳宿蓋盤万以礼、次取所置於撤御厨子之御盤、参入、陪膳撤御膳、（御湯・御汁物・内膳御菜、）次役供一人取蓋盤、参入、陪膳撤御飯、次蔵人取殿上小大盤上所居之下盤、出自殿上東戸、自東廂南第二間参入、陪膳撤御厨子所御菜・同御汁物・焼物居之、蔵人還置於台盤上、本所、次撤自余物等、次役供舁二御台盤、立於本所、次舁一御台盤出、陪膳舁後、

酉剋、供夕膳、但蔵人仰御膳宿、令替御箸、昼御座被行仏事之時、朝夕御膳供於朝餉、雖入夜、不下格子、供之、但台盤所者下之、入自鬼間北障子、称警蹕、供於御座西辺、二御台盤立其北、其儀准昼御座、可知之、但無御台盤台、又不奏御膳供了由、御精進時、内膳御菜用青瓷盤、御四種亦同、自六月一日至七月卅日、供醴、但御物忌時、不供之、盛青瓷酒盞、居於御台盤東鰭御酒盞南、賀茂祭日供蒜、山城国付内膳司庄、於二御台盤東鰭御酒北相並居之、青蒜一坏向蒜一坏也、

未剋、封殿上簡事、

蔵人、束帯、先取簡、給剋限以前参入人々日、不参入之人注不字、次入簡於袋、倚立於北壁、本所、元三日間不封簡、雖入夜参入之人猶給日之故也、御物忌時、不封、以簡面向壁方立之、仁王会・季御読経・御仏名等時、及暁封之、献仮文之人付仮若干、日数満了

日、以墨引垂之、恐懼之人不書不字、被免之日、若給日、若注不字、恐申間日等、被免之後、又以墨引垂之、
申剋、供夕御膳事、
其儀同朝膳、但女房上髪、雖冬時、着用夏裳、但六七両月不上髪、
酉剋、供御殿燈事、
主殿女孺昇自右青璅門、先懸燈楼於綱、次供燈、東廂南一二三五六間等也、蔵人一人相随検察之、次供於仁寿殿露台、次経殿上前、供於朝餉壷、次盛御殿油五升、到於御手水間、付女房、々々取之、炷於夜御殿四角燈楼、差油時、女房先入自同西戸、放南戸、蔵人入自鬼間障子、経昼御帳西、入自殿南戸供之、但非蔵人者不入件戸中、未供御殿燈之前、殿上所々不挙燈、
及暗燃火於炬屋事、
主殿女官開清涼殿東庭炬屋戸、居其中、燃火於戸前、但月明時不燃之、件炬屋一所在二間前庭呉竹台南頭、一所在上御壷寝東向戸東北庭、
戌剋、内竪奏時事、」

先奏時内豎聞陰陽寮鐘声、於無名門外称姓名・時剋、入自件門、抜杭翻簡而立、取杭挿於戌字下之右一穴、但毎剋限称姓名・時剋挿之如初、自卯剋後、不称姓名・時剋而挿、

同剋、下格子事、

蔵人先出自殿上々戸、取孫廂燈楼、但南第一間燈楼不取之、懸於昼御座廂釣金所在之綱、第一間北第三間南第五間南等釣金、次取御硯筥、置於大床子上御厨子之上、次取御釼、又置件硯筥上、次引返御茵、次下格子、次又取燈楼、懸於二間、下格子如初、次敷夜居并御修法後加持座、先出小板敷、召掃部寮、浅黄縁半帖一枚・黄布縁帖一枚、半帖者敷於二間北間夜御殿戸前、帖者副於同間格子敷、但件夜不固、件間格子帖不当神事時、不敷件等帖、出自鬼間、立御障子戸、退出、来於殿上、下小蔀、但上卿候於陣座、有公事之間、雖入夜不下之、未供御膳之時、又不下之、

朝餉下格子者、蔵人随召参於朝餉奉仰、先取燈楼之燈、入自御手水間、置於御手水御厨子上、次取可障之御物等、暫置此方、始自南第一間至于御手水間下之、次取燈台、立於御座之南辺供燈、退出、自御

手水間御格子台盤所格子者掃部女官下之、
戌二剋、瀧口名謁事、
先列立於玄暉門外、鳴絃〔弦〕二度、告〔吉〕上問之、各称姓名、
入自同門、経弘徽〔徽カ〕殿西、到御湯殿北、又鳴弦如初、瀧口吉
上問之、亦各称姓名、経後涼殿西、到殿上々、又鳴絃〔弦〕如初、
腋陣吉上問之、亦称姓名、畢到蔵人所、各着到、
経本路、到瀧口陣、自最末第二者、指脂燭前行、着座、差定所々
公役、南殿・御前・北面・納所母屋幷斎院・関白宿所永定置其人、自余随便差之、畢各触其由、
向其所、宿侍、被停音奏時、不名謁、又不足三人時、
不名謁、但遅参者先参本所、触其由、名謁日給、亥二剋以後、不名謁日給、但賀茂祭警固間亦不名謁云々、可尋之、
亥二剋、殿上名対面事、
蔵人頭以下着宿衣、参上、列居於殿上又庇南頭、六
位居於年中行事障子下、下臈蔵人一人捧脂燭、頗
進居〔居進イ〕自本座跪問之、其詞曰、誰曽、侍臣等次第称名、蔵人頭若位階為下臈者随位次称耳、六位加姓、次捧脂燭之蔵人経簀子敷、入
自同第二間、昇孫廂長押、副東而北行、到昆明池
障子下、向辰巳而居近代之説居簀子敷、時、瀧口衆列居於

東庭而咳、其後鳴絃〔弦〕二度、次蔵人問之、其詞曰、誰々加侍留、
瀧口次第称姓名、此間蔵人以脂燭置於東欄、頗指進落於北、
同剋、撤殿上台盤事、
主殿司先取小台盤、停立於神仙門北腋壁東面、次
取長大盤二脚、授小舎人、々々々取之、立於便宜所、
同剋、問諸陣見参事、
蔵人召小舎人、仰可問諸陣見参之由、奉仰、先到左
近陣、次左兵衛陣、次左衛門陣、次右近陣、次右兵衛
陣、次右衛門陣、各問見参官人、帰参於殿上小庭、
而一々申之次第如初、或加申内侍所女官候由、其員女史
一人、女官三人也、若諸陣当直官人不足之時、蔵人加其催、
同剋、近衛陣夜行事、自亥二剋至子四剋左近、自丑一剋至寅三剋右近、
左近将曹以下一人帯弓箭、率吉上一人、到於無名門
外、先鳴弦二度、次称姓名・時剋、入自同門、経殿上前、
廻御殿幷所々、但吉上相従称火危、毎一剋勤之、或於
瀧之口陣屋前鳴弦、随吉上問称姓名、被停音奏
之時、無此事、年首不称火危、
一毎月事、

一日、内侍所御供事、
典侍以下一人・行事蔵人一人参於内侍所、次内蔵寮官人取御供、付女官、々々取之、付女史、々々取之、付掌侍、々々取之、居於御前大床、〔子脱カ〕畢女史鳴鈴、内侍申御祈、但此間　主上着御直衣、洗御手而向方御、以内侍帰参申供畢由、為期、
　早（本マ、）折櫃廿合、白米六合・精進物四合・魚類四合・菓子四合・紙二合、合別十帖、
　幣料絹二疋、納殿色紙幣四帖、
　台盤所紙幣一帖、
殿上放紙事、
一日、早旦、蔵人取簡、放去月日給之紙、各毎人之下注姓官、其下又注日若干・夕若干、給於蔵人所、令勘之、次召小舎人、令押新紙於簡、給今日々、
三日、奏去月々奏事、
先蔵人仰各本所、取集所々月奏、殿上并陪膳記、蔵人所・瀧口・内御書所・楽所・御厨子所・諸衛陣・小舎人内覧之後、不奏、挿書杖奏之、覧畢返給、
又官外記月奏者付内侍所、但十二月々奏者相加於正月、而二月奏之

十八日、観音供事、
東寺長者一人参於仁寿殿、於所被安置於塗籠中之観音像前修供養法、行事蔵人送名香、若当神事之時、於真言院修之、
七瀬御祓幷代厄火災御祭事、
先候所之陰陽師進勘文、蔵人イ無蔵人字成請奏、取具而奏下之、勘文下所、請奏下上卿、当日陰陽師等進御祓物、蔵人取之、進於台盤所、女房取之、着衣於偶人、件料絹内蔵寮進之、進於御前、一撫一吻之後、返給、御衣一領入於衣筥蓋、各以裹々其上、各置其祓物折櫃上、殿上五位以下次第参入、於台盤所前取之、向河原、所司各設握、令修之、返奉之時、一々着御、先是主殿寮供御湯、
但火災祭者於宮中便所修之、打簡於所々、
晦日、御祓事、
其儀如七瀬御祓、但一瀬也、
同日、真言院御念誦事、
東寺長者修之、

〔付記〕『日本歴史』七一六号（二〇〇八年）に掲載された「東山御文庫本『日中行事』について」（後に『日本古代の年中行事書と新史料』（吉川弘文館、二〇一二年）に再録）において、同史料を紹介された西本昌弘先生のご好意により、翻刻を担当させていただくことができた。深く御礼申し上げたい。また、宮内庁侍従職より写真頒布を受け、翻刻掲載の許可をいただいた。謝意を申し上げたい。

〔補記〕旧稿を本書に収録するにあたり、翻刻にも一部修正を加えた。そのさい、田島公先生にご助言いただいた。また、志村佳名子氏のご研究も参照させていただいた（志村佳名子「平安時代日給制度の基礎的考察―東山御文庫本『日中行事』を手がかりとして―」『日本歴史』七三九、二〇〇九年）。厚く御礼申し上げる。

第九章　平安時代における内裏の食事

はじめに

平安時代、天皇が日常どのような食事を摂っていたのかについては、新出史料である東山御文庫本『日中行事』の検討により、その詳細がかなり明らかになってきている。[1] 一一世紀前半の成立とされる同史料には、天皇の毎日の食事である朝夕御膳（大床子御膳）や朝干飯御膳などについて極めて詳細な記述があり、すでに佐藤全敏氏によってその内容の紹介が行われている。[2]

平安時代の天皇が食していた御膳の内容や供奉制度については、主に進物所や御厨子所などの御膳を調備していた機関の検討から研究が進められてきた。所京子氏は宮中所々の変遷を追うなかで、進物所・御厨子所についても言及し、両機関は九世紀末に内膳司の内裏出先機関から蔵人所の管轄下へと再編されたと指摘した。また両機関の職員の役割や奉仕した御膳についても概要を示している。[3] 永田和也氏は、平安中期の進物所・御厨子所の分掌関係について検討を行い、それぞれが供奉した食事の特徴についても論じた。そこでは進物所は朝夕御膳を、御厨子所は朝夕御膳を形成する一部の御膳と朝干飯御膳・間食などの奉仕を行っていたこと、朝夕御膳は儀礼的形式的な御膳であったのに対し、朝干飯御膳は内々の御膳として位置づけられていたが、天皇の実質的かつ日常的な食事として機能していたことなどを指摘している。御厨子所の性格については所氏の説に対し内膳司との統属関係はなかったとし、令制や令外の供御物調進機関から届けられた食物・食器を保管し必要時に天皇へ取り次ぐといった職掌を担うため、新たに蔵人所の管轄の下に設置されたと述べている[4]。また、森田悌氏は進物所・御厨子所の機能の違いを論じるにあたり、それらが奉仕した天皇の食事の変遷についても言及した。天皇の実の御膳が朝夕御膳から朝干飯御膳へと移行したことを指摘し、その要因を朝政の衰微との関係において説明している。具体的には、内膳司や進物所が供進した朝夕御膳は朝政を終えた後の午刻（午前一一時―午後一時）に摂られていた公的な性格をもつ正規の食事であったが、嵯峨朝に朝政が衰微すると朝の御膳の供進が早まり、巳刻（午前九時―一一時）に天皇の私的個人的な非正規の食事として、淳和朝の頃に成立していた御厨子所が準備する朝干飯御膳が供進されるようになったとする。また御厨子所については天皇の私的個人生活により密着した所であったため、内膳司・進物所とは異なり、蔵人の管理下に入ったと述べた[5]。佐藤全敏氏は、九世紀末から一〇世紀中葉に天皇の食事や贄の収取制度に変化がみられるとし、その要因には九世紀末に起こった新しい食事文化への志向があったと推測した。天皇の食事に関しては、朝夕御膳・朝干飯御膳の供奉内容を具体的に示すとともに、その変遷について次のように指摘している。天皇は九世紀末までは内膳司や進物所が用意した隋唐様式の律令制的な朝夕御膳を食していたが、平安京周辺で一般的であった食文化の影響により、御厨子所が調備する新しい御膳が朝夕御膳に追加されるようになり、やがて一〇世紀中葉までには、御厨子所が調備する朝干飯御膳が、朝夕御膳に代わって実質的な食事になったという[6]。

以上の先行研究により、平安時代の天皇の実質的な食事は、令制の系譜を引く内膳司・進物所が調備した朝夕御膳から、平安時代に新たに成立し、蔵人所との関係が深い御厨子所が調備した朝干飯御膳へと移行したという大きな見通しが立てられた。しかし、議論が分かれる点もあり、朝夕御膳の形骸化と朝干飯御膳の成立時期、その要因などについてはさらに検討が必要といえる。また天皇の日常の食事のうち朝夕御膳や朝干飯御膳については詳細な考察が行われてきたが、「蔵人式」や日中行事書、『侍中群要』などにはその他にも主水司・御厨子所が調備した御粥や「夜候」といった食事の記述もみられる。天皇の一日の食生活を捉えるには、これらの食事の変遷も考慮することが不可欠だろう。さらに、従来の研究は「蔵人式」や日中行事書などの儀式書の分析が主であったといえ、平安時代の古記録から読み取れる供奉の実態については検討の余地が残されているように思う。

そこで、本章では九世紀末から一一世紀初めに成立した「蔵人式」・日中行事書などにみえる天皇の各食事に関する記載を再検討するとともに、同時期の古記録から読み取れる供奉の実態を考察し、平安時代の御膳供奉の変遷について改めて考えたい(7)。

一　「蔵人式」・日中行事書などにみえる御膳供奉

平安時代の日中行事を知ることができる史料としては①『西宮記』巻一〇侍中事所引「日行事如左」以下の記文、②同所引「日中行事文(8)」、③同所引「一、毎日辰一刻上格子」以下の記文、④東山御文庫本『日中行事』などがあげられる。この他に『侍中群要』にも日中行事に関する記述が多く取り上げられている。

①は「寛平蔵人式」とする説と「延喜蔵人式」とする説とがあるが、九世紀末から一〇世紀初頭の状況を示すものと考えられている(9)。②は延喜―天暦年間の成立(10)、③は「天暦蔵人式(11)」、④は一一世紀前半頃の成立(12)である。

これらの史料にみえる日中行事の項目のうち、天皇の食事に関する記載を表にまとめた。

表により、「主水司が供する御粥」・「朝干飯」・「朝膳」（昼御膳）・「夕膳」・「御厨子所が供する御粥」といった

表　「蔵人式」・日中行事書などにみえる御膳

		『西宮記』巻10所引「日行事如左」	同所引「日中行事文」	「天暦蔵人式」	東山御文庫本『日中行事』
辰	7:00	（主水司供御盥） 主水司供御粥	四刻主水司供御盥幷御粥事		（供御手水事）
巳	9:00	（御読書）	供朝干飯事 （御読書事）		供朝餉事
午	11:00	一刻供御膳	一刻供朝膳事	一刻供朝膳	供昼御膳事
未	13:00				
申	15:00	二刻供夕膳			供夕御膳事※
酉	17:00		一刻供夕膳事 四刻許御厨子所供御粥事	一刻供夕膳	供夕膳

＊語句の表記は基本的に各史料に従った。
＊食事に関する記述の他、本文に関わる項目も括弧書で記入した。
※古例の時刻の引用。

食事が天皇のために供奉されていたことが確認できる。「朝膳」・「夕膳」は、清涼殿の昼御座の大床子御座で供奉される隋唐様式の律令制的な正格の食事である。内膳司・進物所などが調備する御膳と平安時代に入って新しく追加されるようになった御厨子所の御膳からなる。当初は女官が陪膳を務めたが、延喜—天暦の頃には男性官人の役割となった。[13]「昼御膳」・「大床子御膳」などとも称されるが、[14]本章では便宜上「大床子御膳」と以下の表記を統一することにしたい。朝干飯御膳[15]は御厨子所のみが調備を担当し、清涼殿の朝干飯間の平敷畳において基本的に女官の陪膳によって供奉された内々の御膳である。大床子御膳が形骸化すると、この御膳が実質的な天皇の食事となったとされている。[16]早朝に主水司が供奉する御粥は、職員令主水司条に「掌、樽水、饘、粥、及氷室事」とあり、また、延喜主水司式に「御粥漿料、日米一斗、御澡豆料小豆二升五合（下略）」とみえることから、令制段階から主水司が御手水の準備とともに供奉していたものであったことがわかる。酉刻（午後五時—七時）に供奉される御厨子所の御粥については詳細は不明だが、『侍中群要』第五定詞などにみえる朝干飯間で供奉された「夜候」の御膳と同一のものと考えられる。[17]これらの御粥は朝夕の軽食として供奉されたのだろう[18]。

なお、「蔵人式」や日中行事書などに掲載される食事の項目やそれらの供奉の時間帯には若干の差がみられる。主水司の供奉する御粥が「天暦蔵人式」以降は項目としてみられなくなること、『西宮記』巻一〇侍中事所引「日中行事文」以降、朝干飯御膳と御厨子所の御粥が項目として追加され、夕方の大床子御膳の時刻が申刻（午後三時―五時）から酉刻へとずれることなどが指摘できる。時刻の推移は、実際の供奉の様子をある程度反映していると考えられるが[19]、項目の有無については各史料の性格により単に記述を省略している可能性もあるため、直ちに実際の供奉の有無を示すものとはいい難いように思う。これらの記述の違いについては次節以降、古記録など他の史料も含めて検討を行いたい。

さて、「蔵人式」や日中行事書などの記述により、九世紀末から一一世紀前半の天皇の日常の食事は、少なくとも二度の大床子御膳と早朝の朝干飯御膳という主要な食事と、朝と夜の御粥といった軽食から構成されていたということがうかがえた。しかし、一三世紀の儀式書の記述によると、当時の御膳供奉のあり方は平安時代とは大きく変化していたことが読み取れる。

一三世紀初めの成立である『禁秘抄』上御膳事には次のような記述がある。

凡御膳、大床子御膳、上古朝夕、近代一度供レ之、朝餉御膳、朝夕、夜供皆一度供レ之、此御膳等近代主上不レ着、又只御膳三度、是只女房サババカリ取レ之、只内々称二小供御一、御乳母沙汰供御三度可レ着也[20]（下略）

この記述によると、一三世紀初めまでに、大床子御膳は朝と夕の二度の御膳を一度にまとめて供奉するようになり、朝干飯御膳も本来は「朝・夕・夜」というように一日数度供奉を行うべきものを、大床子御膳と同じく一度にまとめて供奉するようになっていたことがわかる[21]。またどちらの御膳も天皇が食すことはなくなり、代わりに別に用意された食事を一日に三度摂るようになっていた[22]。

このように一三世紀初頭には平安時代の御膳供奉制度は簡略化され形式的に継承されるだけのものとなり、天皇は全く新しい別の食事を摂るようになっていた。先行研究により、大床子御膳は遅くとも朝干飯御膳の供奉が確認できる一〇世紀初頭には形骸化が始まっていたと考えられるため[23]、平安時代の御膳供奉の変遷を考える上でも一三世紀初頭の供奉状況は大変参考になると思われる。

以上、平安時代の「蔵人式」や日中行事書、一三世紀初頭の儀式書にみえる天皇の日常の御膳供奉について確認を行った。以上の考察を踏まえ、次節では古記録にみえる天皇の御膳の供奉の実態についてみていきたい。

二　古記録にみえる御膳供奉

古記録にみえる天皇の日常の食事に関する記載はあまり多いとはいえず、またそれらも簡略なものが多いが、以下各御膳の供奉の実態について考察していく。

1　大床子御膳

大床子御膳は、遅くとも一〇世紀初頭には形骸化が進み、実質的な食事は朝干飯御膳へと移行したと指摘されている[24]。形骸化の傾向は古記録からもうかがうことができる。

形骸化の一例として、天皇の着御がない場合があったことがあげられる。『小右記』長和四年（一〇一五）九月一六日条によると三条天皇は体調がすぐれず同年の七月以降、大床子御膳に着御せず、御膳自体も用意されなかったという。身体の不調のためとはいえ、大床子御膳は数ヶ月もの間供奉がなくとも天皇の食生活に不都合のないものであったのである。九月に入り、久しぶりに「如レ例」御膳が供され着御があったというので、通常は天皇が着御するものであったと推測されるが、あくまでも形式的なものであったのだろう(25)。ちなみに大床子御膳が供奉されなかった数ヶ月の間には女房の介添えで天皇が食事を摂ったとうかがえる記述がみえ(26)、大床子御膳とは別に実際に食するための御膳が用意されていたことが判明する。この他にも大床子御膳に天皇が着御しないという例は、一一世紀を通じてしばしば見受けられ(27)、一一世紀後半には御物忌などで名謁や時奏といった音奏とともに大床子御膳の供奉も停止されるようになっている(28)。『侍中群要』巻三によると神事のさいには、御膳の警蹕は称さないとみえるので御膳の警蹕が憚られたと推測されるが、大床子御膳の形骸化が進むと警蹕だけでなく御膳の供奉自体も止められるようになったのだろう。

さらに大床子御膳の陪膳の不候が多くみられることも形骸化を示していると思われる。大床子御膳の陪膳は当初は女官が務めるものであったが、一〇世紀以降は殿上人や蔵人などの男性官人が当番制で務めるようになっていた。古記録にも男性官人が当番陪膳を務めたという記述が散見するが、併せて陪膳の不候の記事もしばしばみられる(29)。大床子御膳の陪膳が不参した場合には除籍などの処罰が下されたが(30)、不参は止まず、長元元年（一〇二八）には対策として、陪膳を二人候宿させようとする起請が出されている(31)。このように、一一世紀前半には陪膳の不参を防ぐ対策がとられたが、その後も止むことはなかった(32)。天皇が実際に食さない御膳への奉仕であるということも、当番陪膳の意識の低下に影響したのだろう。

次に大床子御膳を供奉する時刻と回数について確認したい。一一世紀以前の「蔵人式」や日中行事書などにおいて大床子御膳は朝と夕の二度供奉されると記述されている。しかし、古記録をみるとすでに一一世紀には供奉のあり方は変化していたことが判明する。

『中右記』には藤原宗忠が晩頭に参内し、当番により大床子御膳を供したという記述がいくつかみられる。例えば、嘉保元年（一〇九四）七月二一日条には「晩頭参内、依二当番一供二朝夕膳一、宿仕」とみえ、当番制で男性官人が供奉する御膳であることからも、「供朝夕膳」とは大床子御膳の陪膳を務めたことを示しているとわかる。また「朝夕膳」という記述から、朝と夕の御膳をまとめて供奉したということが推測される。同様の記述を検討すると、一度にまとめて供奉する場合は夕方以降に行われていたようである。(33) 例えば『左経記』治安二年（一〇二二）一〇月一六日条には「入夜奉二仕朝夕陪膳一、及二丑刻一退出」とみえ、源経頼が夜になってから朝夕の陪膳を奉仕し、丑刻頃（午前一時―三時頃）に退出したことがみえる。上述の『中右記』の例や、後述する一一世紀の朝干飯御膳の供奉状況から判断すると、この「朝夕陪膳」とは朝と夕の大床子御膳の陪膳のことを指すと考えられる。また『権記』長保二年（一〇〇〇）九月八日条には、藤原行成が未刻（午後一時―三時）以降に朝陪膳に候したことがみえ、朝の御膳を夕方頃に供奉していたことが確認できる。夕膳については記述がないが、おそらく他の官人が供奉したのだろう。(34) 類例も検討に加えると、遅くとも一一世紀初めには朝夕の大床子御膳を夕方以降（多くは未刻から酉刻頃）、まとめて供奉するようになっていたことがうかがえる。(35) これは『禁秘抄』にみえる省略された大床子御膳の供奉のあり方と一致する。

しかし通常とは異なり、遷御などの儀式が行われた日においては、朝夕の大床子御膳は一度にまとめられず、別々に供奉される場合があった。例えば承徳元年（一〇九七）一〇月一一日の堀河天皇の二条殿から高陽院への遷御時には、朝の膳は二条殿において、夕の膳は高陽院で別々に供奉されている。(36) また天仁元年（一一〇八）八月二一日の鳥羽天皇の小六条殿から内裏への遷御時にも、遷御後に夕膳のみが殿上台盤・名対面などの主要な日中行事とともに供奉されたことが確認できる。[37] ただし遷御後、朝と夕の御膳をまとめて供奉した例もみられるため、[38] いつもそうであったとはいえないが、遷御といった天皇の権威を示す必要がある儀式では、天皇の正式な食事である大床子御膳を古例に近い形で供奉することが重要とされる場合もあったのだろう。[39]

以上のように古記録の検討から、大床子御膳は一〇世紀初頭以降天皇の食事としての実質的な機能を失いつつも正式な食事として形式的に継承されたが、一一世紀初めには陪膳制度の弛緩や儀式の簡略化の傾向がみられるようになり、形式的な食事としてもさらに形骸化が進行していたことがうかがえた。

2　朝干飯御膳

一一世紀以降の古記録には男性官人が「女房陪膳」を務めたという記述が散見する。それは内裏で陪膳を供奉する女房が不在のさいに、男性官人がその変わりを務めるというものであった。[40] 女房が陪膳を務める朝干飯御膳も例にもれず、男性官人が女房に代わって陪膳を奉仕することが多々あった。『西宮記』巻八陪膳事には「朝干飯陪膳、女房候、無㆓女房㆒者五位以上候、正下者」とあり、東山御文庫本『日中行事』の巳刻供朝餉事には「女房中有㆓月事㆒之人不㆑奉㆓仕此役㆒、或近習公卿并四位以上奉㆓仕陪膳㆒」とみえる。実例でも『権記』長保二年六月二八日条に「今日供㆓夕膳㆒、又候㆓朝干飯陪膳㆒、罷出」とみえるように、藤原行成が女房の代わりに朝干飯御膳の陪膳を務めたことが確認できる。

さて、本章の第一節でみたように平安時代の「蔵人式」や日中行事書などには朝干飯御膳は巳刻の項目として掲げられており、一日のうち朝方に一度の供奉であったように受け取れる。しかし『禁秘抄』によると、朝干飯御膳が形骸化し、一日一度の供奉となる前には「朝・夕・夜」と数度供された時期があったといい、また同じく一三世紀に成立した『厨事類記』には、朝干飯御膳は「朝一御盤、夕一御盤」であり、一日に二度供奉されるものであるとの説明がなされている。一三世紀に至る間に朝干飯御膳は一日に数度供奉された時期を経ていたのである。では平安時代には一日に何度朝干飯御膳が供奉されていたのだろうか。

朝干飯御膳を供奉した時刻について記述がある古記録を集めたところ、管見の限り、少なくとも一一世紀頃には朝と夕の二度供奉されていたことがうかがえる。朝の朝干飯御膳については日によって辰刻（午前七時―九時）から午刻の間と少し時刻が前後するものの、概ね「蔵人式」・日中行事書の記述通り巳時の前後に供奉されるものであったことが確認できる。例えば、『中右記』嘉保元年四月一〇日条には「供二朝干飯御膳一間、午一点、左大将殿初令レ着レ陣給、仍参内」という記載があるが、朝干飯御膳の供奉をするうちに「午一点」に至ったというので、巳刻頃から供奉を開始したと推測される。同一〇月一〇日条には「供二朝干飯饌一後参二結政一、巳一点」とみえ、巳一刻以前に供奉したことがうかがえる。[41] 夕方の御膳は申刻頃に供奉が開始されたようである。『殿暦』康和五年（一一〇三）一一月一五日条に「申刻許参二御前一、此間殿上人於二殿上一アソフ、此間余候二朝干飯一、傾之渡二朝干飯御前〔膳カ〕一」とあり、申刻以後朝干飯御膳が用意されたことがわかる。『春記』長暦四年（一〇四〇）八月一五日条の「又候二朝干飯陪膳一了、于時及二酉刻一也」という記述は、夕方の朝干飯御膳の陪膳を終えた時刻が酉刻であったということなので、おそらく申刻頃から供奉を開始したのだろう。この他にも、朝干飯御膳を供奉したとは明記しないものの、巳刻や申刻の前後に男性官人が女房陪膳を務めたという記述がいくつか確認されるため、一一世紀末頃には朝干飯御膳が一日に巳刻と申刻頃の二度供奉されていたと考えられる。[42]

以上を踏まえ、朝干飯御膳の古記録における表記について触れておきたい。平安時代の「蔵人式」や日中行事書、『侍中群要』などでは、「朝膳」・「夕膳」または「朝御膳」・「夕御膳」といった表記は大床子御膳を指している。しかし、古記録においては同様の表記によって朝干飯御膳を指す場合もあることが判明する。例えば、『中右記』承徳元年五月二日条には「供二朝膳一後巳時許退出、頭中将依レ被レ参也」とみえ、「朝膳」が供された時刻は巳時頃であったという。この時刻は「蔵人式」・日中行事書、実例でみたように朝の朝干飯御膳が供奉される時刻である。一一世紀前半には通常大床子御膳は朝夕の二度の御膳を夕方にまとめて供奉していたことも考慮すると、この「朝膳」とは大床子御膳ではなく朝干飯御膳を指していると考えてよいだろう。また『殿暦』でも同様の用例がみられる。康和二年（一一〇〇）正月五日条には「酉時許着二装束一参二御前一、而供二夕御膳一、是依レ無二女房陪膳一也」とみえる。女房陪膳として供奉していることから、「夕御膳」とは大床子御膳ではなく夕方の朝干飯御膳を供奉したと推測される。このような例は他にも数例確認される。[43] おそらく単に朝干飯御膳の「朝の御膳」・「夕の御膳」という意味合いで、「朝膳」・「夕膳」・「朝御膳」・「夕御膳」などと表現したものと思われる。

上述したように先行研究によると、朝干飯御膳は遅くとも九世紀末には天皇の実質的な食事として成立し、しばらくはその機能を果たしていたと考えられている。『禁秘抄』の記述にみえるように一三世紀初めには朝干飯御膳は形骸化していたが、少なくとも本章で検討した一一世紀末までの史料からは、形骸化の傾向はうかがえなかった。男性官人が女房の代わりに御膳を奉仕する例が頻繁にみえるようになるものの、大床子御膳のように長期間停止したり、供奉の内容を簡略化したということは管見の限り確認できなかった。一一世紀においても朝干飯御膳は実質的な食事として機能していた可能性は高いように思う。大床子御膳の形骸化が進み、朝干飯御膳が実質的な日常の食事となっていたとすると、単に「朝の膳」・「夕の膳」といえば、形骸化してしまった大床子御膳ではなく、実際に食するようになっていた朝夕の朝干飯御膳を指すことが多くなったのだろう。

以上、古記録の考察から、朝干飯御膳は一一世紀には毎日概ね巳刻と申刻頃の朝夕二度、天皇の実質的な食事として供奉されていたと考えられる。古記録においては、朝干飯御膳は「朝膳」・「夕膳」などと表記される場合がみられるが、それは天皇の実質的な食事が大床子御膳から朝干飯御膳へと移行していたことの表れであると推測される。

3　夜候

夜候は、『侍中群要』によると朝干飯間で夜に供される御膳であり、夕方の大床子御膳の御飯を料とするものであった[44]。夜候の供奉の記述は一一世紀の古記録に頻出し、大床子御膳や朝干飯御膳と同様に日常的に供奉される食事であったことが判明する。『中右記』嘉保元年七月一〇日条には「早旦帰㆑家、及㆓夜陰㆒依㆑無㆓女房陪膳㆒従㆑内有㆑召、則馳参、供㆓夜侍㆒、宿仕」とみえ、藤原宗忠が女房陪膳を務めるために参内し、「夜侍（夜候）」を供したとみえる。このように夜候は朝干飯御膳と同様に基本的に女房が陪膳を務め、女房が不在の時には男性官人がその代わりを務めるものであった[45]。

供奉する時刻は夕方の朝干飯御膳の後である。『中右記』嘉保元年三月九日条によると、藤原宗忠は朝のうちに女房陪膳により「朝膳」、つまり朝の朝干飯御膳を、午後に「内外御膳」を、その後夜候を供奉したという。「内外御膳」とは大床子御膳と朝干飯御膳を指すと考えられるので、これらの御膳の後に夜候を供奉したと判明する。同嘉保二年四月一二日条にも宗忠が女房陪膳として朝と夕の朝干飯御膳を供奉した後、夜侍も供奉したことがみえる。

「夜候」という語句は平安時代の「蔵人式」や日中行事書などにはみえないが、佐藤氏が推測するように、『西宮記』巻一〇侍中事所引「日中行事文」にみえる酉四刻の「御厨子所が供する御粥」にあたると考えられる(46)。上述のように夜候は、夕方の大床子御膳の御飯を使用して準備されるということから「御粥」であったとしても問題なく、申刻頃に供奉される夕方の朝干飯御膳の後に供奉されることも時刻的にみて矛盾がない。夜候の時刻を明記した史料は少ないが、『殿暦』康和五年一一月一二日条の「申刻許参内、参二御前一、次参二斎院御方一、頃之還二参朝干飯一、主上御けツリ櫛、酉刻許宰相中将忠教・右近中将宗輔於二御前一笛、双調、主上御笛同レ之、笛了於二朝干飯一供二御前〔膳カ〕一、倍〔陪カ〕膳女房」という記述によると、藤原忠実が申刻に天皇の御前に参上したのは、その時間帯やその後斎院のもとから朝干飯間に「還参」ったとあることなどから、同所において夕方の朝干飯御膳を供奉するためだった可能性が高い。そうすると酉刻の笛の演奏の後に朝干飯間において陪膳女房が供奉した御膳は、夜候の御膳であったと推測される。酉刻過ぎに夜候が供奉されているので、『西宮記』巻一〇侍中事所引「日中行事文」にみえる「御厨子所が供する御粥」が供奉される「酉四刻」に近い。夜候は同「日中行事文」が成立した一〇世紀半ばには御厨子所によって日常的な供奉が開始されていたと考えてよいと思われる(47)。

ところで群書類従本の『禁秘抄』には、朝干飯御膳について説明する割書きに「朝夕夜供」という記述がみえる。一三世紀に至る間に朝干飯御膳が朝と夕の御膳とは別に「夜」にも供奉された時期があったようにも解釈できるが、その可能性は低いだろう。『禁秘抄』の写本をいくつか検討したところ、同割書き部分を「朝夕夜侍」と記すものも確認でき(48)、「夜」とは「夜候（夜侍）」を指していると考えられる。『厨事類記』も朝干飯御膳は朝夕の二度供奉するものと記していることから、朝干飯御膳は一三世紀初めにおいては正式には朝と夕の二度供奉するものと考えられていたと推測される。夜候は御厨子所が準備し朝干飯間で女房陪膳が供奉するなど、朝干飯御膳と類似する点が多いため、『禁秘抄』は夜候を朝干飯御膳の一つと混同したか、もしくは朝干飯間で供奉される御膳の一つとして朝夕の朝干飯御膳とともにまとめて記載したのだろう。

4　主水司が供する御粥

『西宮記』巻一〇侍中事所引の「日行事如左」以下の記文と同「日中行事文」には、辰時に主水司が御盥とともに御粥を準備することが規定されている。しかし古記録では儀式時を除き、日常の行事としては朝の御粥の供奉の記述は確認できなかった。『春記』長暦四年八月一五日条には「御手水幷朝干飯陪膳了退下」とあり、藤原資房が御手水と朝干飯御膳の陪膳を務めたことが記されている。御手水は「日行事如左」以下の記文によると、主水司の官人が用意したものを用いて更衣や女蔵人などの女官が供奉するものであった。御粥も同様に供奉されたと推測される。資房は女官の代わりに御手水と朝干飯御膳の陪膳を務めたと思われるが[49]、御粥の供奉については日記で触れていない。御粥の記述を省いたということもありうるが、他の古記録でも日常の早朝の御粥の供奉の記述が確認できないことを考慮すると、すでに供奉されなくなっていたと考えられる。「天暦蔵人式」や東山御文庫本『日中行事』に記述がないのも、一〇世紀半ばにはすでに供奉が停止していたことを反映しているのかもしれない。巳刻頃に朝の食事として朝干飯御膳が成立したことにより、時刻が近い辰刻の主水司による御粥の供奉は必要がなくなったのだろう。

以上古記録にみえる天皇の御膳の供奉について検討を行った。「蔵人式」や日中行事書などにみえる御膳の記述は時刻の変化や項目の有無など、多少の違いはあるものの、一一世紀頃までは大きな変化は見受けられないといえる。しかし古記録の検討の結果、すでに一一世紀初めには大床子御膳は通常、朝夕の御膳を夕方に一度にまとめて供奉されるようになり、実際には形骸化がさらに進行していたことが確認できた。また朝干飯御膳は「蔵人式」・日中行事書などにみえる朝の御膳とは別に夕の御膳も供奉されており、一〇世紀半ばまでに成立していた夜候の御膳とともに天皇の日常の実質的な食事として供奉されていたと考えられる。

このように平安時代の「蔵人式」や日中行事書などの儀式書の記述と実際の御膳供奉の内容にはある程度の相違が生じている。日中行事書などの儀式書において大きな変化が確認されるのは一三世紀以降だが、実際には遅くとも一一世紀初めには変化が始まっていたのである。

三　寛平期の御膳供奉――『禁秘抄』所引の『寛平御遺誡』逸文の検討――

寛平期の御膳供奉の様子を知るには、『寛平御遺誡』や「寛平蔵人式」の逸文が参考になる。しかし、『寛平御遺誡』の御膳に関する記述は「供御膳申時」という断片が残されるだけであり、この「御膳」とはどの御膳を指しているのか明確でない。『禁秘抄』が引用する『寛平御遺誡』や「寛平小式」の御膳に関する逸文も簡略なものであり、それぞれの記述をどの御膳のものと解釈するか判断し難い[50]。また『西宮記』巻一〇所引の「日行事如左」以下の記文は従来「寛平蔵人式」と考えられてきたが、近年佐藤全敏氏によって「延喜蔵人式」である可能性が指摘され、現在議論が続けられている状況にある[51]。

このように、現在確認できる『寛平御遺誡』や「寛平蔵人式」の記載から寛平期の御膳供奉のあり方を読み取ることは困難といえるが、前節で検討した結果も踏まえて改めて検討を行いたい。まずは、成立時期について議論が分かれている『西宮記』巻一〇所引の「日行事如左」以下の記文については検討の対象から一旦除外し、

『寛平御遺誡』と「寛平蔵人式」の逸文にみえる「御膳」がどの御膳に関するものであるか考えたい。

『禁秘抄』上召侍読事には次のように「寛平小式」と『寛平御遺誡』が引用されている。

召二侍読一事

寛平小式、巳時召二侍読一、次御膳也、遺誡、朝膳巳時也、如二清涼殿記一、未時可レ召レ之、只如レ此事可レ在二御意一、御学文殊沙汰之時、更不レ可レ及二時刻沙汰一事也、侍読候二朝餉中間縁一、主上巻二御簾一有二誦習一、

「寛平小式」にみえる「御膳」とはどの御膳を指すのか明確ではなく、その時刻についても巳刻の侍読の後と記すのみで明記していない。(52) 続く『寛平御遺誡』の引用も簡略なものであるが、少なくとも「朝膳」は巳刻であったことがわかる。

また『寛平御遺誡』の食事に関する記述は『禁秘抄』上御膳事にも引用されている。

(上略)朝餉御膳女房不候之時、公卿或四位侍臣為二陪膳一、恒例也、堀川院御時、多有二此例一、内々御陪〔膳脱カ〕膳、公卿蔵人頭ナドハ聴レ之、侍臣殊可レ然近臣などは聴レ之、朝巳時、夕申時之由、寛平御遺誡也、但三度供之間、近代昼未時、夕入夜歟。如二菓子一、必先一献二内侍所一置二御膳棚一、不レ限二菓子一、万物同レ之、又余物必出二於殿上一、置二台盤上一、人々食レ之也、

ここでは、朝干飯御膳の説明文に続いて『寛平御遺誡』の記述が引用されている。傍線部の記述をみると、寛平期には朝の御膳が巳刻、夕の御膳が申刻であったということは読み取れるが、これも記述が簡略であるため、どの御膳についてのものであるか判断し難い。ただ前掲の召侍読事に引用されていた記述と同様に「朝」の御膳を巳時としていることから、二つの逸文は『寛平御遺誡』の同一文を参照したものと推測される。

ではこの『禁秘抄』に引用される『寛平御遺誡』の記述は、どの御膳についてのものであったのか考えたい。

まず、侍読事にみえる「朝膳」という語句についてだが、古記録では「朝膳」とは朝の大床子御膳だけでなく朝の朝干飯御膳を示す語句としても使用される場合があったように、単に「朝に供奉される御膳」という意味合いしかもたない可能性がある。つまり「朝膳」という表記のみから、直ちに「蔵人式」や日中行事書などにみられる大床子御膳を指す「朝膳」であると判断することはできないといえる。語句から判断できないとすると、供奉の時刻から推測するのが適切であると思われる。前述のように「蔵人式」や日中行事書、古記録からうかがえる供奉の実態などを考慮すれば、朝の膳が巳刻頃に、夕の膳が申刻頃供奉された朝干飯御膳に関する記述であったとしてよいのではないだろうか。朝干飯御膳を供奉した御厨子所は、遅くとも九世紀末までには成立していたことが確認されるため、寛平期に朝干飯御膳が供奉されていたとしても問題はない。(53)『寛平御遺誡』の御膳の記述が朝干飯御膳についてのものであるとすると、寛平期にはすでに朝干飯御膳の一日二度の供奉が開始されていたことになり、大床子御膳は実の御膳としての機能をすでに消失してしまっていたと推測される。宇多天皇が醍醐天皇のために日常生活の心構えとして『寛平御遺誡』に記したのは、形骸化した大床子御膳についてではなく、普段実際に口にしていた朝夕の御膳、具体的には朝干飯御膳についてであったのだろう。

以上の考察の結果を踏まえ、『西宮記』巻一〇侍中事所引「日行事如左」以下の記文の成立年代について考えたい。佐藤氏が同史料を「寛平蔵人式」ではなく「延喜蔵人式」としたのは、同氏が『禁秘抄』引用の『寛平御遺誡』と「寛平小式」の記述から、寛平期には朝の大床子御膳の時刻が巳刻であったと解釈したためである。同氏は寛平期の朝の大床子御膳の時刻（巳刻）と、『西宮記』巻一〇侍中事所引「日行事如左」以下の記文にみえる朝の大床子御膳の時刻（午刻）とが異なるため、同史料を「寛平蔵人式」ではないと指摘した。しかし、上述のように『禁秘抄』引用の「寛平小式」の記述は簡略であり、御膳の種類や供奉の正確な時刻は読み取れず、また

『寛平御遺誡』の御膳の時刻の記述は大床子御膳ではなく朝干飯御膳のものと推測される。したがって『西宮記』巻一〇侍中事所引「日行事如左」以下の記文と『禁秘抄』引用の『寛平御遺誡』と「寛平小式」から読み取れる寛平期の御膳の供奉のあり方とは矛盾は認められないといえ、従来通り『西宮記』巻一〇侍中事所引「日行事如左」以下の記文は「寛平蔵人式」としてよいと考えたい。

以上の検討により、『禁秘抄』引用の『寛平御遺誡』・「寛平小式」の逸文、「寛平蔵人式」と考えられる『西宮記』巻一〇侍中事所引「日行事如左」以下の記文から、寛平期には巳刻と申刻に朝干飯御膳が、午刻と申刻に大床子御膳が供奉されていたと推測される。夕の大床子御膳と朝干飯御膳はどちらも申刻であるが、一刻（二時間）の間に朝干飯御膳と形骸化した大床子御膳との両方を供奉することは十分可能だろう。

「蔵人式」などの儀式書に朝干飯御膳の記述がみられるようになるのは「蔵人所延喜例」以降であるが[54]、実際には朝干飯御膳の供奉はそれよりも早い段階、少なくとも九世紀末までには朝夕の二度、実質的な食事として内々に供奉が開始されていたのである。それとは対照的に大床子御膳は天皇の正式な食事として「蔵人式」や日中行事書などに記述され続けるものの、内実は九世紀末までには形骸化していたと推測される。「蔵人式」や日中行事書などを比較すると、『西宮記』巻一〇侍中事所引「日中行事文」以降、夕方の大床子御膳の供奉が申刻から酉刻へと一刻後へずれていることが確認できるが（表）、平安時代の内裏では儀式や政務の「夜」化が進んでいたことが指摘されており[55]、夜になってから内裏で行われる行事も増加したと推測される。大床子御膳は形骸化した実態のない御膳になっていたために、一〇世紀頃には他の行事が優先され、次第に後の時刻へと押しやられていったのではないだろうか。

最後に、『禁秘抄』の『寛平御遺誡』の引用文について付け加えたい。『禁秘抄』御膳事では、『寛平御遺誡』

の記述は朝干飯御膳の説明の後に引用されており、同逸文が朝干飯御膳に関するものであるとしても文脈的にも不自然でないように思われる。[56]しかし、同召侍読事の引用については、少し疑問が残る。『寛平御遺誡』の逸文の前に引用される「寛平小式」のいう、巳刻の侍読の後に供奉される「御膳」とは、『西宮記』巻一〇侍中事所引「日行事如左」以下の記文が「寛平蔵人式」であるとすると、大床子御膳を指している可能性が高い。なぜなら、同「日行事如左」以下の記文には朝干飯御膳の項目が設けられておらず、また巳刻の侍読の後に供される御膳というと大床子御膳のことを指すと考えられるからである。[57]前文の「寛平小式」が大床子御膳についての記述であるとすると、『禁秘抄』の著者である順徳天皇は、『寛平御遺誡』の御膳の記述を大床子御膳に関するものと捉えて引用しているようにもとれる。順徳天皇がどのような意図で『寛平御遺誡』の記述を当該箇所に引用したのかうかがい知ることはできないが、引用するさいになんらかの混乱が生じた可能性も考えられる。宇多天皇が記した『寛平御遺誡』の御膳に関する記述が具体的にどのようなものであったか不明だが、後世にどの御膳に関する記述であるのか混同してしまうような簡略なものであったのではないだろうか。また『禁秘抄』にみえる御膳供奉の作法をみると、一〇世紀とは異なる点がいくつか見受けられる。[58]平安時代の御膳供奉制度が形骸化していた一三世紀には、寛平期の御膳供奉の状況を正確に把握することは困難となっていたのだろう。

おわりに

本章で明らかにした点をまとめると以下の三点となる。

一、九世紀末から一一世紀前半までの「蔵人式」や日中行事書などの記載によると、天皇の食事としては、早朝の主水司の供する御粥、午前中の朝干飯御膳、朝夕の大床子御膳、入夜の御厨子所の供する御粥が供奉されていたことが確認できる。しかし、『禁秘抄』の記述からは一三世紀にはそれらの供奉は簡略化・形骸化していたことが読み取れ、平安時代の御膳の供奉制度は大きく変化していたことがうかがえる。

二、古記録の検討から、大床子御膳は一一世紀初めには朝と夕の御膳が夕方に一度にまとめて供奉されるようになっており、「蔵人式」や日中行事書などの記述よりも実際には形骸化が進行していたことが判明する。朝干飯御膳は少なくとも一一世紀には朝だけでなく夕方にも供奉されていたことが確認でき、大床子御膳に代わって天皇の日常の実質的な食事として機能し続けたと考えられる。早朝の主水司による御粥は朝干飯御膳の成立の影響を受け、遅くとも一〇世紀半ば頃には供奉されなくなっていたと推測される。『西宮記』巻一〇所引「日中行事文」にみえる入夜に御厨子所が供する御粥は、古記録に頻出する「夜候」と同一のものであり、一一世紀以降も継続して供奉されていたと考えられる。

三、『禁秘抄』に引用される『寛平御遺誡』の御膳の時刻に関する記述は、宇多天皇が実際に食事を摂っていた時刻――具体的には朝干飯御膳の時刻についてのものであり、寛平期には一日に二度、巳刻と申刻に朝干飯御膳が供奉されていたと推測される。したがって近年その成立時期が議論されている『西宮記』巻一〇侍中事引用の「日行事如左」以下の記文は、御膳供奉の時刻の観点からも従来指摘されてきたように「寛平蔵人式」であるとしてよいと思われる。なお、寛平期には朝干飯御膳の供奉が開始されていることから、この頃までには大床子御膳は完全に実質を伴わない儀礼的な食事になっていたと考えられる。

九世紀末には内膳司・進物所が供奉する大床子御膳はすでに形骸化し、実質的な食事としての機能を消失していた。形骸化した後も日中行事の主要な要素の一つとして継承されたのは、先行研究が指摘するように律令的な系譜を引く天皇の正式な食事として位置づけられていたためと考えられる。しかし、一一世紀に至る間に儀礼自体も簡略化され、さらに形骸化が進行した。同じく主水司が奉仕する早朝の御粥も朝の朝干飯御膳の成立の影響を受け、早い段階から形骸化が進んでいたものと思われる。

これらの律令制的な食事に代わり、天皇は九世紀末までに新しく設置された御厨子所によって供奉された御膳を摂るようになる。朝干飯御膳は九世紀末までに成立し、内々の食事という位置づけではあるが、少なくとも一一世紀後半頃までは天皇の日常の実の食事として機能し続けた。御厨子所はその他にも夜候や間食なども供奉し、天皇の日常生活に密着した食事の調備を担う主要な機構として機能を充実させていったと推測される。[59]

このような天皇の御膳供奉の変化は、「蔵人式」や日中行事書などに反映されるにはある程度の時間差があった。その理由としては「蔵人式」や日中行事書は蔵人などを経験した男性官人が作成したものであり、女官が基本的に供奉していた内々の食事である朝干飯御膳や夜候については記述を省略した可能性が考えられる。[60]また東山御文庫本『日中行事』は、古例も引いているように[61]、有職故実書的な性格をもっていることから、一一世紀初めにはすでに形骸化し簡略化されていた大床子御膳の供奉についても、朝と夕の御膳を別々に供奉する旧来からの正式な作法を記したと思われる。

本章では、「蔵人式」・日中行事書などの儀式書と、古記録からうかがえる天皇の御膳供奉について検討し、平安時代の御膳供奉制度の変遷をある程度追うことができたと思われる。しかし、各御膳の供奉の変化を把握することにとどまり、その要因については全く触れることができなかった。また一二世紀の天皇の食事の変遷や、天皇と一般貴族の食事との関係[62]などについても検討する必要があると思われる。それらは今後の課題としたい。

注

（1）西本昌弘「東山御文庫本『日中行事』について」（『日本古代の年中行事書と新史料』吉川弘文館、二〇一二年、初出は二〇〇八年、a論文とする）。
（2）佐藤全敏「古代天皇の食事と贄」（『平安時代の天皇と官僚制』東京大学出版会、二〇〇八年、初出は二〇〇四年、a論文とする）。
（3）所京子「「所」の成立と展開」（『平安朝「所・後院・俗別当」の研究』勉誠出版、二〇〇四年、初出は一九六八年）。
（4）永田和也「進物所と御厨子所」（『風俗』二九―一、一九九〇年）。
（5）森田悌「宮廷所考」（『王朝政治と在地社会』吉川弘文館、二〇〇五年、初出は一九九九年）。
（6）佐藤氏前掲a論文参照。進物所・御厨子所については佐藤全敏「宮中の「所」と所々別当制」（同氏前掲書、初出は一九九七年、b論文とする）も参照。佐藤氏は、蔵人所が御厨子所などの所々を統轄したという従来の見解に対しては批判を述べている。
（7）本章では儀式中の天皇の食事については省き、日中行事にみえる天皇の日常の食事について検討を行うことにする。
（8）「卯刻主殿可進炭事」以下の日中行事の記文。
（9）佐藤氏前掲a論文。西本氏前掲a論文などを参照。本章第三節でも触れる。
（10）佐藤氏前掲a論文註（6）参照。
（11）渡辺直彦「蔵人式と蔵人方行事」（『日本古代官位制度の基礎的研究』増訂版、吉川弘文館、一九七八年）。
（12）西本氏前掲a論文。
（13）永田・森田氏前掲論文、佐藤全敏「『為房卿記』と政務文書」（五味文彦編『日記に中世を読む』吉川弘文館、一九九八年、c論文とする）、同氏前掲a論文参照。
（14）東山御文庫本『日中行事』、『侍中群要』巻五定詞、『禁秘抄』上御膳事、『厨事類記』など。
（15）「朝餉御膳」とも表記される（『禁秘抄』上御膳事、『厨事類記』など）。
（16）永田・森田氏前掲論文、佐藤氏前掲a論文を参照。朝干飯については東山御文庫本『日中行事』に詳細な記述がある。『江次第鈔』第一正月には「御厨子所御膳者内々御膳也、節会日称二腋御膳一供レ之」とみえるように、御厨子所の御膳は内々の御膳とされていた。

(17) 佐藤氏前掲a論文註(18)。夜候と「御厨子所供御粥」の関係については本章第二節でも触れる。夜候は「夜侍」とも表記される。

(18) 東京大学史料編纂所所蔵の『禁中抄聞書』によると夜候は夜食のことであるという。

(19) 東山御文庫本『日中行事』の記述では夕膳の時刻は申時と酉時と両方に記述されているが、申時の記述は旧例を記入したものと考えられる（西本氏前掲a論文参照）。

(20) 本章では『禁秘抄』は『群書類従』二六雑部を参照した。

(21) 同じく一三世紀成立の『厨事類記』は、大床子御膳（昼御膳）について「日別二ヶ度也、近年重供レ之、」と記述し、朝夕の二度の供奉を近年は（一度に）重ねて供奉するとみえる。朝干飯御膳については「朝一御盤、夕一御盤也」とみえ、一日二度の供奉であったという。朝干飯御膳の供奉については本章第二節で詳しく触れる。

(22) この実際に摂っていた食事とは『厨事類記』にみえる日別に三度供奉された「日貢御膳」にあたるか。『禁秘抄』の解釈については新訂増補故実叢書『禁秘抄考証・拾芥抄』（吉川弘文館、一九五二年）、佐藤厚子「『禁秘抄』の研究（一）」・同「『禁秘抄』の研究（二）」（『椙山女学園大学研究論集』人文科学篇三九・四〇、二〇〇八・二〇〇九年）なども参照した。

(23) 管見の限り「朝干飯」の初見は、「蔵人所延喜例」とされる『西宮記』巻八所々事である。「蔵人所延喜例」については、西本昌弘「「蔵人式」と「蔵人所例」の再検討―『新撰年中行事』所引の「蔵人式」新出逸文をめぐって―」（同氏前掲書、初出は一九九八年、b論文とする）などを参照した。

(24) 永田・森田氏前掲論文、佐藤全敏氏前掲a論文参照。

(25) 同一七日・二三日条にも記述がある。

(26) 『小右記』同四年七月一一日条。

(27) 『春記』長久元年（一〇四〇）九月九日条・同一二日条、『中右記』嘉保元年（一〇九四）九月五日条。

(28) 『後二条師通記』永長元年（一〇九六）八月八日条、『殿暦』天永三年（一一一二）五月一四日・一八日条など。

(29)『左経記』寛仁元年(一〇一七)一〇月二八日条など。
(30)『左経記』治安元年(一〇二一)六月二四日条、同万寿三年(一〇二六)一〇月一九日条。
(31)『左経記』同年三月二八日条。
(32)『中右記』寛治六年(一〇九二)二月一日条、同嘉保二年(一〇九五)二月二一日条など。
(33)『中右記』嘉保元年七月二四日条、同九月八日・一二日条、同三年正月二七日条など。
(34)夕膳のみ供したという記述もある。例えば『権記』長保二年六月二八日条など。
(35)『左経記』治安二年一〇月一九日条、同万寿二年(一〇二五)四月九日条、同長元元年四月三日条。『小右記』長和四年九月一六日条にみえる大床子御膳の供奉の記述も、朝夕の御膳をまとめて一度に供奉したというように読み取れる。
(36)『中右記』同日条。男性官人が陪膳をしているので大床子御膳とわかる。
(37)『中右記』同日条。その他、『小右記』長和五年(一〇一六)六月二日条、『中右記』嘉保二年一一月二日条などにも同様の記述がみえる。
(38)『春記』長暦四年一〇月二三日条、『中右記』承徳元年九月二三日条など。
(39)遷御以外にも、新嘗祭・月次祭など古くから続く儀式が行われる日には、「蔵人式」や日中行事書にみえる時刻とは異なるものの、朝膳(暁膳)と夕膳とが別に供奉されている(『左経記』寛仁元年一一月二一日条、『中右記』嘉保二年六月一一日条、同一二月一一日条など)。
(40)『権記』長徳四年(九九八)七月一三日条、同長保二年八月一三日条、同寛弘三年(一〇〇六)四月一三日条、『中右記』嘉保元年一〇月一五日・二一日条、同二年四月二一日条など。
(41)その他、『殿暦』康和三年(一一〇一)八月二五日条にも「辰刻許」に朝干飯間で御膳が供奉されたことがみえる。
(42)『中右記』承徳元年二月五日条、同四月九日条、同二年正月一四日条など。佐藤全敏氏も前掲a論文において朝干飯御膳が申時にも供奉されたということを、「のちの古記録類から知られる」とすでに指摘している。本章では、主に一一世紀末頃までの古記録を検討の対象としたため、その後の史料については検討が不十分であるが、少なくとも一一世紀においても申時前後に供奉されていたということを確認しておきたい。

(43)『中右記』嘉保二年四月一二日条、同永長元年三月二五日条、『殿暦』康和五年一〇月二一日条など。また『権記』長保五年（一〇〇三）一二月六日条には藤原行成が「朝膳間」において御障子に座右銘を書いたことがみえる。「朝膳間」とは「朝干飯間」のことか。

(44) 同第四大盤事、同第五定詞。

(45) その他、『中右記』寛治七年（一〇九三）一〇月一〇日条、同嘉保元年四月九日条、同一〇月一五日条、同二年二月一五日条、同永長元年六月一〇日条、『殿暦』長治元年（一一〇四）一一月一五日条などからもうかがえる。

(46) 佐藤全敏氏前掲a論文参照。

(47) 日中行事書などのなかでは、同「日中行事文」のみ御厨子所の供する御粥を項目として掲げているが、実際には、一〇世紀以降日常的に供奉されていたと考えられる。

(48) 国立歴史民俗博物館収蔵高松宮家伝来禁裏本『禁秘抄』（H―六〇〇―九三三ウ函一三三）・（H―六〇〇―八四七ウ函三六）など。同館所蔵資料データベース「館蔵高松宮家伝来禁裏本」を閲覧した。

(49) 東山御文庫本『日中行事』辰刻供御手水事には、御手水の陪膳・役供は女房の代わりに殿上四位・五位・六位が務めることもあるという記述がみえる。

(50) 新訂増補『国書逸文』（国書刊行会、一九九五年）参照。『禁秘抄』上召侍読事・御膳事。

(51) 佐藤氏は、『寛平御遺誡』と『禁秘抄』引用の「寛平小式」の記載により、寛平期の大床子御膳の「朝膳」は巳刻であったと解釈し、従来「寛平蔵人式」とされてきた『西宮記』巻一〇侍中事「日行事如左」以下の記文は、朝膳の時刻を午刻とすることから「寛平蔵人式」ではなく、また上下格子事や夕膳事の時刻が「天暦蔵人式」とも異なることから「天暦蔵人式」でもないとし、「延喜蔵人式」であると述べた（佐藤全敏氏前掲a論文註(4)・〔附記〕を参照）。この見解に対しては西本氏が、『西宮記』巻一〇所引の「日行事如左」以下の記文は『侍中群要』所引の「寛平小式」や「小式」の逸文と合致する部分を含むこと、『禁秘抄』にみえる「寛平小式」の記載は、巳時の侍読の次に御膳が行われることを示すものであり、巳刻に朝膳があったと解釈するには問題があること、『西宮記』巻一〇「日行事如左」以下の記文は、前後の「寛平蔵人式」に関わる「蔵人式云、寛平六年、左大弁橘広相奉レ勅作也」や「寛平二年十一月廿八日」といった記文に挟まれて引用されていることなどから、「寛平蔵人式」の引用文と考えるべきであると指摘している（西本氏前掲a論文〔補記〕参照）。

(52) この点については西本氏がすでに指摘されている（西本氏前掲a論文〔補記〕を参照）。

(53) 御厨子所の初見は寛平九年（八九七）である（『北山抄』巻第五踐祚抄、大嘗会事（辰日））。佐藤氏は、御厨子所の成立時期を、八七三年から八九七年の間と推測している（佐藤全敏氏前掲a論文註(14)参照）。

(54)『西宮記』巻八所々事。

(55) 野口孝子氏はすでに嵯峨朝から政治・饗宴において『夜』化は始まっていたと指摘している（同「『夜』化の時代—物忌参籠にみる平安貴族社会の夜—」（『古代文化』五九—一、二〇〇七年））。また平安貴族の「夜」の活動の実態については近年安田政彦氏によって詳細な分析がなされている（同「貴族官人の「夜」の活動—長保二年における藤原行成の活動—」（『古代文化』六三—二、二〇一一年））。

(56) 文意が取りにくいが、『寛平御遺誡』の引用文以後の記述が、朝干飯御膳の説明から、一日に実際に食する御膳の回数の説明—つまり寛平期には朝夕の二度の食事であったのが、一三世紀には三度（『禁秘抄』御膳事の冒頭）に変化したという説明—へ切り替わっているとしても、『寛平御遺誡』の御膳の記述を当時実の食事であった朝干飯御膳についてのものとして問題ないように思う。

(57)『西宮記』巻一〇所引「日中行事文」では朝干飯御膳と侍読は同じく巳四刻の行事となっており、正確にはどちらが先に供奉されるものであったのか不明だが、項目の記載は朝干飯御膳・侍読の順となっている。

(58) 例えば朝干飯御膳については、陪膳の女房の髪型は、一一世紀にみえる垂髪ではなく（東山御文庫本『日中行事』など。佐藤全敏氏前掲a論文参照）、基本的には髪上で供奉するとみえる（『禁秘抄』上御膳事）。

(59) 儀礼における御厨子所の役割については、永田氏前掲論文・佐藤全敏氏前掲a論文に詳しい。本章では大床子御膳に御厨子所の御膳が追加された時期については検討することができなかった。佐藤氏が指摘するように御厨子所の御膳が追加された大床子御膳を天皇が食した時期があるとすれば、それは朝干飯御膳の供奉が認められる寛平期以前のことと思われる。

(60)『侍中群要』や東山御文庫本『日中行事』も、蔵人経験者が編纂に関わったものであるため「蔵人式」と同様の性格をもっているといえる（目崎徳衛『侍中群要』（吉川弘文館、一九八五年）。東山御文庫本『日中行事』は蔵人も務めた藤原行成の著と考えられる（西本氏前掲a論文））。

（61）西本氏前掲a論文。

（62）『九条殿遺誡』によると、一〇世紀半ばには、貴族は一日に早朝の粥と朝夕の膳を食し、『中外抄』下（三四）によると、一二世紀半ばには、一日に三度食事を摂っていたとみえる（後藤昭雄他校注『江談抄・中外抄・富家語』新日本古典文学大系三二、岩波書店、一九九七年）。

あとがき

本書は二〇〇八年一月に関西大学大学院文学研究科へ提出した学位論文に、その後発表した論考一本と新稿二本を加えたものである。本書をまとめるにあたり既発表の論考については、発表後、新たに気づいたり、多くの方々からいただいたご指摘・ご教示などにより、考えを改めた箇所がある。可能な限り修正を施したが、現段階で見解を示せなかった点もある。それらについては今後改めて検討していきたい。各章の初出は以下の通りである。

第一章　平安時代の画所（原題「平安時代の画所について―その基礎的研究―」、『日本歴史』六五九、二〇〇三年）
第二章　平安時代の作物所の機構（原題「平安時代の作物所―機構を中心に―」、『続日本紀研究』三四八、二〇〇四年）
第三章　平安時代の作物所の職掌（原題「平安時代の宮中作物所の職掌」、『ヒストリア』一九九、二〇〇六年）
第四章　奈良時代の内匠寮（『古代史の研究』一二、二〇〇五年）
第五章　平安時代の内匠寮（『史泉』一〇六、二〇〇七年）
第六章　平安時代の内豎所の機構（新稿）
第七章　平安時代の内豎所の職掌（原題「平安時代の内豎所―職掌を中心に―」、『古代文化』六三―一、二〇一一年）
第八章　平安時代の内豎時奏―東山御文庫本『日中行事』の検討を中心に―（原題「東山御文庫本『日中行事』に

みえる平安時代宮中時刻制度の考察―「内豎奏時事」・「近衛陣夜行事」の検討を中心に―〔含翻刻〕」、『史学雑誌』一一七―八、二〇〇八年）

第九章　平安時代における内裏の食事（新稿）

平安時代の内裏の運営にはどのような人々が関わっていたのか、特に上級官人ではない下級身分の人々の役割はどのようなものであったのか、という疑問から内裏の作画を担っていた画師や画所について興味をもち、検討を始めたことが本書にまとめた研究の発端である。次第に画所と同様に内裏の調度調達を行っていた作物所にも関心が向き、やがて宮中に置かれた所々がどのように成立し、機能したのかを研究のテーマにしたいと考えるようになった。また東山御文庫本『日中行事』の翻刻を担当させていただく機会を得たことによって、同史料にみえる内豎所や進物所・御厨子所といった所が果たした供奉内容についてもまとめることになった。

近年は平安時代の内裏で行われた政務・儀礼運営についての研究が盛んに進められている。内裏の政務儀礼や生活習慣に密着し、その運営の一端を担っていた宮中所々の特徴を見極める作業は平安時代史研究にとって必要不可欠なものであると思う。本書で行った検討には不十分な点が多く、反省することが多いが、各所の機構や機能について僅かでも新たな見解を示すことができれば幸いである。本書では各所について基礎的な考察を行うにとどまったが、今後は個別の所の検討を積み重ねるとともに、所々と太政官組織・蔵人所との関係の解明など、所々全体の特質についても考えていければと思う。

今日に至るまでにはたいへん多くの方々にご指導やご教示、お力添えをいただいた。愛媛大学時代には、寺内浩先生・松原弘宣先生に古代史のご指導を賜り、内田九州男先生にも近世史の授業や古文書研究会などでお世話になった。寺内先生には二回生から四回生までゼミ生としてお世話になり、卒業論文を作成するにあたり、所について研究を始めるきっかけをいただいた。授業や有志の学生を集めて開いてくださった勉強会において史料講読や論文の書き方など古代史研究の基礎を教わったことは、今日の研究の土台となっている。深く御礼申し上げたい。また同大学在学中には愛媛県歴史文化博物館の職員の方々にもお世話になり、文書調査などにおいて様々な勉強をさせていただいたことも貴重な経験となった。

関西大学大学院文学研究科に進学してからは、西本昌弘先生・泉澄一先生・原田正俊先生をはじめ諸先生よりご指導いただいた。指導教官であった西本先生には博士課程前期課程入学当初から今日に至るまで一〇年以上もお世話になり、学位取得や本書の刊行まで導いていただいた。お教えいただいたことは多岐にわたるが、なかでも儀式研究の手法や写本調査の重要性を学べたことは今日の研究を支える大きな財産となっている。授業において様々な儀式書に触れ、毎年のように企画してくださった東京大学史料編纂所や名古屋市蓬左文庫、京都御所の東山御文庫などへの写本調査に参加することができたことは院生として大変幸運なことであったと思う。また、先生が一一世紀前半のものであることを明らかにされた東山御文庫本『日中行事』の翻刻を任せていただいた学恩にも心より御礼申し上げたい。これまであまり利用されてこなかった史料を翻刻し内容を解釈することは大変難しく、力足らずな点も多々あったと思われるが、作業自体は大変楽しく進められた。内裏で供奉する所について研究を続けているにもかかわらず、内裏の日常生活の実態については全く不勉強だったことを再確認することができた点でもよい経験となった。

本書の第二章から第五章・第八章は関西大学大学院在籍中にまとめたものであり、それに愛媛大学法文学部に提出した卒業論文をもとにした第一章を加えて学位論文として提出した。審査では西本昌弘先生・原田正俊先生・黒田一充先生から貴重なご指摘を賜った。また関西大学古代史研究会などにおいて横田健一先生・薗田香融先生とも度々お目にかかり、ご助言を賜ることができた。東京大学史料編纂所の田島公先生からも東山御文庫についてなどご教示いただく機会を得、東山御文庫の写本調査でもお世話になった。これらの諸先生にこの場をかりて厚く御礼申し上げたい。

同大学院在籍時には奈良文化財研究所や高槻市しろあと歴史館の職員の方々にもお世話になり、考古学や民俗学・近代史といった様々な分野の研究者の方々よりご教示をいただいた。また続日本紀研究会にも参加させていただき、研究者の方々や他大学の院生の方々と交流する機会を得た。本書第一章の画所と第二章・第三章の作物所の研究は同研究会でも報告させていただいたものであり、多くの貴重なご指摘をいただいた。これらの学外での活動を通じて得られた経験も大きな財産となっている。

その後、京都大学文学研究科の吉川真司先生に日本学術振興会の特別研究員として受け入れをご許可いただき、二〇〇九年からの三年間ご指導いただいた。吉川先生のもと、同大学の卒業生や院生・学部生の方々に混じり、勉強させていただいたことはあらゆる面でとてもよい刺激になった。とりわけ小右記研究会において、京大流の古記録の講読方法を学べたことは大変勉強になった。各報告者のレジュメの分量の多さや質問の鋭さに驚嘆しつつ、史料の一字一句に注意し日記が書かれた背景をじっくりと検討して読み進めていく姿勢には、出席する度に身が引き締まる思いがした。特別研究員の三年間の研究成果をまとめたものが本書の第六章・第七章・第九章である。

短い研究期間ではあるが、本当に沢山の方々のお世話になった。ともに勉学に励んできた先輩・同輩・後輩にはいつも助けていただいた。これらの方々に厚く御礼申し上げたい。

あとがき

本書をまとめることができたのは、西本昌弘先生のご助言の御蔭である。また出版にあたっては塙書房の寺島正行氏に大変お世話になった。心より御礼申し上げる。

なお、各論考を作成するさいには、「東京大学史料編纂所公開用データベース」、「国立歴史民俗博物館データベースれきはく」などを利用させていただいた。また本書第八章に東山御文庫本『日中行事』の写真と翻刻を掲載するにあたっては、宮内庁侍従職から写真頒布を受け、翻刻掲載の許可をいただいた。深く御礼申し上げる。

本書は、独立行政法人日本学術振興会平成二四年度科学研究費補助金（研究成果公開促進費）の交付を受けて刊行される。

二〇一二年八月

芳之内　圭

事項索引

あ

い

う

え

お

か

き

く

け

こ

さ

し

ち

つ

て

と

な

に

ぬ

ね

の

は

ひ

ふ

へ

ほ

ま

み

む

め

も

や

ゆ

よ

研究者・研究機関索引

き

く

こ

さ

し

す

せ

そ

た

つ

て

と

な

に

の

は

ひ

ふ

ほ

ま

み

む

め

も

や

よ

り

わ

芳之内　圭（よしのうち・けい）

著者略歴

1977年　大阪府に生まれる
2001年　愛媛大学法文学部人文学科卒業
2003年　関西大学大学院文学研究科博士課程前期課程修了
2008年　関西大学大学院文学研究科博士課程後期課程修了
　　　　博士（文学）
2009年　日本学術振興会特別研究員（PD　2012年まで）

日本古代《にほんこだい》の内裏運営機構《だいりうんえいきこう》

2013年2月25日　第1版第1刷

著　者　芳之内　圭
発行者　白石タイ
発行所　株式会社　塙書房
〒113-0033　東京都文京区本郷6丁目8－16
電話　03(3812)5821
FAX　03(3811)0617
振替　00100－6－8782
長野印刷・弘伸製本

定価はケースに表示してあります。落丁本･乱丁本はお取替えいたします。
©Kei Yoshinouchi 2013. Printed in Japan
ISBN978-4-8273-1256-0　C3021